KB079928

# 악의 해부

# 악의 해부

## 나치 전범들의 심리분석

### ANATOMY of MALICE

조엘 딤스데일 지음
박경선 옮김

에이도스

# 거름과 피의 땅에서 시작하다

동쪽에서 바람이 불어오면 아이오와 수시티<sup></sup>Sioux City에 머물던 피와 거름 냄새가 은은하게 번져온다. 싫지는 않다. 농경의 풍요가 떠오른다. 1940년대와 1950년대에 그곳에서 자랐다는 것은 상상할 수 있는 가장 안전한 환경에서 컸다는 의미이기도 하다. 주변은 수천 제곱마일에 달하는 초원지대와 대평원이 둘러싸고 있고 위험한 국경 지역으로부터는 멀리 떨어진, 미국의 광막한 요새에 처박힌 채 말이다.

한편, 어두운 그림자들이 있었다. 윌리엄 포크너는 말했다. "과거는 영영 죽지 않는다. 과거는 지나가지도 않는다." 수시티가 수많은 포로수용소 생존자들의 안식처가 된 것은 아름답고 완만한 언덕들과 농사짓기에 비옥한 땅, 그리고 그들이 과거에 알았던 조금도 안전하지 않은 세상으로부터 단절된 그곳에 이끌렸기 때문이었다. 우리 형이 그것을 처음 본 건 열 살 때였다. 신문을 돌리던 중 어느 이웃의 팔뚝에 새겨진 문신을 보았던 것이다. 이웃은 그렇게 들킨 것에 당황한 기색이 역력했다. 하지만 형은 그게 무슨 뜻인지 알지 못했다. 어지간해서는 말문이 막히는 일이 없던 어머니도 불편한 기색으로 말을 아꼈다.

이웃들을 따라다니는 어두운 그림자들의 정체를 알게 된 것은 내가 예닐곱 살 무렵이었을 것이다. 당시 마을 의사였던 아버지와 저녁식사 후 산책을 하고 있었다. 3~4월경이라 근처 공원의 땅은 눈이 녹아 폭신했고 풋풋한 흙냄새가 났다. 유월절이었는데, 아버지는 그 주에 있었던 왕진 때문에 심난해 했다. 심각한 협심증 증세를 보이던 환자가 한 명 있기는 했으나, 그 자체로는 아버지가 심난해 할 만한 일이 아니었다. 온갖 환자를 치료했던 아버지에게 죽음은 익숙한 것이었으니까. 하지만 이 환자는 특이하게도 유월절만 되면 병이 도졌다. 수용소 생존자였던 환자는 유월절에 또 다른 언덕, 피와 거름의 땅에서 온 가족이 살해당하는 것을 목격했던 사람이었다. 환자가 믿는 종교에서는 유월절에 해방된 것을 기뻐하라 했지만, 그가 그 정도로 순진하지는 않았다.

아돌프 아이히만이 체포되기 전까지만 해도, 사람들은 홀로코스트에 대해 알고 싶어 하지 않아 했다. 로버트 제이 리프턴이 쓴 『삶 속의 죽음: 히로시마의 생존자들』(1968)을 보면 심각한 외상을 입었던 생존자들은 보통 그 이후 만나는 사람들에게 전염에 대한 공포를 불러일으킨다. 그런데도, 나는 홀로코스트에 관한 생각을 떨쳐버리기가 힘들었다. 자그마한 동네에서는 다들 수많은 비밀들과 유령들을 알고 지낼 수밖에 없으니까.

어린 소년이던 나는 악에 대해 별로 생각해 본 적이 없었다. 당시만 해도 텔레비전은 낯설었고, 프로그램 구성은 옹색했으며, 뉴스는 고작 15분짜리였다. 어렸을 때 보던 조커, 렉스 루터, 닥터 둠 같은 만화책들에 나오는 한없이 얄팍한 악의 개념을 가지고 자랐다. 이런 세상 속에서 악은 복잡 미묘한 것이 아니라, 그저 타자였다. 만화 속 영웅이나 시민과는 완전히 다른 악마 같은 존재였다. 이렇다 보니 1940년대나 1950년대의 여느 대부분의 사람들과 마찬가지로 나 역시 자연스럽게 강제수용소를 짓고 운영했던 나치는 인간 본성과는 완전히 동떨어진 타락한 존재들이라고 생각했던 것이다.


## 연 구 실 을   찾 아 온   사 형 집 행 인

여러 해가 지났다. 나는 대학 졸업 후 고고학 원정대에 합류하여 20세기의 이면을 깊숙이 파고들었고, 수천 년 전 과거의 폭력을 암시하며 켜켜이 쌓여 있던 유해들을 참담한 마음으로 파헤쳤다. 사회학 대학원에 진학하여 여러 사회적 힘들이 어떻게 우리의 삶을 빚어내는지도 배웠고 의과대학에서는 사람들을 치유하는 법을 배웠다.

부모님 친구 한 분의 전화 한 통이 아니었더라면 나는 홀로코스트 문제를 아마도 잊고 지냈을 것이다. 그분은 내가 의과대학에 진학한 것을 축하하며 저녁식사에 초대했다. 수시티에서 어느 가족이 운영하는 오래된 식당으로 나를 데려갔고 전채로 캐러멜 스위트롤과 미트로프, 구운 감자, 푹 삶은 깍지콩 그리고 폴저스 커피로 이어지는 중서부 지역 가정식 스타일의 저녁식사를 하며 강제수용소에서의 삶에 대해 이야기를 들려주었다. 그녀 역시 전쟁 중 가족 전부를 잃었지만 아이오와에서 새 삶을 꾸려 나갔다. 밤마다 끈질기게 따라붙는 악몽 말고는 온전히 정상으로 보이는 삶이었다. 우리는 몇 시간 동안 이야기를 나눴고, 식당의 대표 메뉴인 캐러멜 스위트롤은 그날 밤까지도 내 뱃속에 얹혀 있었다.

역사나 사회적 힘들이 관심 분야였으니 내가 결국 정신과의사가 된 것이나 강제수용소 생존자들 연구를 시작하여 그들이 어떻게 수용소 생활을 견디고 생존했는지 알게 된 것이 놀라울 것은 없었다. 1974년에는 나치 수용소 생존자들의 적응 행동<sup>coping behavior</sup>에 관한 논문을 발표했다. 곧 지역 언론의 관심을 끌었고, 언론의 조명은 결국 후속 연구의 방향을 결정짓는 우연한 만남으로까지 이어졌다.

매사추세츠종합병원 구내 어느 작은 외딴 건물의 다락 같은 내 연구실에 있을 때였다. 누군가 사무실 문을 요란하게 두드리는 바람에 나는 소스라치게 놀랐다. 찾아올 사람도 없었고 건물 자체에 방문객이 워낙 드물었던 탓이었다. 어느 땅딸막한 남자가 들어오더니 다짜고짜 이렇게 말했다.

"나는 사형집행인이고, 볼일이 있어 왔소."

남자는 소파에 앉더니 엽총 케이스로 손을 옮겼다. 순간 나는 속으로 짤막한 기도를 올렸다. 남자가 케이스를 열었다. 다행스럽게도 엽총 케이스에는 엽총이 아니라 서류 뭉치가 들어 있었다. 제2차 세계대전 관련 서류였다.

"뉘른베르크에서 사형집행인이었습니다. 이건 지금 제 이야기가 사실임을 입증하는 서류들입니다."

남자는 자기 일에 자부심이 있었고 전문가로서 일하는 동안 범죄자들을 매다는 것에 즐거움을 느꼈다고 했다.

"그자들은 쓰레기들이에요, 선생님. 그자들을 연구하셔야 합니다, 생존자들 말고요."

## 우 연 한  만 남 들

그런 만남은 잊히지 않는 법이다. 그 후 당장 뭘 하지는 않았지만, 당시 일은 마음 한 구석 깊은 곳에 자리 잡았다. 그러던 어느 날, 또 한 번의 우연한 만남이 있었다. 플로리다 게인즈빌에서 있었던 어느 만찬 연회에서 로르샤흐 전문가로 잘 알려진 몰리 해로워를 만난 것이다. 뉘른베르크 전범들에게 실시된 로르샤흐 검사 이야기와 이를 둘러싸고 오늘날까지 계속돼온 논란과 미스터리에 대해 들려준 것은 바로 몰리였다.

이 책은 독일부터 스위스까지 그리고 기이하게도 뉴저지부터 캘리포니아까지 아우르는 음울한 이야기를 다루고 있다. 책을 쓰면서 많이 뭉그적거렸다. 사실 쓰고 싶지 않았다. 무엇보다도 너무나 음울한 이야기였기 때문이다. 하지만 이 이야기는 끊임없이 나를 따라다녔고, 나이를 먹고 나니 더 이상은 떨쳐낼 수가 없었다. 그리하여 나오게 된 이 책은 뉘른베르크의 유산과 내가 악에 대해 알게 된 것, '악<sup>惡</sup>의 해부'라 할 만한 그 내용을 추적한 결과물이다.

# 등 장 인 물 들

버튼 C. 앤드러스: 아쉬칸 및 뉘른베르크 교도소장

구스타브 길버트: 미국 심리학자

헤르만 괴링: 제국원수, 나치 독일 공군 총사령관

몰리 해로워: 미국 심리학자이자 로르샤흐 전문가

루돌프 헤스*: 부총통

로버트 잭슨: 대법관이자 뉘른베르크 미국 측 검사장

더글러스 켈리: 미국 정신과의사

로베르트 레이: 독일노동전선의 수장

헤르만 로르샤흐: 스위스 정신과의사

율리우스 스트라이허:《데어 슈튀르머》편집자

---

 * 헤스는 독일에서 상당히 흔한 성이다. 영문 표기 시, 보통 Hoess, Höss, Hess 중 하나로 쓴다. 루돌프 헤스라
는 이름을 가진 전범이 두 명 있었기 때문에 다소 혼란의 소지가 있다. 이 책에서는 부총통 루돌프 헤스Rudolf Hess를
집중 조명한다. 동명이인인 다른 루돌프 헤스Rudolf Hoess 는 아우슈비츠 수용소 지휘관이었던 인물로 차후 전범재판
을 받고 처형됐다.

# C O N T E N T S

프롤로그　　4

서론　　12


**제1부 뉘른베르크까지의 여정**
　　1장: 홀로코스트　　　　　　　　　　　　　　　　23
　　2장: 아쉬칸 포로수용소　　　　　　　　　　　　　42


**제2부 뉘른베르크**
　　3장: 뉘른베르크 전범재판　　　　　　　　　　　　63
　　4장: 전범들과 정신과의사의 만남　　　　　　　　82


**제3부 악의 얼굴들**
　　5장: 나쁜 뇌　　　　　　　　　　　　　　　　　109
　　6장: 호감형 사이코패스　　　　　　　　　　　　128
　　7장: 나쁜 남자　　　　　　　　　　　　　　　　153
　　8장: "그야말로 완전히 미친"　　　　　　　　　　171

**제4부 전범들의 심리분석**

　9장: 최악의 협력　　　　　　　　　　　　　205

　10장: 로르샤흐 검사가 말하는 것　　　　　227

　11장: 악은 곰팡이와 같은 것　　　　　　　243

　12장: 사이코패스와 나쁜 뇌　　　　　　　263


에필로그　285

본문에 나오는 로르샤흐 검사 카드　292

미주　294

찾아보기　319

# 서론

나라를 세우고 법을 만들고자 하는 사람은
반드시 모든 인간은 악하고
언제든 자신의 사악한 본성을 드러낼 준비가 돼 있다는 전제에서
출발해야 한다.

니콜로 마키아벨리, 「군주론」

악이 승리하는 데 필요한 유일한 조건은
선량한 사람들이 아무것도 하지 않는 것이다.

에드먼드 버크


## 악 의  동 력 은  무 엇 인 가 ?

제2차 세계대전이 끝났을 때, 연합군은 체포한 나치 지도자들을 처벌해야만 하는 이유가 여럿 있었다. 처벌은 독일을 탈나치화<sup>denazification</sup>하기 위해 필수적인 부분이었고, 부차적으로는 전범재판이 향후 각국 지도자들의 전쟁 범죄나 제노사이드를 막을 수 있으리라는 기대가 있었다.

이러한 목적 이외에도, 대체 어떤 부류의 사람들이 독일을 그런 파멸의 길로 끌고갔던 것인지 납득하고자 하는 강렬한 열망이 있었다. 기이하게도 나치 지도자들 다수는 교육 수준이 높고, 서양의 지적 전통에 경도된 이들이었다. 그런데 어떻게 그런 일을 저지를 수 있었을까? 나치 지도자

들을 이해하려는 이러한 목적이 뉘른베르크 재판의 명시적 목표는 아니었으나, 밑바탕에 있는 커다란 흐름이었다. 뉘른베르크 재판은 '누가 그랬는가?'보다는 '왜 그런 짓을 했는가?'와 '어떻게 그럴 수 있었는가?'에 초점이 있었다. 피고들은 짐승이자 괴물이며 완전한 타자他者였다는 사실이 면밀한 조사를 통해 밝혀지고 확인될 예정이었다. 대중 언론마다 온갖 추측이 난무했고, 역사학자나 사회학자들은 나름의 설명을 제시하기에 바빴다. 그러나 악은 바로 인간의 본성에 있음을 지적하는 좀 더 나지막한 목소리도 있었다. 이어 나치의 행동을 다른 맥락에서 바라보는 정신의학, 신경학, 심리학계의 목소리도 나왔다. 놀랍게도 후자에 해당하는 이 전문가들은 자료를 모아 자신의 가설을 검증하고자 했다. 일각에서는 뇌질환 때문이라고 했고, 다른 일각에서는 중증 정신장애가 발현된 경우라고 했다. 그런가 하면 '정상적인 사람들이 잘못된 선택을 한 것'이라는 의견도 있었다.

전범들은 대체 어떻게 그런 짓을 할 수 있었을까? 정신질환을 앓고 있었던 걸까? 범죄를 저지를 정도로 지독한 광기와 망상에 사로잡혀 있던 사이코패스나 사디스트였을까? 많은 학자들이 사회 및 개인 행동의 본질에 대한 견해를 바탕으로 나치의 행동을 놓고 다양한 의견을 제시했다. 대부분 방대한 기록 자료를 파헤쳐가며 훌륭한 분석을 내놓았다. 하지만 범인들을 직접 면담한 경우는 드물었고, 제3제국Third Reich 지도자들 대신 하급의 평범한 구성원들을 전반적으로 조사했을 뿐이다.[1]

이 때문에 우리는 나치의 행동을 이해하고자 할 때 정작 지도자들에 관해서는 어마어마한 사각지대에 맞닥뜨리게 된다. 부하들과의 면담 자료는 다수 있으나, 다들 본인은 제국이라는 큰 기계의 톱니에 불과하다고 주장했다.[2] 물론 우리는 누구나 톱니이고, 이 톱니들은 수많은 힘에 의해 맞물려 돌아가지만, 우리 가운데 누군가는 더 큰 톱니바퀴를 돌린다. 만일 대리권(즉, 책임)이 있다면, 고위 지휘계급—바로 뉘른베르크 재판 법정에 섰던 장본인들—으로 귀결될 수밖에 없다.


## 과 거 와 의    대 화

정신과의사인 나는 환자들의 이야기를 듣고, 진단하며 치료하는 일을 업으로 하면서 엄청나게 다양한 환경에서 임상을 해왔다. 산소호흡기가 도처에 널린 중환자실이나 프란츠 카프카가 설계했을 법한 교도소, 공작들이 어딘가 부루퉁하게 마당을 가로지르며 어슬렁대던, 부자 전용 정신병동들. 또한 어찌어찌 버티고 있던, 다 허물어져 가는 주립병원과 곳곳에 가득한 비명과 사이렌 소리 때문에 환자들 목소리도 듣기 힘들었던 응급실. 이런 곳들 어디를 가나 의사들의 기록이 담긴 차트가 항상 걸려 있었다. 그런 점에서 의사들은 역사가이다. 의사들은 틀리기 쉬운 기억력 때문이기도 하지만 향후 진료에 참고하기 위해 기록을 남긴다. 물론 이들 기록은 하나같이 전보처럼 간결하기 때문에 읽고 쓰는 법이 따로 있으며, 숨겨진 문법과 논리가 있다.

나는 뉘른베르크의 정신과 의료 기록을 내 나름의 임상 경험을 필터 삼아 여과해가면서 과거에서 온 동료들과 대화를 나누는 듯 읽었다. 나치 지도자들을 관찰한 뉘른베르크의 의사들이 남긴 모호하고도 모순적인 기록을, 암호와 같은 그 기록들을 해독하고 21세기의 관점에서 새로이 평가하고자 애를 썼다. 당시 의사들이 환자에 대해 말해주려는 것은 무엇일까? 말하지 않고 남겨둔 부분은 무엇일까?

정부 지도자들에 대한 정신의학적 기록은 접하기가 쉽지 않다. 한 가지 엄청난 예외가 있는데, 바로 나치 지도자들에 관한 기록이다. 하지만 나치 전범들을 조사했던 조사관들은 대부분 잊힌 존재로 남아 있다. 정신과의사인 더글러스 켈리와 심리학자 구스타브 길버트는 수감자들이 재판을 받을 수 있는 상태인지 평가하고 사기를 진작시키라는 임무를 받고 뉘른베르크 교도소로 전출되었다. 이들은 암묵적으로 교도소장과 검찰 측에 자문 역할을 하기도 했다. 그러나 각자 개인적인 계획도 있었다. 로르샤흐 잉크반점 검사를 동원하여 나치 지도자들이 저지른 악의 본질을 규정해보겠다는 야심찬 계획이었다. 비좁은 독방에서 피고인들을 몇 시간(켈리의 주장에 따르면 피고인별 80시간)씩 면담하며 심리검사를 실시하고 재판정에서 어떻게 행동하는지 관찰했다. 간단히 말하자면, 이들은 나치 지도자들에 대해 이례적인 집중 관찰을 했던 것이다. 이 책에서는 피고인 4명—로베르트 레이, 헤르만 괴링, 율리우스 스트라이허, 루돌프 헤스—에 대해 이 두 사람이 알아낸 것을 상세히 이야기하고자 한다.

관찰자 켈리와 길버트는 어느 피고에 대해서도 호락호락하지 않았다. 악을 면밀히 파헤쳐온 경력으로 그 자리까지 온 인물들이었으니 말이다. 적당히 거리를 둔 채 악을 연구하는 것과는 달리 좁은 침상에 범죄자들과 나란히 앉아서 날이면 날마다 그들을 쳐다보며 이야기를 듣고 체취를 느낀다는 건 대단한 고역이었다. 그런 스트레스 탓에 켈리와 길버트의 협력은 점차 느슨해지고, 둘 사이의 성격 차이와 질투가 불거졌으며 결국 계략, 소송, 맞고소 등으로 이어졌다. 그럼에도 불구하고 어쨌든 이들이 발견하고 논쟁한 내용은 오늘날 우리가 악의 얼개를 이해할 수 있는 토대가 되었다.

이 책을 쓰면서 여러 다양한 유형의 정보를 참고했다. 관련 분야의 홀류한 책들과 더불어 그 밖에 다른 자료들도 활용했다.[3] 광범위한 내용을 다룬 신문기사들은 뉘른베르크 전범들을 향한 대중문화의 시각을 가늠할 수 있다. 또한 재판에 참여했던 대부분의 사람들은 상세한 회고록을 남겼다. 이 가운데 일부는 출간되었지만, 몇몇은 기밀로 분류되거나 특수 자료로 보관되어 접근이 제한돼 있다. 이런 다양한 특수 자료들이 이 책의 골자를 이루고 있다.[4] 70년이 지났지만 뉘른베르크는 여전히 배경으로 남아 오늘날에도 수많은 악의 사례를 바라보는 기준이 되고 있다.

## 심 리 분 석 의    난 점

솔직하게 말하자면 이런 온갖 자료의 내용이 서로 일치하지 않는 것이 놀라웠다. 내가 너무 순진했던 것 같다. 홀로코스트 관련 회의들에 참석할 때마다 격렬한 논쟁과 맹비난으로 번지곤 했다(의자만 날아오지 않았다 뿐이지 온갖 일들이 다 벌어졌다). 역사적 고찰에서 의견 불일치는 예외가 아니라 원칙이지만, 그것이 대량학살에 관한 것이라면 논쟁은 정말로 격렬해질 수밖에 없다.[5]

뿐만 아니라 기억은 최선의 상황에서조차 허술하며, 망각이나 왜곡, 거짓에 쉽게 휘둘린다. 사람들은 자기 자신을 부풀리고 합리화한다. 의식적으로 그럴 때도 있고 무의식적으로 그러기도 한다. 특히 나치 당원들의 일기나 자전적 기록을 해석할 때 이런 부분은 난제로 작용한다.[6] 소설가 로즈 매컬리는 바로 이 문제를 다음과 같이 깔끔하게 정리한 바 있다. "우리는 안개 속을 더듬거리며 헤쳐 나아가야 한다. … 결코 가만히 앉아서 '진실을 알고 있다' 같은 소리는 할 수 없다. … 진실을 발견한다는 것은 …

험난한 정글을 헤쳐 가는 기나긴 여정을 의미하기 때문이다."[7]

이 가시덤불과도 같은 역사는 시간이 흐르면서 더욱 복잡해졌다. 언어를 해석해야 하는데, 언어 자체도 시간과 함께 변화해왔기 때문이다. 우리가 70년 전의 병원 의무기록이나 정신감정을 읽는 경우, 거기 쓰인 단어들의 함의는 현재와는 다르다. 2장에서 논의하겠지만, 우리는 괴렁이 감옥 안에서 겪었던 심장 문제들조차도 어떻게 이해해야 할지 정확히 알기 힘들다. '심장마비'라는 용어만 하더라도 당시에는 의미가 훨씬 더 느슨했기 때문이다. 과거의 질병들을 이해할 때 초래되는 이런 혼란은 정신의학 분야에서 한층 더 두드러진다.

진단 용어를 체계적으로 정리하려는 노력은 비교적 최근에 와서야 시작된 것으로, 『정신의학의 진단 및 통계 편람』(이하 *DSM*) 초판이 발행된 것은 1952년의 일이다. 1945년만 하더라도 그런 편람 같은 것이 전무했고 정신의학적 문제를 이해하고 기술하거나 치료하는 방식에 대한 대략의 합의도 없었다. 따라서 당대의 정신과 기록을 읽는 것은 굉장히 고된 작업이다. 당시에는 로르샤흐 검사를 실시하고 결과를 해석하는 방식 역시 제대로 확립되어 있지 않았다.[8] 이런 이유들 때문에 오래전에 작성된 용어나 추론을 이해하는 것은 만만치 않은 일이다. 똑같은 단어라도 전혀 다른 것을 의미할 수 있으니 말이다.


## 이 책 의 구 성

아홉 살 무렵 아버지는 나에게 첫 현미경을 사주셨다. 현미경을 가지고 놀던 나는 슬라이드 글라스를 보는 가장 좋은 방법은 반복해서 들여다보는 것임을 알게 되었다. 저배율과 고배율을 번갈아가며 보는 것이다. 몇 년 뒤에는 첫 입체현미경을 가지게 된 덕분에 동일한 이미지를 약간씩 다른 각도에서 볼 수 있게 되었다. 내 시선에 갑자기 심도$^{depth}$와 각도$^{perspective}$가 생겼던 셈이다.

나는 몇 년에 걸쳐 시각을 달리 해가며 전범들을 연구했다. 저배율로 본 모습(공적 페르소나)과 고배율로 본 모습(정신의학적 면담에서 보인 모습)을 비교해 보기도 했다. 감옥에 갇혀 있거나 뉘른베르크 법정에 선 나치 지도자들의 모습은 저배율 관점에서 볼 수 있지만, 한편으로는 고배율로도 살펴볼 수 있다. 뉘른베르크의 정신과의사들과 심리학자들이 남긴, 전범들에 대한 광범위한 개인 면담 및 심리검사 기록 덕분이다.

이 책은 시간 순으로 총 4부로 구성되어 있다. 제1부에서는 역사적 맥락, 즉 뉘른베르크에 이르기까지의 여정부터 나치의 제노사이드가 악의 본질이라는 개념에 늘 따라붙게 된 과정을 보여준다. 제2부에서는 뉘른베르크에서 있었던 사건들을 법정이라는 공적 시각뿐 아니라 피고인들의 독방이라는 사적 영역에서 상술한다. 제3부는 각각 전혀 다른 악의 원형을 대표하는 전범 네 명에 초점을 맞추고 있다. 1차 뉘른베르크 재판에는 22명이 기소되었다. 나는 그 가운데 서로 전혀 다른 진단상의 난제를 제기한 네 명을 집중 연구 대상으로 선택했다. 나치 지도자들을 통해 악의 윤곽을 파악하고자 내가 선택한 피고인들은 전쟁 당시 맡았던 책임 범위가 서로 달랐고 뉘른베르크에서도 확연히 다른 행동 양식을 보인 이들이었다. 제4부에서는 이 책의 핵심 질문으로 되돌아온다. 우리는 악을 어떻게 이해할 수 있는가? 악은 우리 모두 안에 있는 것인가, 아니면 악의 능력이 특출한 특정 개인들이 존재하는가?

전범들의 심리검사 결과는 수십 년간 공개되거나 출간되지 않은 채 감추어져 있었다. 야심, 배신, 이데올로기적 편차 등이 혼합된 일종의 독극물 속에 처박힌 상태나 마찬가지였다. 잊혔던 이 기록들을 통해 우리는 오늘날 정신의학 및 심리학이 악의 사회적, 심리학적, 정신병리학적, 신경행동학적 뿌리를 어떻게 이해하고 또 악과의 대면이 우리가 갖고 있는 인간성이라는 관념에 어떻게 영향을 미치는지 살펴볼 수 있다.

이해하려고 노력하는 것과 용인 또는 비난하는 것은 다르다. 나치 지도자들은 다 똑같은 비정상적인 괴물들이었다고 믿는 독자들은 이 책을 그만 내려놓는 편이 나을 것이다. 차차 분명히 밝히겠지만, 나치 지도자들은 절대로 똑같지 않았기 때문이다. 이들은 모두 악의를 가지고 사람들을 움켜쥔 이들이었지만 제각각 완전히 달랐다. 이 책은 그 악의 본질(들)을 명료하게 밝히고 재판이 조사관들 본인에게 미친 악영향을 추적하며 이 역사가 어떻게 오늘날 연구의 바탕을 형성했는지 파헤치고자 한다.

학문적으로 워낙 광범위하고 논란이 많았던 만큼, 여러 신중한 소견들과 더불어 온갖 비방과 독설도 유난히 넘쳐났던 시기였다. 부디 이 책이 독자를 "역사적 진실에 가까이"[9] 안내할 수 있기를 바란다.

제 1부

뉘른베르크까지의
여정

ANATOMY
of MALICE

# 홀로코스트

그들 모두의 이름을 부르고 싶다.

그러나 그들이 명단을 가져가버려, 찾을 길이 없다.

나는 그들을 위해 넉넉한 수의를 짰다.

우연히 들려온 그들의 곤궁한 말들을 실 삼아서.

안나 아흐마토바, 〈레퀴엠〉, 1940

처음에는 총을 쏠 때 손이 좀 떨렸다. 하지만 누구나 익숙해지기 마련
이다. 열 번째에는 수많은 여자들, 아이들, 갓난아기들을 향해 차분히
총을 겨누고 정확히 쏴 맞혔다. 똑똑히 기억하는 것은 내게도 갓난아기
가 둘 있었다는 사실이다. 훨씬 더 나쁜 짓까지는 하지 않을지 몰라도,
이 자들은 내 아이들도 어쨌든 똑같이 처리했을 것이다. 갓난아기들은
큼직한 포물선을 그리며 공중으로 날아갔고, 우리는 그 시신들이 채 구
덩이나 물속으로 곤두박질치기도 전에 공중에 뜬 그 아기들을 총으로

쏘아 산산조각 냈다.

우크라이나에서의 유대인 총격을 언급한 독일 경찰의 글, 1941년 10월

# 피 로 물 든 땅

어렸을 때, 죽음에 대한 생각은 매우 막연했으며, 큰 숫자들에 대한 생
각은 훨씬 더 모호했다. 네 발 달린 포유류 수가 두 발 달린 포유류 수를
가뿐히 넘는 곳에서 나고 자란 나로서는 수백만 명의 죽음이라는 것이 무
엇을 의미할 수 있는지 전혀 몰랐다.

접해본 악의 사례 역시 상당히 제한적이었다. 토요일 오후만 되면 나는
동네 영화관까지 걸어가서 25센트씩 내고 서부영화나 괴물영화를 보곤
했다. 당시 영화 속 괴물들은 대개 크고 성난 짐승들로, 인간과는 아주 거
리가 멀었다. 가령, 거미들이 나오기도 했는데, 대체 그 혐오스러운 거미류
머릿속에서 무슨 일이 벌어진 건지 누가 알겠는가? 크고 성난 짐승의 모
습을 한 괴물들 아니면 좀비였고, 그런 괴물들의 뇌가 정상이 아닌 것만
은 분명했다. 나이가 들면서 나는 스크린 밖의 실제 괴물들—극도의 분
노, 질투, 순전한 추악함에 사로잡힌 사람들—에 대해 알게 되었다. 유럽
땅을 피로 물들였던 살상은 도무지 이해가 불가능한 수준이었다. 대체 어
떻게 하면 인간이 그 정도의 악을 자행할 수 있는 것일까?

나는 커서 정신과의사가 되었고, 역사학자는 아니지만 하루 종일 환자
들 곁에 앉아 역사를 채집한다. 환자의 행동에 동기로 작용한 것은 무엇
이었나? 환자는 자기 인생을 어떻게 다루었나? 그러한 인생의 선택들이
낳은 결과는 무엇이었나? 나는 이 책의 주축이 된 전범들에 대해서도 유

24

사한 질문들을 암묵적으로 던져보곤 했는데, 이러한 질문들은 나치가 자행한 제노사이드 특유의 본질을 좀 더 폭넓게 규정하는 데 도움이 되었다.[1]

제2차 세계대전은 마침내 끝이 났으나, 이미 4천만 명에 달하는 남자, 여자, 아이들이 유럽에서 목숨을 잃은 뒤였다. 전쟁에서 사람이 죽는 것은 예상 가능한 일이지만—결국 폭력을 통해 목적을 달성하는 것이 핵심이니까—이 사망자 가운데 3분의 2는 비전투원이었다.[2]

물론 전쟁에서 비전투원의 죽음은 다반사로 일어난다. 하지만 죽는 사람들 다수는 대개 엉뚱한 순간에 엉뚱한 장소에 우연히 있었던 사람들이었다. 가끔은 국가가 정책 차원에서 사람들 전부—군인이나 민간인 할 것 없이—를 대상으로 제노사이드를 감행하는 경우도 있다. 대다수의 국가와 문화권마다 역사상 어느 시점에는 제노사이드를 자행하는데, 대개는 피에 굶주린 야욕에 불과했다. 따라서 피로가 누적된 시점에는 살상을 중단했다. 그러나 홀로코스트는 달랐다. 세계에서 가장 문명화된 축에 속하는 국가에서 자행됐으며, 장기간 지속된 살상 작전이자 놀라우리만치 구체적으로 상세하게 계획된 제노사이드였으며, 역대 최대 규모의 대량학살 중 하나였다. 티모시 스나이더는 명저 『피로 물든 땅』에서 그 엄청난 살상 규모에 대해 이렇게 지적했다. "1941년 하반기 중 어느 날이든 하루 동안 독일인이 쏴 죽인 유대인 수는 러시아제국 역사를 통틀어 학살된 유대인 수보다 많았다."[3]

항상 궁금했다. 대체 어떤 부류의 인간들이기에 그런 살인기계를 고안해냈던 것일까? 지금도 궁금하다.

그리고 사람들이 기억하는지도 궁금하다.

아돌프 히틀러는 폴란드 침입 일주일 전, 무자비한 작전을 개시했고 이렇게 말했다는 이야기가 있다. "자, 오늘은 누가 아르메니아인 몰살에 대해 이야기해보겠는가?"[4] 히틀러가 이런 말을 했는지, 정확한 인용인지는 모르겠으나, 참담하기 그지없는 일화이다. 그런데 만일 아무도 제노사이드를 기억하지 않는다면, 그것이 정말로 일어났던 일이라고 말할 수 있을까? 이제 마치 속담처럼 되어버린 이런 질문처럼 말이다. "숲속의 나무 한 그루가 쓰러질 때 들을 사람이 주변에 아무도 없다면, 그 나무는 소리를 낼까?" 유대인, 폴란드인, 아르메니아인, 방글라데시인, 투시족, 캄보디아인, 다르푸르 사람들 그리고 그 외의 무수히 많은 대량학살 희생자들에 대해, 생존자들은 물론 똑똑히 기억할 것이다. 그러나 세상의 나머지 사람들은 과연 얼마나 제대로 기억할까?

이 책에서 홀로코스트를 포괄적으로 훑어본다는 것이 망설여지기도 했다. 일부 독자들은 이미 잘 알고 있기 때문이다. 그러나 나는 섣불리 추측하지 않는 법을 배웠다. 여러 해 전, 유대교 주일학교 학생들에게 유대인 문제의 최종적 해결이 무슨 뜻인지 그리고 강제수용소 두 곳의 이름을 댈 수 있는지 물어본 적이 있다. 학생들은 쉽게 대답하지 못했다. 이들 학생들의 무지가 특이한 것은 아니다.

아돌프 아이히만의 재판 당시 언론 보도가 어찌나 대대적이었던지, 조사원들은 캘리포니아 오클랜드의 성인 수백 명을 대상으로 재판에 대한 시각을 설문조사하기도 했다.[5] 응답자의 16퍼센트는 재판 자체에 대해 전혀 알지 못했다. 조사원들은 추가적인 질문을 던졌다. 재판이 진행 중이라는 사실을 알고 있던 384명 가운데 59퍼센트는 아이히만이 나치 당원이었다고 답했다. 나머지는 아이히만을 공산주의자, 유대인 혹은 기타였을 것이라고 응답하거나, 그가 뭔가 문제가 있어서 재판을 받는다는 것은 알지만 누구인지는 전혀 모른다고 답하기도 했다. 연구자들은 어떤 부류의 사람들이 재판 소식에 관심을 가지는지에 대해서도 조사했다. 백인들은 재판에 대해 더 잘 아는 경향을 보였으나, 당시 마찬가지로 언론에 보도됐던 프리덤 라이더Freedom Riders(1960년대에 인종분리정책에 반대하며 함께 버스에 탑승하여 미국 남부를 돌았던 흑인 및 백인 운동가들_옮긴이)에 대해서는 더 몰랐다. 반대로, 아프리카계 미국인들의 경우 재판에 대해 아는 비율이 상대적으로 낮았으나, 프리덤 라이더에 대해서는 거의 모든 이들이 들어봤다고 응답했다. 다시 말해, 사람들은 자신에게 중요하지 않거나 관련이 없는 사안에는 관심이 없었던 것이다.

사람들은 못 본 척하고, 부정하고, 망각하며, 아무런 교훈도 얻지 못한다. 역사학자 라울 힐베르크는 말년의 논고 한 편에서 다음과 같이 엄중하게 문제를 제기했다. "홀로코스트 연구는 지금 일종의 '게토'에 있는 게 현실이다." 역사기록학historiography 분야에서도 매우 특수한 한쪽 구석에 해당한다는 것이다.[6] 내가 이 단어들을 적고 있는 지금은 뉘른베르크 전범재판으로부터 70년이 흐른 시점이다. 독자들 가운데는 그 재판이 열리기까지 어떤 일들이 있었는지 혹은 나치 당원들에 대한 정신과적 진단을 둘러싼 논쟁이 왜 그토록 과열되고 격앙되었는지 정확히 알지 못하는 이들도 있으리라 짐작한다. 그런 독자들에게 이번 장은 개괄적인 내용을 제시해줄 것이다.


## 대 량 학 살 의   동 기

나치의 파괴기계는 수많은 유형의 사람들—유대인, 집시, 슬라브족, 동성애자, 여호와의 증인, 정신장애인—을 겨냥했지만 주요 대상은 유대인이었다. 여기서 다루려는 것은 그 동기보다는 진단과 성찰에 가깝다.

나치가 수많은 살인을 하게 됐던 복잡한 동기들을 조사하는 것은 이 책의 범위를 벗어난다.[7] 어떤 이들은 실제로 그러한 동기 분석 자체를 극도로 혐오했으며, 이는 시인 이츠하크 카츠넬슨의 발언에서도 분명히 드러난다. "이른바 학자라는 사람들이 … 이 혐오스런 일을 설명한답시고 들이밀지만 … 나는 그 어떠한 이유나 공식도 철저히 거부한다. 그런 어리석은 헛튼소리를 입 밖에 내는 자는 누구든 경멸한다. … 오늘날의 정치경제학이 대체 … 인간의 탈을 뒤집어쓴 이 짐승이 우리에게 저질렀던 무지막지한 범죄와 무슨 연관성이 있을 수 있다는 말인가?"[8]

그럼에도 불구하고 유대인들에 대한 제노사이드가 유독 파괴적이었던 것은 대표적인 세 요소—종교적 전통에 기반한 반유대주의, 사회 다원주의, 1차 세계대전 이후의 황폐함—의 결합 때문이었다.

여러 세기 동안 반유대주의는 교회에서 잉태되었다. 유대인들은 가장 가볍게는 기독교 신앙을 거부한 자들이라는 비난을 받았고, 최악의 경우로는 그리스도를 죽인 자들이라는 비난을 받았다. 유대인들은 복장, 식생활, 축일 등 독특한 관습 탓에 늘 쉽게 눈에 띄었다. 여러 국가에서 수 세기에 걸쳐 불가피하게 지속해온 점유 방식으로 인해 유대인들은 비난을 받았고, 어쩔 수 없이 뿔뿔이 흩어졌다. 유대인들은 공포와 혐오의 대상이었고, 분노와 공격적 감정을 투사할 표적이었다. 폭력 범죄가 일어나면 '유대인들'이 저질렀을 것으로 추정했으며, 단지 '저지른' 것이 아니라 순전히 고의, 악의, 사악함에서 '저지른' 것이라 생각했다. 역설적이게도 오스트리아-헝가리 제국은 일부 반유대주의적 규제들을 현대화하고 완화시키기 시작했다. 유대인들은 더 이상 격리되지 않았다. 그러나 문화 간 충돌이 벌어졌고, 유대인들과의 접촉이 늘면서 반유대주의자들은 위기감을 느꼈다. 동화가 시작되자, 사람들은 주변 문화와 함께 섞여 들게 된 유대인들이 은근한 악영향을 끼치지 않을까 두려워하기 시작했다.[9] 몇몇 유대인들의 성공 역시 사람들이 불만을 품게 된 또 하나의 이유였다.

사회 다윈주의는 나치 제노사이드를 촉발한 또 하나의 치명적인 원인이었다. 신세계 발견 이후 유럽인들은 처음 본 민족들의 이질적인 생활방식뿐 아니라 인종 및 문화 간 차이에 점점 더 충격을 느끼고 있었다. 상대적으로 발달이 덜 된 문화권에 살고 있던 비유럽인들의 생활방식이 낙후된 것은 능력의 최대치가 그것밖에 안 되기 때문이라는—나쁜 유전자 때문이라는—견해가 생겼다. 번영한 민족은 더 좋은 유전자를 가지고 있으며 더 적합하다는 논리였다. 다른 인종의 오점은 그것이 아무리 사소한 것이라도 유전적으로 질병이나 낙후 가능성을 내포한다고 여겼다. 품종을 개량하기 위해 짐승을 도태시킬 수 있다면, 바람직하지 않은 특성이나 집단을 제거하기 위해 인간을 도태시키지 못할 이유가 뭐가 있겠는가?

인종은 핏속에 흐르는 것이었다. 이런 믿음은 '혈통 범죄'blood crime라는 표현에 새로운 의미를 부여했다. 만일 당신 몸속에 나쁜 피가 흐른다면, 당신은 주변에 죽음과 파멸을 가져다줄 콜레라 감염자나 마찬가지인 것이다. 진심으로 기독교로 개종한다 해도 달라지는 것은 없다. 핏속에 악이 흐른다는 것이 사실이고, 그 악은 구제 가능한 범위 밖에 있는 셈이다.

인종별로 숨겨진 특징들을 식별해내는 데 학문적으로 어마어마한 노력이 투입되었다. 일단 인종이 판별되고 나면 곧 더 나은 세상을 설계하기 위한 우생학의 문제로 넘어갔다. 번식을 못 하게 하거나 혹은 적어도 그들끼리만 번식하게 함으로써 모든 인종적 낙인을 모두가 명백히 볼 수 있게 만드는 것이다. 열등한 이들은 번식에서 도태될 테고 우리는 강한 사회를 가지게 되리라는 믿음이 지배적이 되는 것은 단지 시간 문제였다.

우생학적 주장에서 흥미로운 점은 대상 집단은 흑인들처럼 좀 더 식별

　　　　　　　　　　　　　　뉘른베르크까지의 여정

하기 쉬운 집단으로부터 유대인, 집시, 슬라브족, 폴란드인 등 식별이 좀 더 까다로운 집단으로 계속 옮겨갔다는 사실이다. 우생학 이데올로기는 다른 하위집단들도 겨냥했다. 지적발달장애인, 정신질환자, 동성애자, 범죄자들이 그 대상이 됐다. 이런 사람들을 한데 모아놓을 수만 있다면, 다른 사람들을 감염시키지 않을 것이다. 죄다 불임화<sup>sterilize</sup>할 수만 있다면 유전적 오염을 완전히 막을 수 있을 것이다. 불임화에서 살상으로 옮겨가는 것은 논리적인 수순이었다. 이러한 질병(즉, 사람들)을 제거하고 좀 더 신속하게 끝장내는 편이 더 낫지 않겠는가?

나치의 대량학살을 낳은 세 번째 요인은 제1차 세계대전 이후의 대혼란이었다. 엄청난 인명 희생과 자원 손실을 초래했던 이 전쟁은 독일의 패배로 끝이 났다. 독일은 패전했을 뿐 아니라, 베르사유 조약에서 합의된 치명적이고 굴욕적인 배상 조건에 맞닥뜨렸다. 독일 정부는 극심한 인플레이션과 파산에 대처하기에 역부족이었고 수백만 독일인들은 근심에 빠졌다. 기이하게도, 유대인들은 좌파 공산주의자들 및 우파 자본주의자들 양측 모두와 한통속이라 여겨졌다. 독일에 복수하기 위해 뭉친 게 틀림없었다. 분명, 그들은 벌을 받아야 했다.

재정적으로 불안하고 빈곤한 시기에는 소위 쓸데없는 입이나 해충과 나눠먹을 만큼 넉넉한 음식이 없다. 그러므로 히틀러의 비전은 바람직하지 않은 모든 것을 없애고 해방된 공간과 몰수한 자산은 정화된 아리아인들의 국가에 제공함으로써 다시 일어선 독일이 세계를 거뜬히 지배하도록 하려는 것이었다. 히틀러는 강인한 지도자가 있으면, 독일은 굴욕을 벗어나 승리로 나아갈 수 있을 것이며, 바람직하지 않은 것들을 전부 깨끗이 치워버린 비옥한 땅을 향해 동쪽으로 뻗어나감으로써 명백한 사명<sup>manifest destiny</sup>(본래 19세기에 미국의 영토 확장을 신의 뜻이라 합리화하는 데 쓰였던 말_옮긴이)을 완수할 수 있으리라 믿었다. 이 무모한 생각이 온 나라를 집어삼켜버렸다.


## 제 노 사 이 드 를   향 한   발 걸 음 들

동기가 뭐였든 간에 나치전범들을 법정에 세운 것은 그들의 '행동'[behavior]이었으며, 여러 정신의학적 추정을 촉발한 것은 살상의 특이성과 살인 행위에 대한 살인자들의 반응이었다. 구식 학살이 일어나는 데 필요한 것이라고는 정부의 용인, 촉발 원인, 두 집단 간 규모 및 힘의 격차, 적당히 협조적인 분위기가 전부였다. 며칠이나 몇 주 정도면 많은 사람들을 죽인 다음 본래 하던 일을 계속하는 게 가능했다. 하지만 수많은 사람들을 없애기 위해 철저한 조율까지 거친 현대의 제노사이드라면, 대학살의 법칙들도 근본적인 수정이 필요했을 것이다.

나치의 제노사이드는 디테일까지 철두철미하게 심혈을 기울인 것이었다. 미국 측 검사장이었던 로버트 잭슨 대법관은 뉘른베르크 재판을 다음 발언으로 시작했다. "이 전쟁은 어쩌다 일어난 것이 아닙니다. 긴 시간에 걸쳐 계획되고 준비된 것이었으며, 결코 간단하지 않은 기술과 계략이 동원되었습니다. … 모든 것을 차치하더라도 이 전쟁을 기획했던 장본인들이 엄청난 일을 조직적으로 했다는 것은 분명한 사실입니다."[10]

이언 커쇼 같은 역사학자들은 제노사이드가 하향식으로 전개되거나 계획된 것이 전혀 아니었으며 상당히 즉흥적인 상향식 방식으로 이루어진 대량학살이기도 했다는 주장을 펼쳐왔다.[11] 잭슨 대법관과 대다수 방청인들을 놀라게 한 것은 바로 학살을 뒷받침하는 역할을 했던 관료화

뉘른베르크까지의 여정

bureaucratization의 정도였다. 평범한 구성원들이 이 과정에 대대적으로 참여한 것을 이해하기 위해서는 사회학적, 산업심리학적 관점이 필요하다. 파괴 기계의 동력이 됐던 관료제의 토대는 정확성, 신속성, 행정력 같은 익숙한 도구들이었다. 역사학자 지그문트 바우만은 이렇게 주장한 바 있다. "홀로코스트가 … 일어날 수 있었던 것은 '도덕적 수면제'를 능수능란하게 활용한 덕택이기도 했는데, 이 수면제를 이용 가능하게 만든 것은 바로 근대적 관료제와 근대의 기술이었다."[12]

적을 규정하고 식별하며, 예외로 인정할 만한 상황을 특정하기 위한 목적으로 상세한 법안이 작성되었다. 이러한 법의 범위는 놀랄 만한 수준이었다. 유대인들은 라디오나 자전거 소유, 자동차 운전, 애완동물 소지, 낚시, 전화 사용, 비유대인 가정 방문 등이 금지되었다. 금지 목록은 다 읽다가는 지쳐 쓰러질 정도로 끝없이 길었다. 가령, 로테르담의 어느 유대인 사업주는 이런 통지를 받기도 했다. "당신의 1943년 12월 17일자 서신과 관련하여, 당신 소유 회사의 이름이 상호등기부에서 삭제되었음을 통보하는 바이다. 당신이 자진해서 불임 시술을 받기 전까지는 영구히 제외될 예정이다. 그때까지는 직업 활동이 금지된다."[13]

바람직하지 않은 자들에게서 시민권을 박탈하고 언론 역시 나치의 편에 서게 만드는 법이 통과됐다. 모든 유대인 공무원들과 교수들을 해고하고 대학마다 유대인 학생들은 퇴학시키는 법도 통과되었다. 군대 내 유대인 병사들에 대해서도 마찬가지였다. 유대인 소유의 기업은 몰수됐고, 유대인과 기독교인 간의 친밀한 관계도 금지됐다. 살상 계획을 지원하기 위해 군경에 힘을 실어주는 법안들도 추가적으로 통과됐다.

유대인들을 모든 사회적, 상업적 거래에서 배제한 다음에는 강제로 집에서 퇴거시킨 뒤 특정 지역이나 게토로 몰아넣는 조치를 취했고, 이후 유대인들은 이동이나 식료품 조달에 점점 더 심한 제약을 받았다. 어느 시점이 되자 바르샤바 게토에는 1.3제곱마일 면적에 44만 5천 명의 유대인들이 수용되었다. 주거 밀도로 치면 방 한 칸에 평균 7.2명이 사는 셈이었다.[14]

나치는 유대인들을 다른 어딘가로 이동시킬 생각이었다. 아주 먼 나라—정확히 말하자면, 마다가스카르—로 추방시키려는 계획을 검토했으나 이 작전에 소요될 시간과 비용 문제 때문에 철회하고 만다. 이 '인종적으로 감염된 추방자들'이 마다가스카르에 그대로 머물지 않을지도 모른다는 가능성을 우려하기도 했다. 희망사항과는 별개로, 독일은 바람직하지 않은 이들을 전부 실어 나를 만한 해군 및 선박 물자의 부족으로 결국 계획을 포기했다.

수감자들을 미리 무기력하게 만들어 놓거나 앞으로의 운명을 알지 못한 채로 둘수록 학살 현장이나 강제수용소로 이송하는 일은 더 순조롭게 진행되었다. 이미 굶주림과 감금에 무감각한 상태가 되고, 수많은 일을 겪느라 잔학 행위에도 둔감해져버린 대부분의 수감자들은 '재정착'행 열차에 탑승하는 데도 협조하는 편이었다. 수감자들은 체념하듯 이렇게 말했다. "게토에서의 삶보다 강제수용소가 더 나쁠 수도 있을까?"

가스실은 죽음 공장<sup>death factory</sup>의 시도의 정점이었다. 나치는 이중성을 십분 발휘해 수감자 수천 명을 매일 죽음을 향해 몰아넣으면서도 저항을 최소화할 수 있었다. 새로 오는 수감자들은 악단이 환영했다.[15] 트레블링카 가스실로 가는 길에 있는 도로 표지판에는 힘멜파르트 스트라세<sup>Himmelfahrt Strasse</sup>(천국으로 가는 길)라고 씌어 있었고, 샤워실(가스실) 입구에는 커다란 다윗의 별(육각형 모양의 별로, 유대교 상징_옮긴이)이 달려 있어 안도감을 주었으며, 그 아래로는 다음과 같은 말이 히브리어로 빼곡히 적혀 있었다.

"여기는 하나님$^{G-d}$께 가는 관문이다. 의로운 자는 통과하리라." 새로 온 희생자들은 발가벗겨진 뒤 샤워실까지 걸어갔고, 출입문이 닫혔다. 시안화 가스가 쏟아져 들어왔고 이들은 20분도 지나지 않아 숨을 거뒀다.[16]

나치 입장에서 살상의 가장 힘든 부분은 가스실에서 죽은 시신들을 처리하는 일이었다. 소각로는 설계상 상당한 실험을 요했다. 기류, 굴뚝의 높이 등 여러 실질적인 문제를 고려해야 했다. 빨리 탈 수 있게 최적의 방식으로 시체를 쌓아 올리는 것도 문제였다. 실험을 통해 나치는 여자들이 지방 함량이 높으므로 시체 더미의 바닥에 여자 시체들을 깔고 쌓아 올리면 다량의 시체들도 좀 더 빠르게 골고루 탄다는 사실을 알아냈다.[17]

수용소의 수감자들을 대상으로 기괴한 생체 실험들도 행해졌다. 노골적으로 가학적인 실험도 있었는데, 대다수의 실험은 잔인할 뿐 아니라 아무런 의미도 없는 것들이었다. (가령, 수감자들의 폐에 결핵균을 주입한 뒤 얼마나 빨리 발병하는지를 지켜보기도 했다.) 종전이 가까워오자 증거를 은폐할 생각에 초조해진 나치는 이러한 의료 연구시설 내에서의 살상에 더욱 박차를 가했다. 함부르크 시설에서는 나치 친위대 의사들이 의료실험 대상으로 삼았던 어린이들을 급하게 살해했다. 약물로도 목숨이 끊어지지 않은 어린이들은 목을 매달았다.[18]

나치는 소위 인종과학$^{racial\ science}$ 연구도 진행했다. 뉘른베르크 전범재판에서 보고된 어느 연구에서는 유대인 볼셰비키 당원들의 두개골이 부족했던 과학자들이 신선한 두개골이 부족해 연구에 차질이 생긴다는 불만을 토로했다. "쓸 수 있는 [해당] 두개골 표본이 몇 개밖에 없다. … 현재 동쪽 전선은 이러한 부족을 메울 수 있는 기회다. 역겨운 존재의 원형이면서도 전형적인 인간 이하의 존재를 대표하는 유대인 볼셰비키 당원들의 두개골을 조달함으로써 이제 우리에게도 과학적 자료를 입수할 기회가 생긴 것이다." 이 두개골들을 입수하는 최상의 방식은 의사가 도착해서 필요한 사진을 찍기 전까지는 수감자들을 살아있는 상태로 유지하는 것이었다. 그런 다음, "두부가 손상되지 않게 유대인을 죽인 뒤 외과의사가 머리를 몸통으로부터 절단해낸다."[19]

자기 혈통이 끊어졌음을 알도록 어린이들은 부모가 보는 앞에서 총살시켰다. 그런 다음 부모들도 총살했다. 일부 대원들은 고통을 가하는 것 자체를 즐겼고, 비교적 소수이기는 했으나 몇몇 사디스트들은 고통을 가하는 데서 성적 쾌감을 느끼기도 했던 것 같다.[20]

여기서 이렇게 세세한 부분까지 언급하는 이유는 이런 디테일들이 다음과 같은 이 책의 핵심 질문을 또렷이 부각시키기 때문이다. 대체 어떤 종류의 인간들이 이런 일을 할 수 있었던 것일까? 한두 번도 아니고 하루가 멀다 하고 매일같이 수개월 혹은 수년 동안이나? 물론 학살 작전에서 차출하여 전방으로 보내 달라고 요청한 소수(약 10퍼센트)도 있었다.[21] 일부는 사디스트였지만 살인에 직접 가담했던 대부분은 알코올의존, 열의, 무관심 등의 정도가 다양했다. 역사학자 조지 크렌과 심리학자 레온 라포포르트는 마음 편치 않은 사실이라며 다음과 같은 결론을 내렸다. "나치 친위대원들 절대 다수, 즉 평범한 구성원들은 물론이고 간부들조차도 미군 신병이나 캔자스시 경찰 모집 시 통상적으로 이루어지는 정신과 검사 일체를 쉽게 통과했을 것이다."[22]

이 모든 살상에는 책상 앞의 살인자들—학살을 원격으로 기획하고 명령했던 자들—의 조직 기술이 필요했다.

나치가 대규모로 학살을 감행하는 데는 수천 명의 사람들이 필요했다. 강제수용소를 설계할 건축가가 있어야 했다. 선로 종점부터 선택 지점까지 도로 너비는 얼마나 되어야 하나? 학살 장소까지 최선의 열차 운송 일

뉘른베르크까지의 여정

정은? 전방으로 군비물자를 실어 보내는 것과 수용소로 (몰살시킬 사람들을) 실어 보내는 것 사이의 절충안은 어떤 것일까? 가스실 출입문은 죽음을 맞은 수감자들을 수용하려면 얼마나 견고해야 할까? 제약회사가 치명적 화학 가스 생산량을 늘리면서도 군용약품을 차질 없이 생산하려면 어떻게 해야 할까? 행정상의 이 같은 주도면밀함은 독일의 주특기였고, 이는 뉘른베르크 재판에서 특별히 관심을 끄는 주제였다.

역사학자 데이비드 뱅키어는 이러한 치밀함의 잘 알려지지 않은 사례로 독일인 대상 선전 문구를 작성했던 요제프 괴벨스의 노력들을 조명했다. 계몽 및 선전부 장관이던 괴벨스는 품질보증 운동의 선구자였다. 독일 전역의 도시들마다 조사팀을 배치하여 최상의 선전 문구 작성에 필요한 정보를 수집했다. 경찰 긴급공보물에 수감자들을 공산주의자 대신 해충으로 지칭한다면 사람들은 어떻게 생각할까?[23] 학살을 지칭할 마땅한 용어를 찾다보니 Liquidiert(청산된), erlidigt(처리된), Aktionen(행위), Sauberung(청소), Aussiedlung(재정착) 등 온갖 완곡어법이 탄생했다.[24]

라울 힐베르크는 다양한 살상 작전의 비용을 산출한 것으로 잘 알려진 학자다. 전쟁 초기에는 유대인들에게서 몰수한 재산과 가혹하게 부과한 다양한 세금을 통해 올린 수익이 유대인들을 죽이는 데 드는 간접비와 인건비를 훨씬 웃돌았다. 그러나 전쟁이 길어지고 더 이상 얻어낼 수익이 없어지자 순비용이 급등했다. 살상 시설 및 노역 시설을 짓고 수감자들을 살상 시설로 이동시키고 감시하다가 죽인 다음 시체를 태우는 것은 비용이 많이 드는 일이었다.[25] 그렇게 많은 인원을 노동력에서 제외한다는 것은 독일로서는 재앙이나 마찬가지였다. 그리하여 히틀러 내각 안에서는 수감자들을 죽이는 것과 제국에 필요한 노동력으로 이용하는 것 중 어느쪽이 더 생산적인가를 두고 격하고도 열띤 토론이 벌어졌다.[26] 수감자들을 노역에 동원하는 것도 말이 되지 않았다. 노동 감독관 중 한 명이었던 프리츠 자우켈은 정책들이 한심하다고 생각했다. "영양부족에 병까지 들었으며, 분노와 절망 그리고 증오로 가득 찬 노예들은 절대 [당시 필요한] 최대치의 결과를 산출할 수 없다."[27] 그러나 학살을 멈추기 위해 그가 한 일은 아무것도 없었다. 독일이 최종적 해결에 드는 비용을 감당할 여력이 최저치였던 시기에도 나치는 학살을 집요하게 지속했다. 경제적으로나 전략적으로 전혀 말이 되지 않는 집착이었다.

논리적이든 논리적이지 않든 간에 나치는 사람들을 계속 죽여나갔다. 나는 그간 비이성적인 자기파괴적 행동이라면 무수히 보아온 정신과의사다. 그런데도 어느 국가 전체가 자국의 이익에도 그토록 명백히 치명적인 악<sup>malice</sup>에 물들어 탈선한다고 했을 때 그것에 경악하게 되는 이유는 무엇일까?

## 살 인 의    반 작 용

나치는 다양한 살인 방식을 시도했다. 초기에는 장애 아동, 정신질환자 그리고 그 밖에 이른바 쓸모없는 입들을 없애는 데 노력을 집중했다. 고된 작업이었고 사기는 떨어져 있었으므로, 어느 안락사 공장의 노동자들은 10,000번째 살인을 축하하는 파티를 열어 화장<sup>火葬</sup> 전에 시체를 꽃들로 장식하기도 했다.[28]

나치는 특수 설계된 밴 안에서 수감자들을 가스로 중독시키는 시도를 한 적도 있었다. 탑승자들을 일산화탄소로 죽이려는 이 계획은 유효했으나 대원들이 이 방식을 좋아하지 않았다. 시간이 너무 오래 걸렸고, 운

뉘른베르크까지의 여정

전수들은 탑승자들이 내는 비명과 신음소리를 들어야 했으며, 뒤엉킨 시체들을 밴에서 끄집어내기가 어려웠다. 이런 탓에 사기가 떨어진 대원들은 술을 더 많이 마시기 시작했다. 다음으로는 헛간에 사람들을 몰아넣은 다음 불을 지르는 방식을 썼다. 괜찮은 방법이었지만 속도가 더뎠고 그렇게 쓸 만한 빈 헛간은 한정돼 있었다. 동쪽 지역에서는 나치 아인자츠그루펜Einsatzgruppen(특수임무부대) 대원들이 숲속에서 엄청난 수의 사람들을 총살했는데, 총격을 가하기 전 희생자들에게 각자 묻힐 구덩이를 파게 했다. 실제로 이들 기동대원들에게 총살당한 사람이 강제수용소 내에서 학살당한 사람보다 많았다.

살인의 경험은 살인자들을 따라다니며 꿈에서도 괴롭혔으므로, 그들은 약물과 알코올로 기억을 지우려 애썼다. 친위대장 하인리히 힘러는 학살 장소 한 곳을 방문한 뒤 이렇게 말했다. "이 코만도Kommando(파견대_옮긴이) 안에 있는 사람들 눈 좀 봐. 얼마나 심하게 흔들리고 있는지! 인생들 다 산 모양이군! 대체 여기서 우리가 어떤 부하들을 훈련시키고 있는 건가? 신경증 환자거나 미개인이거나!"

힘러는 자연 어디에나 전투가 있기 마련이고, '해충'[29]으로부터 스스로를 지켜내야 한다는 사실을 상기시키며 대원들의 사기를 북돋우려 했다. 한스 프랑크 총독은 대원들을 안심시키고자 이렇게 말했다. "제군들, 일말의 동정심은 떨쳐버리길 부탁하네. 우리 제국의 전체 구조를 유지하기 위해서는 유대인들을 찾는 족족 몰살시켜야만 해."[30]

뉘른베르크 재판에서는 살인자들이 입은 정신적 충격 문제도 다뤄졌다. 우크라이나에서 특수임무부대를 이끌었던 오토 올렌도르프는 살인이 심리적으로 감당하기 힘든 엄청난 짐이었으며 희생자들을 매장하는 일은 특수임무 파견대원들Einsatzkommandos에게는 굉장히 고통스러운 경험이었다고 증언했다.[31] 힘러의 친위대 의사는 친위대장 에리히 폰 뎀 바흐 첼레프스키 장군조차도 유대인을 총으로 쏜 데 대한 환각증상으로 고생했다고 보고하기도 했다.[32]

대량학살이 본질상 심각한 스트레스를 유발하다 보니 살인자들에게 미치는 특이한 영향도 있었다. 살인자들은 실제로 벌어진 일을 왜곡하고, 수정하고, 합리화시켰다. 정치이론가 한나 아렌트는 학살부대원들이 활용했던 암묵적 합리화를 다음과 같이 요약했다. "학살자들은 … '나는 사람들에게 대체 무슨 끔찍한 일을 한 것인가!' 같은 표현을 쓰는 대신 대개 이런 식으로 말하곤 했다. '임무를 수행하느라 나는 무슨 끔찍한 일을 지켜볼 수밖에 없었던가! 그 일이 내 어깨를 얼마나 무겁게 짓눌렀던지!'"[33]

## 최 종 집 계

이건 그저 피에 굶주린 살인이 아니었다. 수용소는 유럽 전역에 세워졌다(《사진 1》). 어쩌다 가끔 있는 고립된 시설도 아니었다. 4만 개 이상의 수용소—강제노동수용소, 게토, 집중수용소, 전범수용소, 안락사시설—가 대독일greater Germany 전역 및 동쪽 지역들 곳곳에 산재해 있었다. 다양한 부류로 나눌 수 있는 수용소들은 치명도 면에서 천차만별이었다. 강제노동수용소는 과도한 노동과 굶주림으로 천천히 사람들을 죽였다. I. G. 파르벤 (독일의 화학기업으로, 나치정권에 적극 협력함_옮긴이) 수용소 중 한 곳의 노역자들은 그곳에 살러 온 것이 아니라 '확실히 죽으러' 온 것이라는 말을 들었으며, 실제 이 노역자들의 평균 기대수명은 3~4개월에 불과했다.[34] 한편, 학살수용소extermination camp에서는 사람들을 놀라운 속도로 죽였다. 나치

군인들은 포로들을 열차에서 내린 후 죽이고 화장하는 작업까지를 정확히 두 시간 안에 끝낼 수 있을 정도였다.

종전 당시, 나치는 이미 유대인 6백만 명 및 기타 비전투원—폴란드인, 러시아인, 우크라니아인, 벨로루시인—수백만 명과 집시 20만 명, 여호와의 증인 3천 명, 정신질환자 및 장애아동 7만 명, 동성애자 1만 명을 학살한 상황이었다.[35] 선뜻 와 닿지 않는 숫자여서 역사학자들은 이 숫자들이 얼마나 어마어마한지 보여줄 수 있는 방법을 지금도 고심한다. 3백만이든 1천3백만이든 엄청나게 큰 숫자다. 학살당한 시체들을 머리부터 발끝까지 세워 쌓아 올린다면, 평균 신장을 168센티미터로 가정할 때 시체들은 10,058킬로미터까지 늘어설 텐데, 그것도 유대인의 시체만 쌓았을 경우다.[36]

이러한 대량학살의 참상은 수많은 학자들을 경악시켰고, 격한 논쟁을 촉발했다. 저명한 비평가 조지 스테이너는 이렇게 주장했다. "그토록 음침한 장소에 시간과 상상력을 쏟은 사람이 과연 … 본인은 멀쩡하게 그곳을 떠날 수 있을지 … 잘 모르겠다."

스테이너는 이 수용소들이야말로 땅 밑에서 땅 위로 솟아오른 지옥이라 표현하며 이렇게 덧붙였다. "나치 수용소는 대개 아주 세세한 부분에 이르기까지 유럽 예술 및 사상 속 지옥의 심상과 연대기적 기록을 실체로 보여주고 있다. … 의미 없는 고통, 끝없는 야만, 쓸모없는 공포의 기술을 우리는 보게 된다. 6백 년간 인간의 상상력은 저주스런 이들의 가죽을 벗기거나 주리를 틀어 고문하거나 모욕하는 데 머물렀으나 이제 지옥보다 더한 채찍질이나 오븐과 코를 찌르는 매캐한 공기까지 상상해내기에 이른다."[37] 뉘른베르크에서 전범들을 연구했던 이들에게 스테이너의 발언은 섬뜩하지만 사실이었다. 실제로 그토록 음침한 장소에서 일했던 이들의 삶

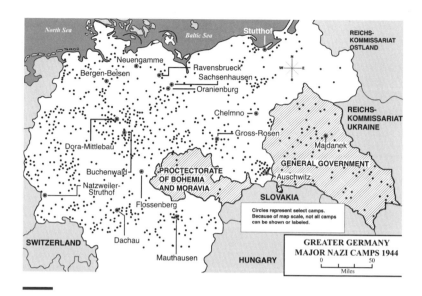

사진 1. 1944년 당시 대독일 내 주요 나치 수용소 분포(미국 홀로코스트 기념관 승인 하에 인용 게재)

에는 음울한 그림자가 드리웠을 것이다.

　이 정도 규모의 범죄라면 보복이 있기 마련이지만, 연합국 측은 상황을 어떻게 진척시켜야 할지 갈피를 잡지 못했다. 우선, 생포한 나치 지도자들을 어떻게 할 것인지 파악할 때까지 연합국 측은 이들을 어딘가에 격리시켜 두어야만 했다. 이러한 격리조치는 전범들의 심리를 들여다볼 수 있는 첫 번째 기회가 됐고, 곧 여러 의문이 제기되기 시작했다.

**2**

# 아쉬칸 포로수용소

대령은 이렇게 말했다. "누군가가 희곡을 한 편 써냈다고 가정해 봅시다.
… 막이 오르고 무대에 이 등장인물들을 전부 세우는 겁니다. 연극광고
전단에는 이렇게 적혀 있겠죠. '1945년 6월 룩셈부르크의 어느 교도소.'"

존 케네스 갤브레이스, 아쉬칸에 관한 글, 1945년


## 스 파 에 서    수 용 소 까 지

전쟁이 진정 국면에 들어서면서, 나치 지도자들은 눈에 잘 띄지 않는
곳으로 한꺼번에 몰아넣어졌다. 전쟁과 끔찍한 대학살의 상흔이 채 아물
지 않은 상태였다. 나치 지도자들을 엄격한 통제 하에 가둬두는 편이 현
명했다. 나치 동조자들이 수감자들을 풀어준다거나 혹은 피해자들이 나
치 지도자들에게 린치를 가하거나 아니면 히틀러가 그랬듯이 수감자들이

자살하는 사태를 막아야 했기 때문이다. 세 가지 모두 충분히 있을 수 있는 일이었다.

나치 지도자들의 집합은 그 이상 초현실적일 수가 없었다. 누구보다도 이 상황을 먼저 눈치 챈 사람은 젊은 존 케네스 갤브레이스였다. 정말 말도 안 되는 광경이었다. 마치 매 장면마다 악당들과 투사들이 함께 등장하는 한 편의 연극과도 같았다. 투사 쪽에는 교도소장 버튼 앤드러스와 정신과의사 더글러스 켈리가 있었고, 반대편에는 이 책의 중심에 등장하는 전범 네 명 가운데 셋(헤르만 괴링, 로베르트 레이, 율리우스 스트라이허)이 있었다.[1]

이 비현실적인 드라마의 중심무대는 룩셈부르크 대공국의 몽도르프레 뱅이라는 작은 마을로, 룩셈부르크에서 남쪽으로 16킬로미터 정도 떨어진 곳이었다. 호화로운 팰리스 호텔은 19세기 중반 이래 스파 리조트로 사용된 곳으로(《사진 2》), 최근의 역사는 한결 더 복잡했다. 1930년대에는 피아니스트 아르투르 루빈스타인 같은 망명자들이 나치를 피해 이곳에 몸을 숨겼고, 전쟁 초기에는 나치당원들이 휴가차 이곳에 머물며 휴식을 취하고 건강을 회복하기도 했다. 1945년 당시 이곳을 점령한 미군은 4.5미터 높이의 철조망을 둘러치고 망루를 설치했으며, 이 4성급 리조트 주위를 탐조등이 샅샅이 훑기 시작했다.

팰리스 호텔은 센트럴 컨티넨탈 전범 수용소 32호로 바뀌었고, 암호명은 아쉬칸Ashcan이었다.[2] 어찌나 보안이 철저했던지 안으로 들어가려면 하나님이 출입허가증에 서명하고 그 서명을 또 다른 누군가가 확인하는 절차가 필요하다고 할 정도였다.[3] 1945년 4월, 고위급 나치 수감자들이 도착하기에 앞서 건물 채비를 위해 한 무리의 독일인 전쟁포로들—요리사, 이발사, 호텔관리인들—이 아쉬칸으로 이송됐다. 고급 가구는 치우고 대신 군 야전

뉘른베르크까지의 여정

**사진 2.** 제2차 세계대전 이전의 팰리스 호텔

침대를 들여놓았고 자살 방지를 위해 유리창은 방충망과 창살로 교체했다.

아쉬칸은 사실 감옥은 아니었다. 엄밀히 말하자면, 전쟁포로 수용소였고, 수감자들은 구내를 자유롭게 돌아다닐 수 있었다. 오래됐지만 어딘가 모르게 고상한 대학 학생회관 같은 느낌도 있었다. 다만 기관총을 든 감시병들 그리고 철조망과 탐조등이 항상 있다는 게 다를 뿐이었다. 1945년 5월, 아쉬칸은 수많은 투숙객들을 맞을 준비가 되었다. 팰리스 호텔에 그 투숙객들이 당도했을 당시 이 수용소의 직원들이 얼마나 강렬한 호기심을 느꼈을지 짐작이 간다.


## 교 도 소 장    앤 드 러 스


1945년 5월 20일, 버튼 C. 앤드러스 대령이 아쉬칸의 총책임자로 임명

44

되었다(《사진 3》).[4] 앤드러스가 처음 원망의 대상이 된 것은 생후 2개월의 나이로, 역시 웨스트포인트 졸업생이었던 아버지가 1890년대에 가족을 이끌고 인디언 접경 지역으로 이주했을 때였다.[5] 그로부터 50년이 지나 몽도르프 레 뱅에 도착했을 당시 앤드러스 교도소장은 이미 제1차 세계대전 중 기병대에서 상당한 업적을 세운 뒤였다. 전쟁 중에는 효율적인 교도소 행정 관리와 엉망이던 조지아 영창의 엄격한 규율 부과로 유명세를 떨쳤다. 제1차 세계대전 종전 당시에는 몬터레이 수형시설의 교도관이었다. 전쟁이 끝난 뒤에도 기병대에 남아 다양한 곳에 배치되었다.

제2차 세계대전 중에도 복무를 계속했던 앤드러스는 항공-지상 교신, 뉴욕 항만 보안, 유럽 교통 통제를 집중적으로 담당했다. 교통 통제라고 하면 다들 과속 단속카메라나 속도위반 레이더탐지장치 같은 이미지를 떠올리겠지만, 사실 이 무난한 이름의 사무소가 감독하고 조율했던 것은 당시 폭격으로 초토화된 유럽 도로상의 군대 및 물자의 주요 흐름이었다.

1945년 봄, 파리 시내 미국대사관으로 호출된 앤드러스는 놀랄 수밖에 없었다. 그곳에서 드와이트 D. 아이젠하워 장군이 아쉬칸의 총괄을 책임질 것을 지시했던 것이다.[6] 수용소에 돌아온 직후 보안상의 허점들을 발견한 앤드러스는 울타리에 전기경보기를 설치하고 잘 훈련된 감시병들을 새로 배치해 위장망을 설치하고 기관총을 확충하는 등 경계를 강화했다. 교도소 행정 경험이 이미 있었던 터라 구내 여건에 대해서도 관심을 기울였다. 의료진, 적정 수준의 주방 및 위생시설, 보급품 등이 필요했고, 여러 규칙들 그리고 이 규칙들을 타이핑해 정리할 사무원들, 통신용 전신타자기도 필요했다. 앤드러스는 굉장히 꼼꼼한 사람이었다.

아쉬칸에 오는 고위급 나치 간부들 가운데 다수는 자살을 염두에 두고 있었다. 히틀러, 괴벨스, 힘러 등의 선례들을 이미 보았고, 아쉬칸에 오

뉘른베르크까지의 여정

사진 3. 버튼 앤드러스

기 전에 이미 자살을 시도한 이들도 있었다. 한스 프랑크는 스스로 손목, 팔, 옆구리, 목을 그어 자살을 시도했으나 가까스로 목숨을 건졌다. 나치 독일의 외무장관이었던 요아힘 폰 리벤트로프는 극심한 우울증에 시달려서 다른 수감자들이 걱정할 정도였다. 때문에 앤드러스는 수감자들이 도착하는 즉시 철저히 수색하라는 지시를 내렸고, 신발 밑창에 테이프로 붙여둔 면도날이나 청산가리가 든 유리병, 그리고 옷 안에 몰래 숨겨온 물건들을 찾아냈다. 가위, 넥타이, 멜빵, 곤봉, 그 밖의 모든 날카로운 도구들—자해에 이용될 만한 것은 무엇이든—은 몰수했다. 하지만 자살을 막으려는 노력은 궁극적으로 실패할 수밖에 없었다.

앤드러스는 수감자들의 정신상태를 최우선 관심사로 삼았다. 그들을 좋아해서가 아니었다. 사실 앤드러스는 상당한 증오심을 가지고 수감자들을 지켜봤다. 앤드러스는 자살이 오히려 일종의 불복종 행위, 즉 규칙위반이라고 생각했기 때문에 수용소를 엄격하게 조직적으로 운영했다. 이러한 상황에서 자살은 프로파간다적 측면에서도 악재일 수 있었다. 자살은 야만적인 처우에 대한 자포자기식 대응이나 성공적인 반항 행위를 뜻하기 때문이었다. 이렇듯 전략적 차원의 우려도 있었지만 그것만은 아니었다. 직업의식이 투철했던 앤드러스는 석방(또는 형이 집행)될 때까지 맡겨진 수감자들을 관리하고 이들의 안전을 책임지는 것이 교도관의 일이라고 생각했다. 자신이 책임지고 있는 동안에는 어느 누구도 허락 없이 죽는 일은 없을 것이다.


## 헤 르 만  괴 링


제국원수Reichsmarshall 헤르만 괴링은 1945년 5월 7일 이미 미군에 서신을 보내 항복 의사를 밝혔고 이튿날 밤 미군에 체포되었다. 항복 당시 상황은 매우 이례적이었다. 몇 주 전 히틀러가 불충을 이유로 괴링에게 사형을 선고한 뒤였기 때문이다. 따라서 미군에 붙잡혀 있는 와중에도 괴링은 SS(나치 친위대)가 자신을 죽일까봐 두려워했다. 이상하게 들리겠지만, 첫날 미군은 괴링의 참모진이 동행하는 것을 허락했으며 심지어 무장상태로 그를 보호하게 했다.

다음날, 오스트리아 키츠뷜이라는 고산지대의 작은 마을에서 독일로 수송되었다. 불안한 비행이었다. 괴링처럼 체중이 많이 나가는 사람을 2인

뉘른베르크까지의 여정

용 경비행기로 안전하게 실어 나를 수 있을지 조종사 역시 확신하지 못했기 때문이었다. 비행기가 이륙한 뒤에야 조종사는 비로소 마음을 놓았다. 조종사는 훗날 이렇게 회상했다. "[괴링은] 마치 관광을 하고 있는 듯 행동했다. … 그리고 내게 자신이 자란 곳을 알려주기도 했다."[7]

괴링은 국가원수급 대우를 기대했던 터라, 착륙 직후부터 그의 지위를 두고 갈등이 빚어졌는데, 이는 앞으로 다가올 것들에 대한 전조였다. 괴링이 아쉬칸에 도착한 것은 1945년 5월 20일이었다. 앤드러스 교도소장에 따르면, "자신의 이름 머리글자를 새겨 맞춘 여행가방 열여섯 개와 모자보관함과 모자걸이를 가지고 왔으며", 손톱과 발톱에 빨강 매니큐어를 칠하고 있었다. 파라코데인(일종의 마약성 진통제_옮긴이) 알약도 2만 정쯤 챙겨 와서는 "심장 때문에" 하루에 40알씩 필요하다고 했다. 얼마간의 면담 끝에 괴링은 오랜 모르핀 중독을 치료하느라 모르핀 비슷한 유도체인 파라코데인을 사용하고 있다고 털어놓았다.[8] 괴링의 중독은 1923년 뮌헨 폭동 때부터 시작됐다. 당시 그는 다리에 총상을 입었고 이후 만성통증에 시달렸다. 1925년 스웨덴에서 입원치료를 받은 뒤 1927년에는 중독 문제로 독일에서 다시 입원했다.[9]

괴링은 의료 문제 외에도 다른 여러 면에서 골칫거리였다. 소지품 검사 과정에서 네스카페 깡통 안에 숨겨놓은 청산가리가 든 유리병이 하나 나왔고, 제복 안쪽에 꿰매어 숨겨둔 유리병이 또 하나 발견되었다. 한마디로 요주의 인물이었다.

독일군 해산 세부계획이 나온 상태에서도 괴링은 고급 리조트 호텔에서 지낼 수 있을 것이라 기대했다. 하지만 괴링을 맞은 것은 그를 본능적으로 경멸한 앤드러스 교도소장이었다. 이 교도소장은 그야말로 "자기 일을 사랑하는 사람"이었다. 일종의 규율주의자였던 앤드러스는 "걸을 때도 행군하는 것처럼" 걸었고, 이렇게 말하고 다녔다. "젠장, 나는 열네 살에 벌써 하느님의 성이 맙소사가 아니라는 걸 알고 있던 사람이야."[11] 냉소적이고 자유분방한 성향의 괴링은 앤드러스의 융통성 없는 딱딱한 성격을 견딜 수가 없었다. 앤드러스와 괴링은 만나자마자 불꽃이 튀었다. 앤드러스는 괴링을 "실실 웃는 멍청이"에다 "재킷 안에서 사치스럽게 떨리는 비곗덩어리"라고 경멸하듯 말했다.[12]

괴링은 중요한 수감자였다. 아쉬칸에 도착할 당시, 괴링은 키 167센티미터에 몸무게가 약 120킬로그램이었다. 늘 땀을 비 오듯 흘렸고 숨이 가빴으며 몸을 떨었고 부정맥도 있었다. 어찌나 뚱뚱했는지 괴링이 처음 앉았던 의자가 부서졌을 정도였다. 이전까지 괴링은 수차례 '심장발작' 이력이 있었다. 이러한 심장마비 기록은 내게 뉘른베르크 전범들의 내과 및 정신의학과 이력을 정확히 파악한다는 것이 얼마나 어려울지 짐작케 하는 첫 번째 실마리였다. 1945년만 하더라도 심장효소 수치를 측정하는 심전도 및 혈액검사가 아직 널리 활용되기 전이었으므로, '심장발작'은 심계항진증은 물론이고 급사로 이어질 수도 있었다. 괴링의 경우, 부정맥 때문이었던 것으로 보이고, 불안 및 약물 금단증상으로 인해 악화된 것이 분명했다. 그러나 공황발작이었을 가능성도 있다. 아쉬칸의 의료 기록을 보면 "잦은 심장발작 재발로 심막 이상, 호흡곤란, 발한, 신경과민 증상도 나타났다"라고 되어 있는데 이 일련의 증상들은 공황발작에서도 볼 수 있는 것들이기 때문이다.[13]

아쉬칸에 도착하고 며칠이 지난 5월 26일부터 괴링은 파라코데인 복용량을 조금씩 줄이기 시작했다. 5월 31일 기관지염 발병으로 몇 주간은 약물 저감을 중단했다. 7월 19일에는 두통과 불면증을 호소했다. 7월 말경 체중이 9킬로그램 정도 감량된 상태였으나, 혈압이 치솟고 있었다. 앤드러스는 이렇게 썼다. "괴링은 매번 손 안에 알약 개수가 하나씩 줄어드는 것을 보며 징징거렸다. … 우리는 8월 12일경 괴링이 약물 복용 습관을 완전히 떨칠 수 있게 해주었다."[14] 그러는 동안에도 괴링은 내내 심장발작을 겪었고, 앤드러스는 상관들로부터 질책을 받았다. 상관들은 죄수가 재판을 받기도 전에 죽을까봐 걱정이었다. 괴링의 심장 증상이 심해지고 상관들로부터 받는 압력도 거세어지자, 앤드러스는 걱정이 됐다. 아니, 그보다는 괴링이 싫었다. 자신이 책임자로 있는 동안에는 괴링에게 어떤 일도 일어나지 않기를 바랄 뿐이었다. 앤드러스는 내복약, 약물중독, 심장병 등이 전문 분야인 내과의사를 의료진에 추가 충원해줄 것을 요청했다. 마침내 1954년 8월 4일, 적임자로 여겨진 군의관 더글러스 켈리가 몽도르프 레 뱅으로 왔다.[15] 앤드러스의 지시내용은 불친절했다. "당신은 몽도르프 레 뱅의 팰리스 호텔 …에서 밀러 대위를 만날 예정이다. … 밀러 대위가 당신의 임무에 대해 구체적인 지침을 줄 것이다."[16]

## 매 우 독 특 한 정 신 과 의 사 , 켈 리

전쟁 당시 의학박사 더글러스 켈리는 벨기에의 미육군 130 종합병원의 정신의학과장으로 있었으며, 그곳에서 전투소진증<sup>combat exhaustion</sup>에 효과적인 치료 프로그램을 도입했다. 매우 특이한 괴짜였으나, 업적 면에서나 성품 면에서 두루 인정받는 인물이었다. 그런 그를 몽도르프 레 뱅으로 전근시키는 것은 손쉬운 일이었다. 켈리는 명석하고 수다스러운 이야기꾼이어서 누구하고도 잘 어울렸다. 하지만 그만큼 경솔하게 행동할 수도 있었고, 주목받는 걸 워낙 좋아하는 사람이다 보니 사람들에게 반감을 살 수도 있었다. 정

사진 4. 더글러스 켈리

치적으로 민감한 전범재판이 진행되는 상황에서라면 두 말할 것도 없었다.

캘리포니아 트러키에서 자란 켈리는 수많은 법관과 판관을 배출하기도 한 개척자 집안인 맥글라샨 가문 출신이었다. 켈리는 정말로 천재였고, 터면의 유명한 영재 연구에 참여한 장본인이기도 했다(《사진 4》). 법정신의학에 관심이 있었던 켈리는 사기꾼이나 꾀병환자들을 의심의 눈초리로 보았으며, 정신질환<sup>mental illness</sup>에 대해서는 협의狹義로 규정했다. 아, 게다가 수다쟁이였다! 이야기를 끌어내는 데 남다른 재능이 있었던 켈리는 사람들의 강점과 약점을 금세 파악해낼 수 있었다. 이밖에도 다른 재능이 많았는데, 특이하게도 프로마술사로 활동하다 종전 후에는 미국마술사협회 부회장을 지내기도 했다. 그리고 더글러스 켈리는 어쩌다 보니 로르샤흐 검사 분야에서도 세계적으로 저명한 전문가가 됐다는 것도 얘기했던가?

## 로 베 르 트  레 이

아쉬칸에서 뉘른베르크로 옮겨가기에 앞서 전범 두 명을 더 소개해야겠다. 아마 요즘 독자들은 로베르트 레이라는 이름이 낯설겠지만, 레이는 체포된 고위급 나치 간부들 중 한 명이었다. 1945년 5월 16일, 레이는 베르히테스가덴 근처 슐레칭 마을에서 잠옷 바람으로 체포되었다. 그곳에서 에른스트 디스텔마이어라는 가명으로 숨어 지내던 중이었다. 레이는 붙잡히자마자 음독을 시도했으나 들고 있던 유리병을 빼앗기고 만다. 이후 수색 과정에서 경찰대원들이 반지에 숨겨뒀던 청산가리를 찾아냈다. 레이는 아쉬칸에 도착한 후에야 파자마를 군복으로 갈아입을 수 있었다. 하지만 군복 차림에도 불구하고 레이는 "코카인에 취한 채 모병소에 들어갔던 보워리 거리(술집과 여관이 모여 있는 뉴욕시의 거리_옮긴이)의 술주정뱅이처럼 보였다."[17]

나치당 초창기만 해도 레이는 술집에서 말썽이나 부리는 건달이었지만, 종전 즈음까지 그가 쌓아온 직무 이력은 상당했다. 어느 반유대주의 신문의 편집자이기도 했으나, 이름을 알린 주된 계기는 독일노동전선German Labor Front을 창립하여 이끈 것이었다. 레이는 독립적 노동조합들을 (그리고 당연히 그 지도자들도) 분쇄한 뒤 나치의 전쟁계획에 동조하는 단일 노동세력을 조직하여 전쟁에 동원할 노역을 지원하는 데 힘을 보탰다. 히틀러와의 친분은 오만하고 무능하다는 비난의 방패막이 역할을 했다. 레이는 일을 제대로 마무리할 줄 몰랐고, 조직적 관리능력도 허술했지만, 일만은 크게 벌이는 몽상가였다. 서민 대중을 위한 차인 폴크스바겐, 노동자 전용 은행과 여행사, 유람선, 노동자들의 신뢰를 확보하기 위한 완벽한 노동자 감시 등 여기저기 일을 벌였다.

제1차 세계대전 당시 타고 있던 전투기가 격추당한 뒤로 레이는 말을 심하게 더듬었다. 몇 시간 동안 의식이 없었던 그는 혼수상태에서 깨어났을 때 말을 전혀 하지 못했고, 이후로는 술을 몇 잔 하지 않으면 말할 때마다 더듬거렸다. 특이한 현상은 아니었다. 아마도 알코올중독 때문이었을 것이다. 술을 마신다고 해서 말의 내용이 딱히 명료해지는 건 아니었지만, 사람들의 감정을 선동하는 데는 효과가 있었다. 삶은 파란만장했다.[18] 공금횡령과 주사酒邪 문제로 나치당을 난처하게 만든 이력이 있었고, 자신의 지배권한을 확장하려는 과정에서 다른 고위 당간부들과 끊임없이 갈등을 빚었다. 알베르트 슈페어는 그런 그를 '천박한 주정뱅이'라고 불렀고, 알프레트 로젠베르크는 레이의 '조직 거대주의'organizational gigantomania에 불만을 표했다. 더 냉소적인 사람들은 그를 '가이스트로저 슈바처'geistloser Schwatzer(생각 없이 헛소리하는 사람)라 부르기도 했다.[19]

모든 면에서 레이는 예측불허였다. 레이는 두 번째 부인이었던 잉거를 굉장히 사랑했는데, 어느 날은 저녁 파티에서 그녀의 옷을 잡아 찢었다. 손님들이 아내의 몸을 보고 경탄하게 만들고 싶어서였다.[20] 오래지 않아 잉거의 인내심은 바닥났다. 남편의 행동이나 자신의 약물중독 모두 버거웠던 잉거는 1942년 12월 권총으로 자살했다. 이후 레이의 행동은 악화됐다. 점점 더 이상한 사람이 되어갔고, 참모진은 그의 포악한 기질과 통제 불능의 음주 때문에 고민이 깊어졌다. 근심하던 힘러가 자신의 주치의에게 레이의 치료를 부탁했을 정도였다. 그 내과의사는 한 달 만에 포기하며 이렇게 말했다. "왕진을 가면 레이가 술에 취해 있지 않은 적이 단한 번도 없었다."[21]

아쉬칸에서는 다른 나치 간부들도 대부분 레이를 거들떠보지도 않았다. 다들 레이와 힘겨루기로 갈등을 겪을 만큼 겪은 사이였고, 레이의 알코올중독과 부정부패는 괴링에게도 감당하기 버거운 문제였다. 아쉬칸에서 레이는 심문하기 힘든 인물이었다. 질문을 받으면 잔뜩 흥분하여 이성을 잃고는 소리를 지르고 말을 더듬으며 방안을 이리저리 서성거렸기 때문이다. 심문하는 내내 레이는 자신이 연합국 측에 쓸모가 있을 것이라 주장했다. 자신이 독일에서 그랬던 것처럼 연합국 측의 노동자 계급을 효과적으로 규합할 수 있다는 말이었다. 레이의 제안은 받아들여지지 않았다.

## 율 리 우 스   스 트 라 이 허

레이가 아쉬칸에 도착한 시점으로부터 일주일 뒤, "일등 유대인 박해자"라는 별명으로도 불리던 신문발행인 율리우스 스트라이허가 바이드링에서 미군에 체포됐다. 바이드링은 베르히테스가덴에서 오스트리아 접경 지역을 넘자마자 나오는 곳이다.[22] 스트라이허는 조셉 세일러라는 이름의 화가 행세를 하고 있었는데, 체포 당시 실제로 알프스 풍경을 그리고 있었다. 며칠 뒤 몽도르프 레 뱅에 도착한 그는 이송 도중 흑인 병사들에게 고문을 당했다고 항의했다. 소변기에 물을 담아 마시게 하고 담뱃불로 자신의 발을 지졌으며, 이 장면을 유대인들이 사진을 찍었다는 것이었다.[23]

희한하게도 스트라이허는 몽도르프에서 유대인들에 대한 생각이 바뀌었다고 강조했다. "어느 미국인이 코코아가 담긴 주전자와 비스킷 몇 개를 가져왔습니다. 테이블 위에 차려놓고는 물러서면서 이렇게 말하더군요. '제가 드리는 겁니다, 스트라이허 씨. 저는 유대인입니다.' 마음이 무너져 내린 저는 울고 말았지요. … 괜찮은 유대인은 세상에 한 명도 없다고 늘 말하고 다녔는데, 제가 틀렸더군요."[24] 유대인에 대한 심경의 변화는 분명 일시적인 것이었다. 앤드러스 교도소장은 이렇게 기록하고 있기 때문이다. "증오심이 어찌나 집요하던지 스트라이허는 '유대인'이라는 단어를 내뱉을 때마다 눈에 띄게 몸을 떨 정도였다."[25]

스트라이허가 자기 업적을 자랑스레 늘어놓다가 스스로 도취되어 흥분한 나머지 고래고래 소리를 질러대기 시작하는 걸 본 아쉬칸 직원들도 있었다. 뉘른베르크법(1935년 나치 독일에서 공포된 유대인 박해 합법화 법령_옮긴이)의 기틀을 마련한 공을 다른 나치당원들에게 빼앗겼다고 느꼈던 것이다.[26]

눈치도 없고 상스러운 스트라이허를 좋아하는 수감자들은 없었다. 머릿속은 온통 섹스 생각뿐이어서 자신이 얼마나 힘센 사람인지 보고 싶다면 감옥 안에 자기가 상대할 만한 여자를 데려와야 할 거라며 허풍을 떨고 다녔다. 한 번은 검진 때문에 탈의를 하게 됐는데, 여성 통역사가 자리를 비켜주려 했다. "스트라이허가 통역사를 흘끔거리며 말했다. '뭐가 문제요? 근사한 물건 보는 게 겁나나?'"[27]

스트라이허는 좋은 인상을 주는 것 따위에는 관심도 없었고 눈치와도 거리가 먼 사람이었다. 전쟁 중에는 괴링이 아이를 가질 만한 능력이 없는 남자라 괴링의 딸 에다는 분명 인공수정으로 태어났을 거라고 소문을 퍼뜨리고 다녔다. 여기에 그치지 않고 이 소문을 《데어 슈튀르머》에 게재하기까지 하자 괴링은 그를 나치당 중재 및 조사위원회에 회부시켰다. 재판을 주재했던 나치 담당판사는 이렇게 판결했다. "우리는 언제든 저 정신나간 사람을 완전히 제압할 준비가 돼 있었다."[28] 이 고발 건과 더불어 수많은 수상한 사업 거래로 인해 스트라이허는 1940년부터 종전까지 자신의 농장에 가택연금되었다.[29]

수감자들은 지위가 모호했다. 보호감호대상이었을까? 아니면 전범 혹은 전쟁포로였을까? 이들은 그 어떤 죄목으로도 기소된 적이 없었다. 오히려, 전쟁포로로 붙잡혀 있는 상태였으므로 정규 교도소보다는 활동의 제약이 더 적었다. 아쉬칸의 수감자들은 연합국 측의 승전 협정이 구체적으로 마무리될 때까지 한시적으로 억류돼 있는 것이라 생각했다. 억류 기간 동안 정보요원들이 수시로 심문하기는 했으나, 수감자들은 여유 시간이 많아서 기다란 베란다를 거닐거나 생각에 잠겨 있거나 수다를 떨곤 했다. 실내는 스파르타 풍이었지만 교도소라기보다는 휴양 시설에 가까웠다. 수감자들이 호텔 건물 앞에서 '1945년도 졸업생' 같은 자세를 취한 순간을 담은 사진은 유명하다((사진 5)).

수감자들은 무척 대화를 나누고 싶어 했다. 수용소 생활에 지루해 했고, 걱정도 많았던데다, 언제나 상황의 중심에 있는 것에 익숙한 사람들이었기 때문이다. "여러 날 동안 아무런 심문도 받지 않으면 자신들이 무시당한다고 느꼈다. 심문을 많이 받는다는 건 그만큼 자신이 중요한 인물이라는 의미였다."[30] 죄책감으로 사실대로 털어놓는 이들도 있기는 했으나, 아쉬칸의 정보부 장교였던 존 돌리보이스의 표현대로 "[그들이] 가장 좋아하는 여가활동은 책임 전가였다." 이 지적은 정신과 면담 및 심리검사에서 당시 수감자들이 보였던 유난히 허심탄회한 태도를 이해하는 데 도움이 된다.

괴링은 각종 규칙에 계속해서 불만을 제기했고 앤드러스를 옹졸한 폭군이라 여겼다. 괴링은 앤드러스가 반짝거리게 닦은 빨간 헬멧을 쓰고 수용소 내부를 둘러보고 다닌다 해서 '허세부리는 소방관'이라 불렀다. 잔

56

**사진 5.** 룩셈부르크 몽도르프 레 뱅의 '45년도 졸업생' 수감자들. 율리우스 스트라이허(맨 윗줄 오른쪽 끝),
로베르트 레이(아랫줄 오른쪽에서 두 번째), 헤르만 괴링(첫째 줄 가운데) (AP이미지 동의 아래 재게재)

뜩 골이 난 앤드러스는 이렇게 쏟아냈다. "성도착자에 마약중독자이며 거
짓말쟁이들이다. 프랭크 박사가 도착했을 당시, 괴링은 레이스 팬티를 입
고 있었다. 괴링은 볼이 발그스레한 '시종'을 한 명 데리고 왔다. 레이는 여
기 왔을 때 임질로 인한 요도협착 증세가 있었고 자신은 여자 없이는 살
수 없다며 하소연했다. 빌헬름 카이텔이 여기 왔을 때 가지고 있던 곤봉
을 우리가 압수하자 길길이 날뛰며 아이젠하워에게 편지를 한 통 썼다. 세
계대전을 계획하고 감행한 장본인들이 바로 이런 인물들이었다."[31]

거리를 두고 본다면, 수감자들은 모두 나치의 고위간부들이었으므로
다들 상황을 비슷하게 보았을 것이라 추측할 만했다. 하지만 사실 이들은
모두 천차만별인 집단—장군, 각료, 기업가, 선동가—이었다. 서로 오래도
록 앙심을 품고 지낸 사이가 많았다. 괴링은 자신이 수감자들의 최고 책임

뉘른베르크까지의 여정

자라고 주장했지만 사실 히틀러가 지명한 후계자는 괴링이 아니라 카를 되니츠 해군제독이었다. 빌헬름 프리크(제국의 내무장관)는 괴링이 자신을 어린애 취급을 하는 게 불만이었다.[32] 스트라이허는 괴벨스가 뉘른베르크 인종법의 공을 가로챘다고 불평했다. 괴링은 괴벨스와 리벤트로프가 이간질로 히틀러가 자신에게서 등을 돌리게 만들었다며 하소연했다.[33] 다른 나치 당원들 거의 대부분이 스트라이허를 피했다. 되니츠를 비롯한 몇몇은 스트라이허가 옆자리에 앉기라도 하면 의자를 다른 데로 옮기며 노골적으로 거부하기도 했다. 이들은 스트라이허를 사디스트이자 강간범, 혐오스러운 호색한이라 생각했다.[34]

몽도르프에서 스트라이허의 유일한 친구는 레이였는데 이들의 별명은 '쌍둥이 밥시'(동명 제목의 아동용 소설 속 주인공 쌍둥이_옮긴이)였다. 단지 붙어 앉아서만이 아니라 서로 외모도 닮았기 때문이었다.[35] 그럼에도 불구하고 스트라이허는 늘 호텔 베란다에서 다른 수감자들을 따라다니곤 했는데, 차렷 자세를 한 채 경례를 붙이며 이렇게 외치는 건 그 혼자였다. "히틀러 만세!"Heil Hitler[36]

약 3개월이 지난 1945년 8월 12일, 아쉬칸은 폐쇄됐고, 건물은 팰리스 호텔로 복구됐다. (앤드러스 교도소장과 정신과의사 켈리 그리고) 수감자들은 뉘른베르크로 이송됐으며, 거기에서 새 수감자 루돌프 헤스와 심리학자 구스타브 길버트 그리고 검사장 로버트 잭슨 대법관도 합류했다. 이들에 대해서는 4장에서 알아볼 예정이다. 그러나 애초에 전범재판이 어떻게 시작됐고 왜 뉘른베르크에서 열렸는지 생각해보기 위해서는 먼저 간단히 짚고 넘어가야 할 것이 있다.

아쉬칸은 어떻게 됐을까? 1988년, 팰리스 호텔은 철거되고 신축 호텔 몽도르프 도메인 서멀Mondorf Domaine Thermal이 그 자리에 들어서 있다.[37] 최근의 어느 여행 안내책자에는 이렇게 씌어 있다. "보양을 위한 이 리조트는 목가적 풍경으로 유명한 곳이다. 동쪽으로는 포도원과 숲이 있고 서쪽으로는 로레인 힐스가 있다."[38] 아쉬칸에 관한 언급은 한마디도 없었다.

제2부

# 뉘른베르크

ANATOMY
of MALICE

**3**

# 뉘른베르크 전범재판

[재판은] 독일의 모습을 비추는 거울이 되고 독일이 안고 있는 골치 아
픈 수수께끼를 푸는 데도 도움이 될 수 있다. 그 수수께끼는 뉘른베르
크와 인근 시골의 꽃들 속에 피어 있다. … 그렇게 꽃을 사랑하는 민족
이라면 틀림없이 아름답고 단순한 모든 것들을 사랑하리라는 결론을
내릴 수밖에 없다. 바로 그런 … 풍경이 이러한 무죄 항변, 이 소박한 유
혹을 지속해 나간다. 향긋한 솔잎이 쌓인, 보드랍고 불그스름한 흙에서
소나무들이 자라는 곳 … 그리고 방앗간집 아들인 금발 소년이 물방아
용 연못가 터리풀밭에서 회색 아기고양이와 노는 그곳에는 해가 될 것
이라곤 절대 아무것도 없을 것이다. 분명, 그 반대되는 증거만이 있을 뿐.

레베카 웨스트, "특별한 망명", 1946년 9월 7일


우리가 비판하고 처벌하고자 하는 잘못들은 너무도 계획적이고 악의적
이며 파괴적인 것이었으므로 문명은 그 잘못들이 묵과되도록 내버려둘

수 없습니다. 그런 잘못들이 되풀이된다면 문명은 살아남지 못할 것이기 때문입니다. 승리감에 젖은 위대한 네 국가가 욱신대는 상처를 안고도 복수의 손길을 거두고 자신들이 붙잡은 적군들을 법의 심판에 맡기기로 자처한 것은 역사상 권력이 이성에 가장 큰 값을 지불한 사례 중 하나가 될 것입니다.

로버트 잭슨 대법관, 국제군사재판 개회사, 1945년 11월 21일


## 재 판 을   둘 러 싼   논 쟁

아쉬칸의 투숙객들이 기나긴 여름 내내 팰리스 호텔의 베란다를 서성거리는 동안, 연합국들은 향후 국제군사재판의 세부 진행계획을 수립하느라 고심 중이었다. 1943년 이후 논의는 계속되었지만 번번이 결렬되었다. 체포된 제3제국 지도자들을 어떻게 할 것인가? 역사적으로 패전국 지도자들을 어떻게 처리해야 하는가에 관한 규칙은 정해진 것이 없었다. 나폴레옹 보나파르트는 엘바 섬으로 유배되어 투옥되었고, 빌헬름 2세는 제1차 세계대전 이후 퇴위하여 여생을 망명 생활로 보냈다. 이러한 관대함의 그림자는 특히 수용소 그늘 안에 어른거리고 있었다.

따라서 당시 연합국들이 재판을 여는 것 자체에 동의하지 않았다는 사실은 놀라운 일이 아니었다. 러시아 측은 재판의 필요성을 전혀 못 느꼈고 뒷골목에서 신속하게 처형해버리는 쪽을 선호했다. 1943년 테헤란 회담에서 이오시프 스탈린은 독일군 장교 5~10만 명 정도를 처형시키자고 제안했다. 이 제안에 분노한 윈스턴 처칠이 회담을 중단하겠다고 압박하자, 프랭클린 D. 루스벨트는 아마 4만 9천 명만 총살하면 될 것 같다는

농담으로 긴장을 풀기도 했다.[1]

이들 세 지도자의 입장은 전쟁이 진정 국면에 접어들자 흔들리기 시작했다. 후속 회담에서는 처칠이 나치 지도자들을 즉결로 총살시킬 것을 건의하자 다른 사람도 아닌 스탈린이 이렇게 대꾸했다. "우리 소련에서는 재판 없이는 어느 누구도 절대 처형하지 않소."[2] 미국인들 중에는 선별적 재판은 시간 낭비이며 되도록 많은 수의 독일인을 처형하는 것이 타당한 처사라고 생각한 사람들도 있었다. 조지프 퓰리처는 150만 정도가 적정한 수라고 생각했다.[3] 하지만 시간이 흐르면서 미국 측 지도자들은 나치 지도자들을 처벌하는 것뿐 아니라 이들의 잔학성을 폭로하기 위해서라도 공개재판이 반드시 필요하다고 결론지었다.

마침내 국제군사재판소가 설립됐다. 제3제국은 이미 독일 사법체계 안에서 정의를 구현해낼 수 있으리라는 일말의 기대를 저버린 상황이었고, 국제재판은 바로 그 법과 정의가 독일에 다시 세워졌음을 보여주기 위해 계획된 것이었다. 그럼에도 불구하고 재판 기간 중 러시아의 태도는 대체로 다음과 같이 요약한다 해도 무리가 아니었다. "이제 죽여도 되나?" 재판 초기에 관련 인사들이 모인 공식 만찬 자리에서 스탈린 정부의 숙청재판을 이끌던 안드레이 비신스키 검사가 내뱉은 건배사는 이랬다. "수감자들 그리고 정의의 전당에서부터 교수대까지 이어질 그들의 행진을 위하여."[4] 재판이 아직 시작되지도 않은 시점이었다. 판사들이 그와 같은 건배사로 잔을 들어 올린 것이 과연 온당한 일일까? 러시아의 법학자 아론 트라이닌은 이런 견해를 밝혔다. "주요 전범들을 응징함에 있어 러시아는 기존의 법률주의에 얽매이지 않을 것이다."[5]

재판 자체에 합의한 이후로도 연합국들은 재판이 타당한지에 대해 확신하지 못했다. 그저 또 한 번의 여론조작용 재판에 불과한 것은 아닐까?

뉘른베르크

이 역시 또 하나의 '승자의 정의' 사례에 불과하지 않았을까? 폴란드나 우크라이나 대학살에서 러시아가 했던 역할을 감안하면, 피고 측 나치 지도자들에 대한 연합국 측의 심판과 보복이 위선으로 보이지는 않을까? 연합국들이 이런 세세한 내용까지 철저히 검토하다 보니 1945년의 여름이 다 지나가버린 것이다. 재판 장소는 특히 논쟁의 대상이었다.

연합국들 간 의견대립은 뉘른베르크를 집어삼킬 여러 심각한 갈등의 전조였다. 모습을 드러낸 엄청난 공포의 가공할 여파는 재판에 참여한 모든 이들—변호사, 판사, 경호원, 통역사, 증인, 그리고 물론 수용소 내 정신과의사 및 심리학자들—을 덮치고 말았다. 이러한 정서적 반향은 수감자들에 대한 정신 감정을 끈질기게 따라다니게 된다.

이러한 현상을 가리키는 용어가 역전이逆轉移로, 다소 설명이 필요한 개념이다. 의대생들을 가르치면서 수년간 반복해서 들어온 하소연에는 이런 것이 있다. "정신과 실습을 하면서 제가 이토록 소진되는 이유는 뭘까요? 이해가 안 됩니다. 진료 일정도 여유 있고 환자들이 죽어가는 상황도 아니고 그저 하루 종일 이야기를 듣는 것뿐인데 병동을 나설 때면 소리라도 지를 것 같은 기분이거든요." 환자 곁에 앉으면 환자가 노출하는 것들에 대해 어떤 식으로든 정서적 반응을 할 수밖에 없다. 초보 치료사들의 경우 이러한 정서적 반향에 당황하고 어찌할 바를 모르기도 한다. 나는 다년간 수천 명의 환자들을 치료해본 사람이지만, 설령 그보다 열 배 많은 환자를 만나보았다 한들, 뉘른베르크를 맡아 그러한 공포를 그토록 가까이서 직면해야 했다면 내 임상 경험도 별 소용이 없었으리라는 생각이 든다.

## 짐 승 의   뱃 속 ,   뉘 른 베 르 크

이 모든 괴기스러운 광경이 펼쳐진 장소는 한때 아름다움과 문화로 유
명한 곳이었다. 뉘른베르크는 수 세기 동안 장난감 제작—예쁜 도자기 인
형, 정교한 목공 완구, 주석 모형, 눈길을 사로잡는 장난감 기차와 증기기
관차 등—으로 유명했다. 그런데 나치당이 모든 것을 바꿔버린 것이다. 드
넓은 광장과 원형경기장마다 나치 돌격대원들이 집결했다. 쿵쾅대는 군홧
발, 목이 쉬도록 외쳐대는 선서 소리, 넘실대는 횃불, 검정, 빨강, 흰색 문양
의 깃발 같은 것들이 장난감들을 밀어냈다. 1935년 여기서 소집된 제국의
회가 뉘른베르크 인종법을 통과시킬 당시, 뉘른베르크 시는 이미 노골적
인 나치 선전지들의 본거지가 되어 있었다. 얼마 지나지 않아 노역에 의존
해 돌아가는 대규모 군수 산업이 들어서고 플로센뷔르크 강제수용소도
생겼다. 장난감들이 사라진 자리에는 전쟁이 들어왔으며, 전쟁이 끝날 무

**사진 6.** 뉘른베르크 정의의 전당 조감도, 1945년 11월 20일. 중앙의 대형 건물이 뉘른베르크 정의의 전당
이며, 오른쪽에 법원 청사가 있다. 정의의 전당 뒤쪽에 교도소가 있다(반원형 방벽으로 둘러싸여 있다).『희귀
사료 선집』, 하버드 로스쿨 라이브러리. (미 국립문서보관소)

뉘른베르크

렴, 뉘른베르크는 더 이상 존재하지 않았다. 반복되는 기습 폭격으로 90 퍼센트 이상의 건물들이 파괴됐고, 시신 3만여 구가 잔해 속에서 썩어갔다. 죽음과 우울의 악취가 코를 찔렀다. 뉘른베르크는 밤안개 속으로 이미 사라져버린 뒤였다.

얄궂게도 뉘른베르크 정의의 전당은 비교적 온전한 모습으로 남아 국제군사재판소 주요 전범재판의 중심지 역할을 했다(《사진 6》). 뉘른베르크 법원 청사에 인접해 편리한 위치에 있었고, 대규모 감옥 역시 폭격에도 살아남은 상태였다. 이 건물들 주변이 전부 파괴되는 바람에 재판을 위한 일종의 안보 경계가 자연히 형성된 것이다.

이러한 구체적인 장점 이외에도, 뉘른베르크는 나치 독일의 상징적 중심지이기도 했다. 재판을 위해 나치 독일이라는 '짐승의 뱃속'으로 들어가려 할 때, 뉘른베르크 만한 장소는 없을 것이다. 말하자면 실용적인 면에서든 철저히 상징적인 면에서든 뉘른베르크는 재판 장소로 안성맞춤이었다. 하지만 과연 재판은 어땠을까?


## 불 협 화 음

미국 측 검사장으로 임명된 사람은 로버트 잭슨 대법관이었다(《사진 7》). 뉴욕 시골에서 자란 잭슨은 대학 근처도 못 가봤으며, 올바니 로스쿨에서 1년간 법무 연수를 받은 이후 법무팀 견습직원으로 일했다. 하지만 잭슨은 뛰어난 법무 처리능력과 유창한 언변으로 승승장구했다. 그리하여 1934년 연방정부 내 공직에 들어선 뒤, 국세청 법무 자문위원을 시작으로 법무차관보, 차관, 장관까지 차근차근 올라갔다. 마침내 1941년, 잭

**사진 7.** 로버트 H. 잭슨 대법관 (미 국립문서보관소)

슨은 미 대법원의 대법관으로 임명되었다.[6]

　우연의 일치이지만, 잭슨은 루스벨트 대통령이 서거한 다음날인 1945년 4월 13일 국가 간 법치에 관한 강연 일정이 잡혀 있었다. 자신은 즉결 처형에 대해 전혀 반대하지 않으나 재판 대신 처형이 이루어진다면 나치 지도자들을 순교자로 만들게 될 가능성이 있어 우려된다고 청중에게 말했다. 재판 개회와 관련해서는 유죄 판결 기준으로 삼을 만한 국제법의 적용과 관할권에 관한 우려를 표하기도 했다. 잭슨은 다음과 같은 인상적인 논평으로 발언을 마무리했다. "어느 누구도 소위 법정이라는 곳에 세워 함부로 재판을 받게 해서는 안 된다. … 유죄가 입증되지 않았을 때

풀어줄 각오가 돼 있지 않다면 말이다."⁷

2주 뒤 해리 트루먼 대통령은 잭슨에게 대법원을 잠시 떠나 미국 측 검사장을 맡아줄 것을 요청했다. 다음 달, 미국 정부 내에서 그리고 언론에서 재판소의 임무와 관련된 수많은 논쟁이 일자, 잭슨은 만일 강경파가 법적 절차를 무력화시키려 든다면 자신은 사임하겠노라고 으름장을 놓았다. 신문에서는 잭슨을 두고 "독일에게 물렁하게 군다"라고 표현했다. 그러나 주도권을 잡은 잭슨은 팀을 꾸려 유럽으로 건너가 증거를 수집하기 시작했다. 잭슨은 1945년 6월 7일 전범재판의 명분에 관한 호소력 짙은 글을 발표했다.

> 그들을 어떻게 해야 할까? 물론, 심문도 하지 않고 그대로 놔줄 수도 있다. 그러나 이들을 일망타진하기까지 무수히 많은 미국인들의 인명이 희생됐다. 따라서 재판 한 번 없이 풀어준다면 죽은 자들을 조롱하고 산 자들을 비웃는 처사가 될 것이다. 반대로, 심문하지 않고 처형하거나 처벌할 수도 있다. 그러나 명확한 유죄 평결을 거치지 않고 적당히 결론 내린 마구잡이식 처형이나 처벌은 … 미국인들의 양심에 쉽사리 가닿지 못할 것이다. … 유일한 대안은 우리가 다루는 그 모든 우여곡절과 참상이 허락하는 한도 내에서 최대한 냉정한 심문을 통해 피고인들의 무죄 혹은 유죄를 가리는 것이다. … 지금 우리는 무거운 책임을 지고 있다. 이 불안정한 시기에 우리 행동에 따라 국제사회는 국제적 행동규범을 더욱 엄격하게 시행하는 방향으로 움직일 수 있으며, 그럼으로써 정부와 국민의 운명을 쥐고 있는 권력자들의 눈에 전쟁은 더 이상 별 매력이 없는 것으로 비치게 될 것이기 때문이다.⁸

잭슨은 1945년 여름 내내 증거를 수집하고 재판 절차를 협상했다. 연합국들 간 합의가 쉽지 않았던 것은 당시 형성되던 냉전 경쟁관계와 각국의 상이한 법적 전통 때문이었다. 향후 있을 재판의 구조에 관한 논의 도중 러시아의 이오나 니키첸코 육군소장은 잭슨에게 물었다. "영어에서 '반대심문'cross-examine은 무슨 뜻입니까?"⁹ 이 정도는 맛보기에 불과했다.

뉘른베르크는 수백 번의 전범재판 가운데 최초일 뿐이었고, 전범재판을 통해 기소된 피고인들은 총 수천 명에 달했다. 히틀러, 괴벨스, 힘러는 모두 목숨을 끊은 뒤였고, 나머지 상당수는 행방불명 상태였다. 연합국 측은 뉘른베르크에서 찾아낸 나치 고위간부들—경제, 군사, 선전기구의 지도자들—을 기소했다. 전 세계가 나치간부들을 가까이서 지켜보면서, 무엇이 그들을 그렇게 만들었는지 알 수 있는 기회였다.

재판에는 대략 1,500명 정도의 통역사, 변호사, 교도관 등이 참여했고, 레베카 웨스트, 월터 리프만, 존 도스 파소스를 포함한 수백 명의 기자들은 물론이고 리타 헤이워스와 말린 디트리히 같은 영화배우들까지 현장을 찾아 가까이서 지켜보았다. 이 상황을 총괄한다는 것은 악몽이나 마찬가지였음은 말할 것도 없다.¹⁰

여러 차례 법정에 가본 나는 누가 어디에 앉고 누가 언제 발언할지에 관련된 의례에 대해서 잘 알고 있다. 양측이 자기 나름의 진실을 편향시키려 애쓰는 과정도 봤으며, 몇 시간에 걸친 장황한 진술을 끝까지 들어보기도 했다. 하지만 그런 법정에 앉아 10개월에 걸쳐 지속된 재판을 지켜본다는 것이 어떤 일일지 상상이 가지 않는다. 각종 보고서들을 통해 분명히 알고 있는 것은 뉘른베르크에서 길고도 단조로운 시간이 흘러가는 동안 무시무시한 진술과 기이한 행동들이 온갖 사람들로부터 수시로 적나라하게 튀어나왔다는 것이다.

판사 및 검사들 사이에도 불협화음이 있었다. 대법원을 자진 사퇴한 뒤 검사장직을 맡은 로버트 잭슨 대법관은 후배로 여기던 프랜시스 비들 같은 판사가 자신의 변론에 대해 결정권을 행사한다는 사실에 심기가 불편했다. 반대로, 비들은 잭슨을 조소하며 이렇게 썼다. "잭슨의 반대심문은 대체로 쓸모도 없고 힘도 없었다. … 대답은 듣지도 않고 자기 메모만 붙들고 있는데, 늘 힘에 부친다는 표시다. 그는 본인이 맡은 사건을 제대로 소화한 적이 없다."[11]

대다수의 방청인 역시 잭슨의 반대심문이 무딘 것은 사실이나 준비된 논고만큼은 대단히 유창하다는 데 입을 모았다. 가령, 셰익스피어의 인유引喩로 가득한 최종 논고는 오늘날까지도 큰 울림을 주고 있다.

> [피고는] 살해된 왕의 시신 곁에 피투성이가 된 글로스터 공이 서 있던 것처럼 이 법정에 서 있습니다. 이들이 여러분 앞에 빌고 있듯이 글로스터도 미망인에게 간청했습니다. '내가 죽인 게 아니라고 가정해 보십시오.' 그러자 앤 왕비는 이렇게 답했지요. '그렇다면 아무도 죽지 않았겠군요. 하지만 그들은 죽었습니다…' 만일 여러분이 이 사람들에 대해 유죄가 아니라고 한다면, 전쟁도 없었고, 살해당한 사람도 없고, 범죄도 없었다는 말도 진실일 것입니다.[12]

언변이 유창했던 잭슨은 기소의 정당성만큼은 입수된 방대한 제3제국 자료에 근거하여 입증되리라 믿었다. 그의 관점에서는 증인보다도 서류가 우위였다. 증인은 문제의 소지가 다분했다. 증인들의 소재 파악에 어려움이 있을 수도 있고, 증인들의 기억이 흐릿할 수도 있으며, 이들의 동기가 논박당할 우려도 있었다. 그러나 서류는 명백한 기록으로 존재했다. 뉘른베르크에는 엄청난 양의 증거 자료가 동원됐다. 유개 화차 여섯 량을 채울 정도였고 수백만 페이지가 넘었는데, 여기에는 수십만 장의 선서진술서와 3만5천여 명의 증인들이 준비한 증언들도 포함돼 있었다.[13]

잭슨이 옳았다. 그러나 다른 사람들은 재판이 단순히 피고들에게 유죄 판결을 내리는 것 이상으로 중요하다는 입장을 견지했다. 전략사무국장이었던 윌리엄 도노번 육군 소장은 재판이 독일 국민이나 전 세계 사람들에게 영향을 미칠 수 있다고 한다면, 핵심은 법정 증언이라고 믿었다.[14] 쐐기를 박는 강력한 증언 없이는 재판이 이목을 끌지 못할 수도 있었다. 도노번은 잭슨의 기소 절차를 돕겠다고 나섰으나, 안타깝게도 이들의 애매한 보고 계통과 책임 소재가 불신을 조장했다.

도노번 역시 소련과 서구 세계 간 동맹이 빠른 속도로 와해되는 중임을 통감하고 있었다. 도노번이 보기에 서구로서는 한때 적이었던 독일과 연합전선을 형성하여 러시아에 맞서고 나치의 남은 군사력을 손에 넣는 것이 관건이었다. 이는 냉전 기간 중에 매우 중요한 문제들이 될 것이 분명했다. 그러나 잭슨에게 이런 문제는 관심 밖에 있었다.

이 두 사람의 불화는 사적인 영역으로 번졌다. 잭슨은 도노번을 자신까지 물들이려는 얄팍한 출세주의자라 생각했고,[15] 도노번은 잭슨이 외교관계와 세계적 여론이라는 큰 그림에 대해 너무 안이한 입장을 취한다고 생각했다. 이러한 갈등은 밑에서 일하는 법무사들에게까지 확산됐다. 누가 더 중요했을까? 서류 탐정들 아니면 심문관들?

국가 간 힘겨루기는 극심하고도 치졸했다. 미국 측 검사 중 하나였던 토머스 도드는 집으로 보내는 편지에 이러한 대립을 생생히 묘사했다. "엄청난 자리다툼이 있어. 다들 한 몫 챙기고 싶어 안달이지. 커다란 제복을 입은 수많은 조무래기들이 별뜨는 자리 차지하겠다고 미쳐 날뛴다고."[16]

재판에서는 언쟁이 끊이지 않았다. 사람들의 이목이 집중되고 유명세를 타는 사람들이 등장하자 많은 이들이 냉정을 잃었다. 재판 첫 날에는 누구 의자가 더 높은가 혹은 낮은가를 두고 판사들 사이에 말다툼이 벌어졌다. 결국에는 사형집행일에도 옹졸한 신경전은 계속됐다. 1946년 10월 1일 판결문이 낭독될 때, 잭슨은 참관인으로서 검사팀과 함께 착석해 달라는 군부의 요청을 거절했고, 몇 주 뒤 군 장성들은 이를 되갚았다. 잭슨에게 무시당한 것을 기억하고 있던 군부는 보복 차원에서 잭슨 측 참모 한 명의 사형집행 참관을 거부했다.[17]

수개월에 걸친 재판 절차 협상 이후에도, 법리학적 해석을 두고 연합국 간 충돌이 계속됐고, 러시아 측의 행동은 갈등을 빚었다. 재판 도중 검사에서 판사로 임무를 바꾼 러시아의 니키첸코는 사법적 공정성에 대해 상이한 생각들을 가지고 있었다. 단지 판사는 공평무사한 사람이라는 일종의 허구를 창조해내기 위해 재판을 질질 끌 필요가 전혀 없으며 "그래봤자 상황이 지체되기만 할 것"이라 생각했던 것이다.[18] 스탈린의 대변자였던 니키첸코는 신속한 재판을 지지했다.


## 전 범 들 은   재 판 에 서   어 떻 게   행 동 했 는 가


교도소장 버튼 앤드러스는 수감자들의 안전 문제로 노심초사했다. 교도관 수가 부족하고 교도관 대상 교육도 부적절한데다 사기마저 떨어져 있다며 강력하게 문제제기를 했다. 아쉬칸에서는 집단 탈옥이나 자경단의 침입 가능성을 우려했고, 뉘른베르크에서는 온통 다른 문제들에 대한 생각뿐이었다. 걱정이 기우는 아니었다.

자살의 위험은 상존하는 문제였다. 앤드러스는 정신의학과 심리학의 신봉자는 아니었지만, 솔직하게 이야기하는 켈리를 좋아했고 처음에는 망설였음에도 불구하고 수감자들의 사기를 유지하기 위해 켈리의 여러 가지 조언을 따랐다. 그러면서도 교도소에 엄격한 보안 체제를 도입했다. 수감자들과 감방에 대한 수색을 지속적으로 하는 한편, 접근도 엄격히 통제했으며, 교도관들은 모든 수감자들을 하루 24시간 일대일로 감시했다. 감방 내 책상 및 의자는 상해에 이용되지 않도록 허술하게 조립해두었다.

하지만 소용없었다. 레오나르도 콘티 박사는 1945년 10월 5일 결국 스스로 목을 맸다. 친위대 보건국장이었던 콘티는 안락사가 전문분야였다. 향후 있을 재판을 기다리며 뉘른베르크에 억류돼 있던 콘티는 자살로써 그곳을 빠져나온 것이다. 뉘른베르크에서의 자살은 이것이 마지막이 아니었다. 이후 두 차례나 더 있었던 자살 사건은 갈수록 더 극적이었다. 자살 사건이 벌어질 때마다 앤드러스의 평판은 추락했다. 앤드러스는 지속적으로 경비를 강화하고 교도관들을 훈련시켰으며 수감자들에게 어찌나 엄한 규율을 강제했던지 수감자들의 꿈에 나올 정도였다. 피고 여덟 명이 교도소장이 나오는 악몽을 연이어 꾼다며 변호사에게 호소했던 것이다.[19] 그 밖에 다른 문제들도 있었다(수감자들끼리 말다툼이나 난투극을 벌이기도 했다). 스트라이허는 선전국 관료 한스 프리츠셰에게 침을 뱉었고, 친위대 장성 에른스트 칼텐브루너는 뇌졸중이 발병했다. 이러니 앤드러스에게 주어진 임무는 녹록해질 새가 없었다.

1945년 10월 19일, 앤드러스 교도소장은 수감자들에게 공소장을 전달했다. 헤르만 괴링은 답변서에 이렇게 적었다. "승자는 언제나 판사가 될 것이고 패자는 피고가 될 것이다." 루돌프 헤스는 "기억이 안 난다"라고 적었다. 가용 변호사 명단을 받아 든 율리우스 스트라이허는 이렇게 말

**사진 8.** 판결 당일. 개정 시 판사들이 뉘른베르크 재판 피고들에 대한 판결 내용을 발표하기 위해 입장하자 법정 내 전원이 기립하고 있다. (미 국립문서보관소)

했다. "유대인들이군, 이거 다 유대인 이름이야. 그리고 판사도 모두 유대 인인 거 다 안다고." 로베르트 레이는 마치 십자가에 달린 그리스도처럼 양팔을 뻗은 채 사람들을 향해 소리쳤다. "그냥 우리를 벽에다 줄 세워서 총살하지 그래?"[20]

1945년 11월 20일, 마침내 재판이 시작됐다. 모든 증언이 끝나고 검찰 측은 1946년 7월 26일에 사건 요약 및 심의를 위해 재판을 휴정했다. 판 결 언도는 1946년 10월 1일에 이루어졌다(《사진 8》). 그로부터 2주 뒤, 형 이 집행됐다.

재판은 법정, 교도소 구내식당, 감방 안에서 수감자들의 심리를 관찰할 수 있는 흔치 않은 기회였다. 피고인들의 일부 행동은 누가 봐도 명백했으 나, 정신과 면담 중에야 드러난 부분도 있었다. 우선 피고들은 굉장히 이 질적인 집단임이 분명했다. 고위간부도 있었고 어쩌다 보니 정략적 차원 에서 기소된 이들도 있었다. 나치당 내 서열을 막론하고 대부분 서로를 증오했다. 요아힘 폰 리벤트로프와 헤르만 괴링은 끊임없이 싸웠다. 한 번은 괴링이 자기 담당 보안관의 곤봉으로 리벤트로프를 때리려 들면서 "닥쳐, 이 샴페인 장사꾼아"라고 악을 쓰자, 리벤트로프는 자기 신분이 높다는 것을 강조하며 이렇게 맞받아쳤다. "나 아직 외무장관이고, 내 이름은 폰 리벤트로프라고."[21]

재판의 중압감이 더해가는 상황에서 갈등은 증폭됐다. 괴링은 검찰 측 증인들을 '돼지'라고 불렀다. 스트라이허는 죄다 교수형에 처해질 것이라며 신이 난 듯 낄낄댔다. 검찰 측에 협조했던 전직 군수장관 알베르트 슈페어 같은 이들도 별 수 없이 교수형 당하리라는 얘기였다. 그런 피고들조차도 다 같이 동의했던 한 가지는 바로 외무장관 폰 리벤트로프의 무능이었다. 히틀러 유겐트[Hitler Youth](나치당 내 청년조직_옮긴이) 단장이자 비엔나 관구장[Gauleiter]이었던 발두어 폰 시라흐는 리벤트로프가 '사기꾼'이라는 사실이 드러난 것을 고소해했다. 경제장관이자 라이히스방크[Reichsbank](1945년 폐쇄된 독일국립은행_옮긴이) 은행장이었던 할마르 샤흐트는 그를 '정신 나간 멍청이'라고 불렀으며, 히틀러 정권의 부총리였던 프란츠 폰 파펜은 '또라이'라고 불렀다.[22] 뉘른베르크 재판 신문에 참여했던 요제프 마이어는 한마디로 이렇게 요약했다. "아주 난장판이군!"[23]

피고들 대부분은 여기저기 책임을 떠넘기기에 급급했는데, 이미 사망해 자신들에게 보복할 염려가 없는 히틀러나 힘러를 주로 그 대상으로 삼았다. 열 달에 걸친 증언마다 같은 소리가 되풀이됐다. 이 모든 일들이 일어난 것은 끔찍하지만 자신들은 알지 못했고, 알았다고 해도 학살의 정도에 대해서는 몰랐으며, 설사 학살에 반대했다 해도 히틀러는 발포 명령을 했을 것이고, 자신들이 한 일이라고는 서류를 작성했던 것뿐이라는 말이었다. 피고 프리츠 자우켈의 답변이 전형적이다. "이런 일들이 어떻게 가능했는지 도저히 이해가 안 됩니다. 외국인 노동자들을 혹사시킨 문제에 관해서라면, 저는 정말로 책임이 없습니다. 저는 선원 소개소 같은 역할을 했던 거예요. 어느 배에 일꾼을 보내줬다고 해서, 제가 모르는 사이에 배에서 벌어질 수 있는 잔학 행위 같은 것에 책임이 있는 것은 아닙니다. 히틀러의 지시에 따라 크루프 작업장 같은 곳에 노동인력을 조달했을 뿐입니다. 노동자들이 그 이후에 부당한 대우를 받았다 해도 제 탓은 아닙니다."[24]

괴링은 그런 식의 답변은 일절 하지 않았다. 비겁하고 품위 없는 변명이라고 생각했기 때문이다. 변명은 자기 영혼을 적군에게 팔아넘기는 것이나 마찬가지라 여겼던 괴링은 재판을 주도하며 동료 피고들을 이끌었다. 도드 검사는 이렇게 말했다. "괴링은 동료들을 윽박지르고 협박하고 있다. 특히 죄과를 일부 인정할 듯한 이들을 대상으로 말이다. 그가 원하는 것은 전원 교수형을 당하고 전쟁을 초래한 원인이 루스벨트에게 있었음을 입증하는 것이다!"[25] 검찰 측에 특별히 유리한 증언을 듣기라도 하면 괴링은 동료 피고들에게 소리를 질러댔다. "젠장, 난 그저 우리가 전부 용기 있게 딱 세 마디만 변론하기를 바랐다고! 내 뒤나 핥아라!"[26]

피고 대표를 자처하던 괴링은 켈리에게 이렇게 말했다. "우린 한 팀이나 마찬가지요. 다 같이 기소됐으니까. 우리가 할 일은 한데 뭉쳐서 최강의 변론을 해내는 거지. 물론 내가 리더니까 우리 각자가 자기 몫을 감당하는지 지켜보는 게 바로 내 과제인 거요."[27]

재판 초기에 괴링은 누군가 흔들리는 모습을 보이기만 하면 점심시간에 그를 들들 볶았다. 어떠한 분열이나 유죄 협상[plea deal](피고가 유죄를 인정하는 조건으로 감형하기로 하는 피고와 검찰 간 양형 거래_옮긴이), 책임전가, 죄과 인정도 원하지 않았다. 슈페어가 이를 일러바치자, 앤드러스는 즉각

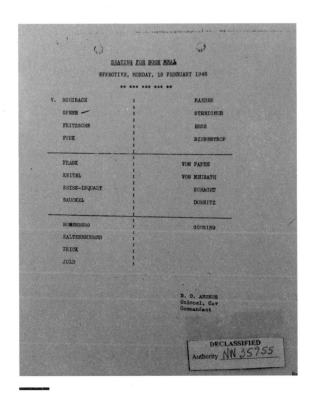

**사진 9.** 괴링을 격리시켜 앉힌 교도소장의 좌석배치도. (미 국립문서보관소)

점심시간 규정을 변경했다. 당시 기록물들 가운데서는 희한한 것들도 튀어나왔다. 나는 메릴랜드 칼리지 파크 내 국립문서보관소에서 일하던 중 당시 교도소장이 작성한 점심시간 좌석배치도를 우연히 발견했다(《사진 9》). 각 테이블별로 좌석이 지정된 테이블 배치도였다. 여러분은 공식 만찬 연회가 있었나 보다 하고 생각하겠지만, 사실은 괴링을 격리'시키는' 메뉴판이나 마찬가지였다. 괴링은 다른 피고들로부터 떨어져 혼자 앉았다.[28] 격리가 불가능했던 피고석에서는 맨 앞줄에 앉아 재판이 진행되는 내내 나지막하게 수군대고 중얼거렸다.

뉘른베르크

재판 도중 헤스는 보란 듯이 소설을 읽거나 통증을 호소하면서 지루하고 무관심한 태도를 취했다. 판사들뿐 아니라 담당 변호사들에게도 대단한 골칫거리였을 것이다. 스트라이허는 그야말로 구제불능이어서 목소리가 들릴 만한 거리에 있는 지각 있는 모든 존재로부터 반감을 사는 재주가 있었다. 옛말에 '혀는 목의 적이다'라는 말이 있는데, 스트라이허야말로 이 속담이 사실임을 입증한 인물이었다.

## 재 판 이  남 긴  것

1년여에 걸친 증언과 심의 이후 법정은 잠잠해졌다. 재판 참석 당사자들 및 방청인들은 폭격으로 폐허가 된 도시를 떠나 회고록 집필을 시작할 수 있게 된 것에 만족했다. 참석자들은 자신들이 역사적으로 유례없이 의미심장한 갈등 상황 속에서 살았고 일했음을 잘 알고 있었다. 계속되는 독일 전범재판에서 연구 분석을 담당했던 우르술라 셔먼은 이렇게 요약했다. "그런 일들을 처리했던 우리 모두는 조금씩 미쳐 있었지요. 이따금씩 벌컥 화를 내곤 했어요. 화를 삭이는 한 가지 방법이었던 겁니다. 당시 이후로 공포감이 서서히 밀려오더군요."[29]

방청인들은 재판에서 드러난 인간 본성에 충격을 받기도 했다. 뉘른베르크 재판에서 변호사로 일했던 브래디 브라이슨은 이렇게 말했다. "우리가 살고 있는 세상은 매우 위험하고 악랄하며 추악한 곳이며, 이 재판은 전쟁의 불쏘시개 역할을 했던 인류의 에너지를 봉인하는 데 아무런 기여도 하지 못했습니다. … [우리의] 크기만 큰 두뇌는 치명적인 결함이 있었죠. 엄청난 지적 능력과 열정을 한데 모아 폭력에 쏟아 부었으니까요."[30]

대규모 조직 내에는 온갖 힘겨루기, 뜬소문, 폭로, 회고담 등이 있기 마련이지만, 뉘른베르크에서는 뭔가 다른 일이 벌어지고 있었다. 10개월 동안 매일같이 법정에 앉아서 무시무시한 증언을 듣고 소름끼치는 증거물들을 확인하고 피고들이 자기 행동을 변명하는 것을 지켜보는 것, 이런 모든 것들이 그 자리에 있던 사람들을 심각하게 물들였고, 그들의 삶을 그을려버리고 말았다.[31]

# 4

# 전범들과 정신과의사의 만남

나치즘은 사회적으로 배양된 질병이었다. … 뉘른베르크에서 나에게는
연구해야 할 나치 바이러스로 알려진 순수배양물, 말하자면 22개의 점
토 플라스크가 있었던 셈이다.

더글러스 켈리, 『뉘른베르크의 22개의 방』, 1947

　　몽도르프 레 뱅에서 뉘른베르크까지의 비행은 순조로웠다. 로베르트
레이, 율리우스 스트라이허, 헤르만 괴링은 한층 더 암울할 것이 분명한
새 거처로 이송되는 동안 폐허가 된 뉘른베르크의 모습을 멍하니 바라보
며 입을 다물지 못했다(《사진 10》). 이들이 있을 곳은 철조망으로 에워싸
여 있던 이전의 리조트가 더 이상 아니었다. 이제 모두 명백한 감옥에 있
게 됐고 그곳에는 뉘른베르크 재판 피고 22명과 재판이 예정된 다른 사
람들이 수감돼 있었다. 아쉬칸과 더스트빈(아쉬칸과 유사한 영국의 수용시설)
이 뉘른베르크 속에 처박힌 셈이었다. 뉘른베르크 교도소는 3층에 걸쳐 독

사진 10. 폐허가 된 뉘른베르크 (미 국립문서보관소)

방이 모여 있는 크고 서늘한 석조 건물로, 각 방은 30제곱미터 정도 되었다. 건물은 곰팡이가 슬었고 누구나 맡을 수 있을 정도로 퀴퀴한 냄새가 감돌았다. 몇 개월 동안 독방동 건물의 오싹한 침묵은 열쇠 돌리는 소리, 교도관들이 걷는 소리, 스트라이허가 때때로 지르는 비명 소리에 끊기곤 했다.

이 책에서 유독 눈에 띄는 두 명의 새로운 인물이 아쉬칸 망명자 대열에 합류했다. 수감자 루돌프 헤스가 영국에서 항공기 편으로 도착했고, 새로운 교도관도 한 명 도착했으니, 그는 바로 켈리의 숙적이 될 구스타브 길버트였다.

## 헤 스 의   기 억 상 실

나치 독일의 부총통 루돌프 헤스는 1941년부터 영국에 억류된 상태였다. 홀쭉한 체격에 소심한 성격이었던 헤스는 나치당 외에는 그 어떤 것에도 '아무런' 관심이 '없었다.' 당 지지자들을 고무하고 선동했으며, 대규모 집회에서 연설을 했고, 이후 제노사이드를 가능하게 만든 뉘른베르크법 비준에도 일조한 인물이었다.

1941년 5월 10일, 헤스는 2기통 엔진 메서슈미트를 탈취하여 스코틀랜드로 날아가 전 세계를 놀라게 했다. 영국을 설득해 독일과 연합전선을 형성해 보려는 의도였다. 나치 독일 공군제복 차림의 헤스는 하늘에서 뚝 떨어져 들판에 착륙했고, 그 광경에 깜짝 놀란 어느 스코틀랜드 농부에 의해 발견되었다. 마치 〈폴티 타워즈〉의 한 장면 같은 순간이었다. 헤스는 농부에게 이렇게 말했다. "해밀턴 공에게 전할 중요한 메시지가 있소." 농부는 당혹스러워했다. 훗날 헤스는 이렇게 적었다. "[그는] 나를 집에 들이고 벽난로 가까이에 흔들의자 하나를 놓은 뒤 차를 대접해주었다."[1] 헤스는 곧 런던 타워로 보내졌다가 그 후 방비된 농가로 보내져 그곳에서 1년간 머물렀다. 마지막에는 메인디프 코트 군병원으로 이송되어 3년간 구금생활을 했다.

그 사이 헤스는 줄곧 지속적인 치료 관찰을 받았다. 낙하산을 메고 뛰어내리면서 입은 허리와 발목 부상 때문이기도 했지만, 반복된 자살 시도, 불안, 계속되는 의료 민원 제기, 그리고 매우 기이하고 불안정한 정신 상태 때문이기도 했다. 당시 작성된 헤스의 정신과 진료기록은 보기 드물게 방대한데다 일반에 공개되기까지 했다. 헤스는 후대 사람들이 자신의 상태를 알 수 있기를 바란다면서 공개 이유를 이렇게 밝혔다. "사람들은 여태 알려진 바 없는 모종의 방식으로 … 최면 비슷한 상태 속으로 끌려 들어가게 될 때 파장이 있을 수 있는데 … 이러한 상태에서는 의지가 박탈된 채 아마도 제대로 인식하지 못한 상황 속에서 제안 받은 일은 무엇이든 하게 된다"[2] 헤스의 정보공개 진술서를 보면 당시 정신과의사들이 어떤 부분을 집중적으로 다루고 있었는지 가늠할 수 있다.

혜스를 처음 담당했던 의사 J. 깁슨 그레이엄에 따르면 헤스는 자신에게 제공되는 음식을 극도로 의심했다.[3] 또한 담당 교도관들의 그릇과 자기 그릇을 갑자기 맞바꾸는 것으로도 유명했으며, 때로는 정신과의사가 자기 음식을 먼저 맛을 보아야 비로소 식사를 시작하기도 했다. 헤스는 주방에서 일하는 누군가가 "전 세계의 유대인들을 대신해" 자신을 독살하려 들지도 모른다며 걱정했다.[4] 반대로, 식사를 마치고 기분이 '좋을' 때도 헤스는 알려지지 않은 어떤 유대인들의 음모로 자신이 독살당하는 중이라고 생각했다. 건물 안이나 인근에서 나는 소음은 잠을 못 자게 만들려는 음모의 일환이라며 호소하기도 했다. 그레이엄의 결론은 이렇다. "헤스는 뚜렷한 심기증 및 편집증적 경향, 불안, 피해망상이 있었다. 사소한 일들에 대해서도 오해하고 불길한 의미를 부여했다."[5]

영국에서 수감생활을 하는 동안 헤스는 수많은 의사들에게 정신과 진료를 받았다. 정신과의사 J. R. 리스는 헤스의 불면증, 불안, 우울, 의심, 이해력 부족에 충격을 받았다. "정신과적으로 볼 때 조현병으로 [진단할 만했다] … [그는] 히스테리 증상 형성에 취약하고 피암시적이다."[6] 다음 정신과 담당의였던 헨리 딕스는 헤스를 "적대감과 의심을 뿜어내는 전형적인 조현병 환자"로 묘사했다.[7] 딕스는 헤스가 집중력 감퇴를 자꾸 호소하는 것에 주목했지만 과연 진짜인지 의구심을 품었다. 그리하여 딕스는 헤스에게 레이븐 진행적 매트릭스 Raven's Progressive Matrices 지능검사를 단순한 게임이라

뉘른베르크

고 속여 IQ를 몰래 측정해 보았다. 헤스의 지능지수는 상위 10퍼센트 이내였다. 여기서는 집중력에 아무 문제가 없었다!

정신과의사 M. K. 존슨의 보고서에 따르면 헤스는 방 안에 작은 종잇조각 몇 개를 숨긴 뒤 집중이 안 된다, 단어들이 기억이 안 난다, 뇌 내 독극물 침투로 기억상실이 됐다며 하소연했다. 헤스는 단기, 장기 기억 모두 간헐적 상실 증상을 보였다. 그리고 자신의 가슴 부위를 칼로 찌른 뒤 유대인들이 자신을 "홀려서 자살을 하게 하려 했다. 나는 유대인들의 최면술이 가진 비밀스러운 힘을 아는 유일한 사람이기 때문"이라고 했다.[8] 존스턴 역시 헤스가 스위스 대사관 직원을 만나 대사관 측에서 자신의 식사에 나오는 와인에 독이 들어 있는지 분석해야 한다고 말했다고 썼다.

의사들의 보고서는 이렇게 이어졌다. "헤스는 … 진술서를 작성하고 서명까지 했다. … 복부의 상태가 치료 불가능한 것 같아 죽고 싶다는 것이다. 본인의 시신은 공군제복을 입혀 독일로 보내주기를 바라고 있다. 그곳에서 검사하면 '분명 독극물이 발견되리라'는 것이다."[9]

가끔 헤스는 기억상실인 척 꾸미는 것 같기도 했다. 가령, '스키타기'가 무슨 뜻인지 말하거나 셰익스피어가 누구인지 기억해내는 것도 못 했다. 물론, 이는 전형적인 기억상실이 아니다. 의료진은 기억력 개선을 위해 아미탈(진통제 및 진정제로 사용되는 약물_옮긴이) 주사를 권했지만 처음에는 거부하며 이렇게 말했다. "상기할 일만 없으면 딱히 힘들지는 않아요. … 망각하게 해주다니 오히려 자비로운 신의 섭리인지도 모르죠. 만약 기억을 온전히 되찾는다면 난 더 괴로울 겁니다."[10]

그럼에도 불구하고 1945년 5월 17일 헤스는 면담에 응했다. 아미탈을 투여 받은 뒤 정신과의사 헨리 딕스와 면담했던 것이다. 아래 발췌 부분을 보면 아미탈 투여 후 면담의 느낌이 난다. 면담 내내 헤스는 복부의 통증만 호소했으며, 조금도 기억을 회복하지 못했다.

의사: 힘든 게 뭡니까?

환자: 통증이요! 배가 아파요! (심하게 신음한다.) 아프지만 말았으면. 배 아파(신음한다). 물! 물 좀 줘요! 목이 마르다고요!

의사: 곧 물을 가져올 겁니다. 이제 잊어버렸던 내용을 좀 말씀해 보세요.

환자: 아, 몰라요. 아파요! 목마르다고요!

의사: 잊어버렸던 내용을 우리에게 말씀해주시겠어요.

환자: 물! 몸이 아프다고요! 안개가….

의사: 작은 아드님 이름 기억납니까?

환자: (속삭이듯이) 몰라요.

의사: 부인 성함은요. 일세 맞죠.

환자: 모릅니다.

의사: 가까운 친구들은 기억하시죠, 하우스호퍼나….

환자: 아니오. (신음한다) 배가 아파! 젠장!

의사: 뭐가 문제죠?

환자: … (신음한다).

의사: 어려서 알렉산드리아에 살았던 시절 말이에요.

환자: 아니오.

의사: 그리고 뮌헨에서 아돌프 히틀러와 함께했던 격동의 세월이 있었죠.

환자: 아니오.

의사: 란츠베르크 감옥에 히틀러와 같이 있었고요.

환자: 아니오.

뉘른베르크

의사: 자, 당신을 아프게 하는 이야기를 우리에게 전부 털어놓으면 한결 나을 겁니다.[11]

헤스는 자기 몸이 온통 병들어버렸다고 의료진에게 말했고, 주머니마다 동종요법(질병과 비슷한 증상을 일으키는 물질을 극소량 사용하여 병을 치료하는 방법_옮긴이) 및 자연요법 약물이 가득했는데 그 가운데는 티베트 사원에서 온 묘약도 있었다.[12] 새로운 증상들은 아니었다. 예전부터 헤스의 삶은 늘 자신의 건강과 식이요법에 관한 관심으로 점철돼 있어서, 히틀러와 정찬을 하는 자리에도 자기가 먹을 음식은 직접 가져갈 정도였다.

4년에 걸친 영국 내 구금 생활 이후, 정신과 의료진은 헤스가 세 가지 측면에서 불안정한 상태라는 결론을 내렸다. 영국이 자기 음식에 독을 넣고 있고 수면을 방해하고 있다는 편집증적 의심이 있었고, 지독한 건강염려증적 집착을 보였으며, 의학적 '설명'이 불가능한 기억상실 증상이 있었다. 처칠 역시 이에 동의하며 이렇게 말했다. "내가 보기에 [이들] 기록은 … 정신착란의 발로인 듯하다. 살인이나 방화 범죄를 저지른 정신장애 아동과의 대화 기록과 흡사하다."[13]

이 모든 것에 극도의 기이함까지 중첩됐다. 헤스는 점성술을 맹신했고 유령의 존재를 믿었으며 점을 보기도 했다. 그리고 스코틀랜드로 날아온 것은 정신적 스승(하우스호퍼 지칭_옮긴이)의 꿈에 자신이 비행기를 조종하는 것이 나왔기 때문이라고 말하기도 했다. 아주 희한한 사람이었던 것은 분명한 것 같다. 그렇다면 헤스는 정말 미쳤던 것일까? 이에 대한 판단은 뉘른베르크 도착 이후로 보류할 수밖에 없었다.

1945년 10월 10일, 헤스는 완전히 달라진 독일로 귀국했다. 뉘른베르크의 널찍한 광장들을 메운 채 충성을 다짐하던 나치 돌격대원 무리는 이

**사진 11.** 뉘른베르크의 피고들과 함께 있는 구스타브 길버트(오른쪽). (미 국립문서보관소)

미 사라진 뒤였다. 그 자리를 대신한 것은 유령들과 폐허였으며, 뉘른베르크에서 헤스를 반긴 것은 자신이 친애하던 총통이 아니라 버튼 앤드러스 교도소장이었다. 헤스는 앤드러스를 보자마자 가지고 있던 음식과 초콜릿 꾸러미를 건네며 독이 들어 있지 않은지 확인해 달라고 부탁했다. 오랜 수감 기간 내내 헤스의 기억은 오락가락했다. 그의 광기 속에는 과연 일말의 조리條理가 있었을까?

## 심 리 학 자   구 스 타 브   길 버 트

더글러스 켈리는 독일어가 짧았던 탓에 존 돌리보이스라는 교도관이 몽도르프 레 뱅과 뉘른베르크에서 통역을 맡았다. 돌리보이스는 느긋하고 호감 가는 성격의 통역사였지만, 하루빨리 뉘른베르크를 벗어나고 싶은 마음이 가득했다.[14] 1945년 10월 23일 심리학자인 구스타브 말러 길버트 중위가 그 자리를 이어받았다. 길버트는 사명감으로 가득 찬 무뚝뚝한 인물이었다(《사진 11》).[15] 뉴욕의 어느 가난한 오스트리아계 유대인 망명자 가정에 태어나 고아원에서 자랐으며, 뉴욕시립대를 다녔고 컬럼비아에서는 사회심리학 전공으로 심리학 박사학위를 취득했다. 컬럼비아에서 잠시 로르샤흐 연구를 하기도 했으나 그의 관심분야는 아니었다.[16]

뉘른베르크 임무를 맡기 전까지 길버트는 군에서 전쟁포로 심문을 담당하고 있었다. 길버트는 점잖은 독일어를 훌륭하게 구사했을 뿐만 아니라 나치의 전쟁 범죄에 가담했던 책임자들의 비밀을 밝혀내고자 하는 의지도 강했다. 그는 뉘른베르크 임무가 역사상 가장 완벽하게 통제된 사회병리학 실험을 시도할 기회라고 생각했다.[17]

켈리와 길버트는 특유의 강점이나 접근방식 면에서 차이가 있었다. 켈리는 뉘른베르크의 자기 자리를 또 하나의 흥미로운 임무로 보고 자신의 방대한 임상 및 법의학 경험을 완성해줄 것이라 생각했다. 나치 포로들은 흥미로운 대상이었지만 그래봤자 결국 포로들에 불과했다. 하지만 켈리는 자신에게 주어진 난제에서 지적인 자극을 받으면서도 나치로 인해 괴로워했다. 켈리 '대령'은 길버트 '중위'를 자신의 통역사 겸 조수로 여겼는데, 이런 태도는 특히 길버트가 돌리보이스의 자리에 들어옴으로써 자신의 직급이 길버트보다 높아지면서부터 두드러졌다. 길버트의 관점은 켈리와 조금도 맞는 구석이 없었다. 길버트가 보기에 나치 피고들은 악의 화신이었고 자신에게 주어진 임무는 켈리의 통역사가 아니라 전범들의 도덕적 결함에 대해 따져 묻는 심문관이라 생각했다.

통역사 일 외에도 길버트에게는 앤드러스 교도소장으로부터 모호한 임무가 주어졌으니, 바로 수감자들 사이에서 교도소장의 눈과 귀가 되는 것이었다. 길버트와 교도소장의 친분은 우려되는 구석이 있었다. 길버트는 앤드러스의 뜻을 거스르지는 않았으나, 앤드러스가 수감자들의 심리에 대해 자기 나름의 황당한 견해를 제시하기라도 하면 무시하는 기색을 내비치곤 했다. 이러한 상호관계는 악화일로를 걸었고 마침내 앤드러스는 길버트를 뉘른베르크에서 다른 곳으로 전근시킬 생각을 하기에 이른다. 그러나 켈리가 소장을 만류하는 한편 길버트에게는 소장과 화해할 것을 종용했다.[18]

책임 소재의 모호함과 켈리와 길버트 간의 보고 관계 역시 이들의 상호작용을 악화시키는 요소였다. 로르샤흐 전문가였지만 독일어가 짧았던 켈리에 비해 길버트는 독일어를 유창하게 구사했지만 로르샤흐 검사는 잘 알지 못했다. 켈리가 냉정하고 냉소적이었다면, 길버트는 진지하면서도 재미없는 사람이었다. 캘리포니아의 부유하고 유서 깊은 가문 출신의 켈리와 뉴욕에 갓 건너온 이주민 가정의 가난한 환경에서 어린 시절을 보낸 길버트는 배경도 확연히 달랐다.

어느 날 밤, 저녁식사를 하면서 켈리와 길버트는 맡고 있는 수감자들에 대해 이야기를 나눴고 관찰한 내용을 기반으로 책을 한 권 쓰기로 한다. 그 첫 단추로서, 켈리는 길버트에게 매번 면담을 할 때마다 기록을 남기도록 권했다. 수감자들이 보는 앞에서 기록하는 것이 대화에 방해가 될 것 같다고 생각한 길버트는 수감자들과 주고받은 이야기를 최대한 재구성하여 켈리에게 기록 사본을 건넸다. 당시 그는 켈리의 동기를 의심할 이유가 전혀 없었다.

# 전범들의 심리 연구

수년간 나는 켈리와 길버트가 뉘른베르크에 어떻게 가게 되었고, 그곳에서 무슨 일을 했는지에 대한 다른 이야기는 없는지 궁금했다. 도서관의 특별 장서 및 기록물들은 마치 동네 부동산 판매 광고 같아서 뭐가 튀어나올지 예측할 수 없다. 미 의회도서관 건물에서 일하던 나는 우연찮게 당시 학자들, 정보 요원들, 뉘른베르크의 검사들이 서로 주고받은 서신들이 마이크로필름 형태로 보관되어 있는 것을 알게 되었다. 자료들을 보고 나니 로르샤흐 검사를 통해 전범들의 심리를 연구해야겠다는 생각이 들었다.

1945년 6월 11일, 뉴욕의 존 밀레트 박사는 잭슨 대법관에게 유수 교수들을 대표하여 서신을 보냈다. 당시 이 서신 작성에 동참한 이들은 앨빈 버라크, 칼 빙어, 리처드 브리크너, 프랭크 프리몬트 스미스, 아돌프 마이어, 트레이시 퍼트남, 조지 스티븐슨 등 당대 여러 학계를 대표하는 인물들이었다.[19] 1945년, 이 각계의 학자들은 모두 처형된 나치 지도자들의 뇌를 연구해야 한다고 굳게 믿었다. 실로 유례를 찾아보기 힘든 성격의 서신이었다. 재판이 아직 시작되지도 않았는데 이 학자들은 이미 수감자들을 처형하여 이들의 뇌를 부검하자는 제안을 하고 있었던 것이다. 게다가 서신은 수감자들에 대해 로르샤흐 검사를 할 것까지 특정하여 요청했다.

> 이 주모자들의 성격을 상세히 파악하는 것은 … 독일을 재조직하고 재교육을 담당할 이들에게 중요한 지침이 될 것입니다. … 정신과 면담과 더불어 로르샤흐 검사 등 다양한 심리검사를 실시하는 것이 바람직할 겁니다. … 피고가 유죄 및 사형선고를 받을 경우, 사체 특히 뇌 부위에

대한 면밀한 부검을 할 필요가 있을 것입니다. 그러므로 유죄선고 후 총살형 집행 시에는 두부 대신 흉부에 총격을 가하도록 해주십시오. [서명] 존 밀레트[20]

밀레트가 서신을 전하고 나서 사흘 뒤에는 전략사무국 요원 셸던 글루크가 도노번 육군소장에게 서신을 보내 뉘른베르크 재판에 정신과적 자문을 맡을 전문가들을 임명해줄 것을 촉구했다. "재판의 주된 목적은 … 여러 사실들을 후대에 납득시키고, 그 사실들과 나치 지도부 전체를 법학, 의학, 사회학적 관점으로 해석해주는 데 있을 것입니다. 역사상 최초로 독일의 군, 정계, 산업계 요직의 인물들이 지니고 있던 여러 유형의 사고방식에 대한 철저한 과학적 연구가 이루어질 것입니다." 글루크는 로르샤흐 전문가들도 자문단에 포함시킬 것을 요구했다.[21]

피고들에 대한 로르샤흐 검사 실시 여부에 그토록 이목이 집중됐던 것이 특이해 보이겠지만, 1940년대에 로르샤흐 검사는 곧 심리검사의 대명사였다. 스위스 출신의 정신과의사 헤르만 로르샤흐(1884~1922)는 환자가 자신의 환상이나 관심사를 중립적이고 모호한 잉크반점 카드 위에 투사한다고 보았다. 로르샤흐는 이 잉크반점 과제가 환자의 인지적 과제 접근방식에 대한 대략의 정보—말하자면, 이러한 부분을 기술적으로 확인하는 것이 가능해지기 한참 이전에 뇌 주사도brain scan—를 제공해줄 수 있다는 데 주목했다.[22] 다들 무의식적 측면에 집중하고 있던 당시 상황에서, 사람의 머릿속에 있는 것을 지도로 그릴 수 있다는 점 덕분에 이 검사는 정신감정의 유용한 보조수단으로 여겨졌다. 확연히 방어적이거나 비협조적인 환자들을 평가하는 데 로르샤흐 검사의 구조화되지 않은 특성은 오히려 적합했다. 그러므로 뉘른베르크 전범의 심리를 평가하는 핵심 요소로서 로르샤흐 검사를 포함시킨 것은 매우 당연했다.

심리검사와 관련하여 오고간 서신의 양은 방대하다. 도노번은 글루크의 제안을 지지한 바로 다음 날 잭슨에게 서신을 보냈고, 6월 23일에 잭슨은 조심스러운 지지 의사를 밝히는 회신을 밀레트에게 보냈다. 잭슨은 밀레트의 제안이 일리가 있기는 하나 정신과적 평가가 유죄 여부 판결 전에 실행될 경우 재판에 영향을 미칠 가능성을 우려했다. "[그들이 선임한 변호사들이 해당] 보고서 제작을 요구할 가능성이 있습니다. 그렇게 된다면 피고인들의 정신 상태에 관한 문제들 … 을 논의하거나 법정에서 다투는 것이 불가피해지기 쉬울 것이며, 그들 사이에서도 의견이 엇갈릴 겁니다. … 우리가 정신이상 항변insanity defense을 준비 중이었다는, 가장 골치 아픈 소문이 퍼질 수도 있습니다."[23]

잭슨도 정신의학적 평가는 평결이 이루어진 이후에 실시할 수 있다는 데 동의했다. "저 역시 이들의 정신적 결함과 이상 그리고 도착倒錯이 과학적으로 확인되고 만천하에 공개된다면, 다음 세대의 독일인들이 자신들에게 초인적 능력이 있다는 허황된 믿음을 갖지 않게 하는 데 도움이 될 것이라 생각합니다." 피고인들의 뇌를 잘 남겨 달라는 밀레트의 요구에 대해 잭슨은 이렇게 회신을 마무리했다. "희생자에게 두부 대신 흉부에 총격을 가해 달라는 제안과 관련하여, 이 점을 말씀드리고 싶습니다. 군의 기본 방침상 범죄자로서 사형 선고를 받은 이들은 총살형이 아닌 교수형에 처하도록 하고 있습니다. 교수형이 불명예의 의미를 담고 있다고 보기 때문입니다."[24]

1945년 8월 16일, 밀레트는 잭슨에게 답장을 보내 언제든 마음의 준비가 되었을 때 알려주면 전문가를 추천하겠다고 했다. 한 달 뒤 잭슨은 조언에 감사를 표하는 회신을 보내며 이렇게 썼다. "전 세계에 그토록 사악한 영향력을 행사할 수 있었던 무리를 통상적인 감옥 내 좁은 공간 안에 두는 것은 흔치 않은 일입니다. [그러나 경고의 뜻을 전하며] 그들은 심문을 받고 있는 상황이며 … 아시다시피 수많은 검사와 심문으로 신경이 곤두서 있습니다."[25]

하지만 그동안 상황이 변했고, 잭슨은 일부 피고들에 대한 정신과 검사가 정말로 필요하다는 것을 깨달았다. 역사나 과학 차원에서가 아니라 피고들의 재판 적합성 자체에 대한 우려 때문이었다. 그리하여 1945년 10월 12일, 잭슨은 밀레트에게 구체적인 전문가 명단을 요청하는 서신을 보냈다. 여담이지만, 잭슨은 이 명단을 요청하면서 마음이 급했고 여러 학계의 의견을 단시간에 그런 명단 하나로 취합하기는 결코 쉽지 않으리라는 것을 본인도 인지하고 있었다. "혹 이들[명단]을 위원회로 공식 추천하는 것이 불가능하다면, 추천한 이름들에 대해 개인적인 조언을 주시면 매우 감사하겠습니다. 급작스럽게 대응하느라 적절한 협의를 거칠 기회가 없을 수도 있는 까닭입니다."[26]

헤스의 정신 상태는 바로 심리검사에 관한 잭슨의 태도가 변하는 계기가 되었을 것이다. 헤스의 불면증과 편집증은 더글러스 켈리가 앤드러스 교도소장에게 아미탈 면담을 제안할 정도로 심각한 문제가 되고 있었다. 켈리는 아미탈 면담의 치사율이 극도로 낮음을 인정하면서 1천 건 이상의 임상 경험에서 이렇다 할 부작용을 본 적이 한 번도 없다고 진술했다.[27] 잭슨은 헤스가 자신의 가족이었다면 켈리의 제안을 따를 것이라고 하면서도, 극히 적기는 하지만 분명히 존재하는 아미탈로 인한 위험성 때문에 켈리의 요청을 거부했다.[28]

닷새 뒤 도노번 소장은 법정에서 "[헤스의] 정신건강 상태와 더불어 변론준비 과정에서 변호인단과의 협의 능력을 조사"할 위원회를 설립해 줄 것을 요청했다. 1945년 12월, 재판소는 피고들에 대한 "순전히 과학적인 연구들은 재판의 모든 사안과 분리시켜 주기를 바라는 검증된 정신과의사들의" 검사를 허용하기로 결정했다.[29] 그러나 당시 켈리와 길버트는 로르샤흐 연구를 이미 완료한 상태였으므로, 그러한 '허가'는 논란의 소지가 있었다.

1946년 6월, 밀레트는 잭슨 대법관에게 다시 한 번 서신을 보내, 켈리의 증언 및 소견을 보면 피고들에 대한 포괄적 연구를 위해 정신과 의료진을 보낼 필요는 전혀 없다고 말했다. 그러면서도 판결 당일부터 처형 예상 시점까지 수감자들을 감찰할 충분한 정신과의사들과 심리학자들이 대기 중인지 확인하고 싶어 했다.[30] 잭슨은 회신에서 불편한 심기를 드러내며, 적정 수의 정신과의사들과 심리학자들이 이미 대기 중이며 선고일로부터 형집행일까지의 예상기간은 매우 짧으므로 밀레트가 전문 인력을 추가로 필요로 할 경우 즉각 준비해야 할 것임을 명시했다.


## 정 보 기 관 과   심 리 학 의   동 맹


나는 의아한 마음으로 이 편지들을 읽었다. 심리학, 정신의학, 정보당국 간의 놀라우리만치 긴밀한 관계가 드러나 있었기 때문이다. 1945년, 죽음과 살해, 불태우기와 가죽 벗기기에 대한 나치 정권의 집착과 몰두—마치 그 자체가 목적인 양—에 대해 모두가 알게 되었다.[31] 이로 인해 학계와 정계 간에 오늘날에는 상상도 할 수 없는 공통된 목적의식이 생겨났던 것이다.

에리히 프롬이나 프리다 라이히만 같은 망명한 독일 출신 정신분석학자들이나 테오도어 아도르노와 헤르베르트 마르쿠제 같은 사회철학자들은 전쟁이 시작되기 전부터 이미 나치의 심리에 대해 광범위하게 글을 썼다. 탤콧 파슨스 같은 사회학자들도 힘을 보탰고 마거릿 미드와 그레고리 베이트슨 같은 인류학자들은 국가적 특성(적의 문화들)을 설명하고 (내부의 사기를 북돋우는) 백색선전 및 (적군의 사기를 저하시키는) 흑색선전을 해석하는 데 힘을 보탰다. 배변 훈련과 포대기로 아기 감싸는 법에 대해 고민하던 정신분석이 담론 형성을 좌우했던 것이다.[32]

하버드대 역사학과의 윌리엄 랭어 교수는 전략사무국의 연구 및 분석을 총괄했다. CIA의 전신인 이 전략사무국에는 정신과의사들과 심리학자들이 다수 포진돼 있었다.[33] 윌리엄 랭어의 동생 월터는 정신분석학자로, 하버드의 심리학자 헨리 머레이, 신사회연구원New School for Social Research의 에른스트 크리스, 뉴욕정신분석연구소의 버트램 르윈과 함께 극비로 분류됐던 아돌프 히틀러의 심리분석을 공동집필했다.[34] 미 전쟁부의 이 특별프로젝트 분과를 이끈 것은 머레이 버네이스로, 지그문트 프로이트의 질녀와 결혼한 젊은 변호사였다. 당시는 사회과학이 정치체제에 맞서던 시대가 전혀 아니었다. 오히려, 발달 단계에 있던 미국의 사회과학과 전략사무국은 서로 긴밀히 얽혀 있어서 정보부가 뉘른베르크 수감자들 검사에 관심을 표해도 놀라울 것이 없었다.

결국 전쟁 전반에 걸친 심리분석에 지속적으로 관심을 가지고 있었던 도노번 소장이 뉘른베르크로 오게 되었다. 소장이 속한 전략사무국에서는 이미 수많은 명백한 심리학적 목표—프로파간다 분석, 사기 진작, 적군의 동기 및 목표 파악, 신병 모집 절차 수립 등—까지도 받아들인 상태였다. 적진의 도시에 소이탄을 발사하거나 히틀러의 채소밭에 (히틀러의) 행동에 영향을 미칠 만한 약물을 몰래 주입하려는 등 조금은 덜 심리학적인 계획들은 말할 것도 없었다.[35]

# 감 옥 의   일 상 이   된   정 신 의 학

대부분의 서구 국가들에서 교도관들은 수감자들의 정신건강을 걱정한다. 물론, 사형수들에 대해서도 마찬가지다. 투옥의 목적이 비록 구금 및 처벌에 있지만, 국가는 또한 수감자들에게 일정 수준의 의료 및 정신 보건을 제공한다. 수감자들이 질병이나 자살로써 도망치는 것을 원치 않기 때문이다.[36] 앤드러스 교도소장이 썼듯, "심리적 문제가 있는 일부 수감자들의 경우 작은 독방에 앉아 있다 보면 사람이 미쳐버릴 수도 있다."[37]

따라서 뉘른베르크에 사제들, 심리 및 복지 담당관들, 정신과의사들이 상근했던 것이 특별히 이례적인 일은 아니었다. 수감자들은 곧 처형당할 가능성이 높았지만, 이들의 복지는 철저한 점검 대상이었다. 가령, 켈리는 교도소 내 도서관 설치와 수감자들의 운동시간을 권장했다. 처음에는 이런 환경이 수감자들의 버릇을 잘못 들이고 있다고 생각하던 앤드러스도 나중에는 동의했다.

정신과의사들과 심리학자들 역시 수감자들이 재판에 적합한 상태이며 변론 자문에 협조 가능한지 확인할 책임이 있었다. 일부 피고들은 이런 측면에서 불확실한 상태에 있었다. 기업가 구스타프 크루프는 노쇠함을 이유로 이미 기소면제를 받은 상태였고, 나머지 수감자들은 심각한 우울증에 시달리면서 자살을 기도하기도 했다. 사실, 레오나르도 콘티는 뉘른베르크 감옥에서 이미 스스로 목을 맨 뒤였다.

헤스에게 뭔가 문제가 있다는 것은 모두가 아는 사실이었다. 재판소 측은 그가 절식하며 죽어가고 있는 것 때문에 골머리를 앓았다. 헤스는 연합국 측이 자신에게 뇌 독극물을 투여하고 있다고 의심하고 있었다. 또한 기억력에도 문제가 있었으므로 본인의 변론에 협조할 능력이 되는지도 의문이었다. 재판부는 헤스의 재판적합성을 판단해줄 국제 자문단을 지명했다.

켈리와 길버트는 스트라이허와 나머지 피고들 간의 개인적인 마찰을 조율하는 것만으로도 벅찬 상황이었다. 스트라이허는 어딘가 섬뜩한 구석이 있는 인물이었으므로 재판부는 스트라이허의 재판적합성을 평가할 자문단도 지명했다. 스트라이허의 재판적합성을 입증하기 위해서 각국의 전문가들이 소집됐던 것이다. 법의학적 관점에서 보면 괴링의 경우는 아주 간단했다. 한정 능력<sup>diminished capacity</sup>(심신장애로 인해 사물변별 혹은 의사결정 능력이 미약하다고 판단되는 경우로, 법적 책임을 경감함_옮긴이)에 해당하는 경우가 아니었다.

## 정신과의사와 심리학자

더글러스 켈리는 완전히 자유롭게 수감자들과 접촉이 가능한 극소수의 인물들 중 한 명이었다. 켈리와 통역사 존 돌리보이스는 매일 수감자들을 만나기 시작했다. 돌리보이스는 나치당원들이 아내들과 연락할 수 있도록 해주는 등 부탁을 들어주기도 했다. 그렇다 보니 수감자들은 정신과 면담이나 검사 시간 중에 돌리보이스가 동석하는 것을 반겼고, 어찌됐든 그가 함께 있으면 켈리의 면담도 수월해졌다. 훗날 켈리는 수감자 개인당 80시간을 소요했다고 주장했으나 다소 부풀렸을 가능성이 있다. 켈리가 괴링에게 엄청난 시간을 쏟아 부은 것은 분명한 사실이었지만, 22명의 뉘른베르크 피고들 전부에게 80시간씩 들였다고 보기는 힘들기 때문이다. 어쨌든 뉘른베르크에 피고들이 도착한 것은 1945년 8월 12일이었고, 켈리가 그곳을 떠난 때는 1946년 1월이었다.

켈리의 말재주는 수감자들을 다루는 데 도움이 됐다. 그가 쓴 글을 보면 수감자들은 모두 탁상의 살인자들이자 약탈자들이자 출세주의자들이라 생각했던 것으로 나와 있다. 그러나 수감자들과 만나 이야기를 나누는 동안 켈리는 자기 속마음을 드러내지 않았고 판단이나 비판 역시 하지 않았다. 수감자들은 과거의 행적에 관한 잦은 심문에 익숙했지만, 켈리가 던지는 질문들은 뭔가 달랐다. 수감자들은 자기들을 인간으로서 이해하고자 했던 켈리와 이야기하는 것을 더 좋아했다.

켈리는 교도소 내에서 주어진 공식적인 역할 이외에도 개인적인 계획이 있었다. 전범들의 IQ를 측정하고 당대 가장 영향력이 있던 로르샤흐 검사를 실시함으로써 수감자들의 심리를 특성화하고자 했던 것이다.

1945년 10월 돌리보이스의 후임으로 뉘른베르크에 도착한 구스타브 길버트 역시 특별히 다를 것은 없었다. 돌리보이스는 군복무 말년에 원하는 것이 따로 있었다. 바로 뉘른베르크를 벗어나는 것이었다. 반면, 구스타브 길버트는 뉘른베르크에서 나치 수뇌부의 타락을 연구하고 이들의 특성을 파악하고자 하는 열망이 컸다. 처음에는 켈리와 길버트가 별 문제없이 함께 일하는 듯 보였지만, 인간관계를 맺는 방식은 완전히 달랐다. 적당히 상대의 기분을 맞추는 켈리는 집요하고 효율적인 길버트와는 정반대였다. 이들이 쓴 글을 보면 나치당원들에게 받은 영향 면에서 근본적인 차이가 읽힌다. 켈리는 나치당원들을 '흥미로운 시료'라고 생각했고 언론 매체에 그들에 관해 이야기하는 것을 좋아했다. 그런 그가 나치 면담 때문에 잠을 못 이뤘을 거라는 생각은 들지 않는다. 차분하게 연구자의 시각으로 바라봤던 켈리와 달리, 길버트는 수감자들에게 흥미를 느끼기는 커녕 아주 싫어해서 자기 속마음을 그대로 말하기도 했다. 그 밖에도 차이점은 더 있었다. 켈리는 임상경험이 아주 많았고 자신이 전투소진증 치료를 해줬던 수많은 군인들에게 연민의 감정을 드러냈던 반면, 군인들에게 동정심이 적었던 길버트는 훗날 이들을 '부적응 병사들'이라 썼던 것이다.[38]

방식과 기질의 차이는 1945년 성탄절 연휴를 앞두고 이들이 세운 휴가 계획에서도 단적으로 드러났다. 켈리는 그야말로 휴가를 떠났고, 길버트는 당시 사형 집행 대기 중이던 수용소 교도관들을 면담하러 다하우로 건너갔다.[39]

이처럼 서로 다른 방식 탓에, 이들을 좋아하는 수감자들도 달랐다. 편하게 대해주는 켈리를 좋아하는 이들도 있었고, 진중하게 격식 차리는 길버트를 좋아하는 이들도 있었다. 켈리는 수감자들이 몹시 이야기를 나누고 싶어 한다는 것에 주목했다. "이들과의 정신과 면담은 대체로 녹록하지 않았다. … 수감자들은 캐묻거나 채근하지 않을 때 주로 속내를 털어놓곤 했다."[40]


## 심 리 검 사


뉘른베르크에 의사-환자 간 비밀유지 같은 것은 없었다. 켈리와 길버트 둘 다 교도소 당국(앤드러스 교도소장)과 검찰 당국(잭슨 대법관)에 수감자와의 대화 내용이나 피고 측 법무팀이 준비한 변론 전략 일부를 보고했다. 심지어 검찰 측에 전략을 제안하기까지 했다.

켈리는 도노번에게 서신을 보내 괴링이 "도노번 소장님과 특별히 친분"이 있다고 주장했으며, "괴링은 소장님과 저[켈리]를 이 세상에서 진심으로 신뢰하는 단 두 명이라 생각한다"라고 보고했다. 여기서 켈리는 도노번에게 발두어 폰 시라흐가 이제 "괴링이 하던 말들을 따라 하기 시작했는데 이는 '법정에서 우리는 당연히 공동 전선을 펴야만 한다'는 취지"라고 경고했다.[41] 이에 질세라, 길버트 역시 검찰 측에 정례적으로 의견을 전달했다. 어느 평론가는 그를 가리켜 "정보라는 고깃덩이를 찾느라 땅을 헤집고 다니는 돼지 같다"라고 혹평하기도 했다.[42]

켈리와 길버트는 면담과 더불어 심리검사도 진행했다. 길버트는 웩슬러-벨뷰 지능척도를 독일어판으로 수정해 사용했고, 켈리는 로르샤흐 검사를 활용하여 수감자들의 사고와 동기를 파악했다.[43]

이들은 IQ 검사도 실시했는데, IQ 점수를 보면 106의 율리우스 스트라이허부터 143의 할마르 샤흐트에 이르기까지 지능의 편차가 드러난다. 수감자들은 마치 서로 SAT점수 이야기를 하는 미국 고등학생들처럼 자랑스레 각자의 점수를 비교했다고 한다. 뉘른베르크를 떠난 뒤 《뉴요커》 인터뷰에서 수감자들의 지능에 관한 질문을 받은 켈리는 이렇게 말했다. "[나는] 천재는 못 찾았다. 가령 괴링 같은 경우 IQ가 138로, 머리가 '꽤' 좋은 편이지만, 천재는 못 된다."[44] 수감자들의 IQ에 대한 켈리의 논평은 흥미로운데 그 이유는 물론 '켈리 본인도' 루이스 터번에게 바로 그렇게 인정받은 바 있는 진짜 천재였기 때문이다.[45] 한편 당시 실시했던 로르샤흐 검사는 수감자들에게도 관심의 대상이었던 모양이다. 괴링은 "나치 독일 공군에 그렇게 훌륭한 검사 기법이 없었다는 사실에 아쉬움을 표했다."[46]

켈리와 길버트는 같은 사무실을 쓰면서 각자 혹은 둘이 함께 수감자들을 검사하고 면담을 진행했다. 이들이 전범들의 답변에 대한 해석이나 검사를 두고 언쟁을 벌였다는 기록은 없다. 또한 정확한 이유는 알 수 없지만, 켈리와 길버트는 일부 수감자들을 대상으로 반복적으로 로르샤흐 검사를 진행했다.[47]

하지만 차츰 시간이 흐르면서 길버트는 자신이 업무의 대부분을 처리하고 있다고 생각했다. 길버트는 수감자의 면담 내용을 정리하고 기록해 켈리에게 전달했다. 야심이 많았던 이 두 사람은 이 문제가 얼마나 중요하며 훗날 내용이 공개됐을 때 자신들의 개인적 이력에 어떤 영향을 미칠 수 있는지 알고 있었다.[48]

## 켈 리 가    떠 나 다

1946년 2월 6일 켈리는 뉘른베르크를 떠났다. 1942년 이후로 아내를 만나지 못했던 그는 집으로 돌아가고 싶어 했다.[49] 또한 나치의 심리에 관한 책 집필을 시작하고 싶은 열망도 컸다. 켈리의 자리는 정신과의사 레온 골든손이 이어받았다.[50]

켈리가 뉘른베르크를 떠난 것을 두고 의견이 분분했다. 켈리가 언론 인터뷰를 하고 다니며 본인을 홍보하는 것에 분노한 앤드러스 교도소장은 쏟아지는 집중 조명이 켈리를 취하게 만들었다고 주장했다. 켈리는 특유의 열정으로 훌륭하게 인터뷰를 해냈고 기자들은 인상적인 기사를 쏟아냈다. 물론 진실인지는 의문일 때도 있었다. 켈리가 기자와 한 인터뷰는 이런 식이었다. "나는 사실상 헤스와 함께 살았다." "괴링은 진통제를 마치 땅콩이라도 되는 듯, 책을 읽거나 이야기를 나누는 동안 던져서 입으로 받아먹었다."[51] 괴링은 "남을 지배하려 들고 공격적이며 매정한 성격이지만 간혹 부드럽게 굴 줄도 아는 유쾌하고 외향적인 인물"이며, 히틀러가 주위에 예스맨들만 남겨두었기 때문에 괴링이 "모든 노맨은 저 땅 밑에 묻혀 있다고 답했다."[52]

이런 켈리의 인터뷰에 대해 앤드러스 교도소장은 1946년 9월 6일 미 전쟁부에 서신을 보내 불만을 쏟아냈다. "[그가] 이곳을 떠난 것은 어쨌든 좌천입니다. 보안 규정뿐 아니라 재판소 측의 방침까지 어기고 명령에 불복종하면서 신문 기자들에게 정보를 주고 있었다는 의혹을 받았기 때문입니다." 특히 켈리의 〈선데이 익스프레스〉 1946년 8월 25일자 인터뷰에 격분한 앤드러스는 이렇게 탄식했다.

> 켈리 박사는 줄곧 직무에서 이탈해 있는데 저는 어떤 조치가 가능한지 몰라 난감했습니다. 다만 지금 이를 보고하는 것은 뭔가 조치를 취할 수 있으리라는 희망에서입니다. … 첨부 기사를 보시면 거의 모든 행마다 국제군사재판소 방침을 위반하고 있으며 이는 완전한 배임 행위에 해당합니다. 뿐만 아니라, 켈리가 피고인들이 했다며 언급한 말들과 관련해서 저는 대부분 잘못 인용되고 있다고 봅니다.[53]

〈선데이 익스프레스〉의 부제들은 앤드러스를 비롯한 여러 사람을 그토록 화나게 만들었던 켈리의 보여주기 식 언행을 잘 보여준다. "히틀러의 위장이 모든 일의 화근. 리벤트로프는 메달을 원했다. 히틀러는 왜 결혼을 미뤘는가."

앤드러스는 켈리가 떠나서 속이 시원했지만, 수감자들 대부분은 서운해 했다. 실제로, 1945년 12월 26일, 나치 독일의 동부 점령지 장관이었던 알프레드 로젠베르크는 켈리에게 서신을 보냈다. "선생님께서 뉘른베르크를 떠나신다니 서운합니다. 여기 함께 갇혀 있는 전우들도 마찬가지고요. 인간적으로 대해주셨던 것은 물론이고 저희가 그랬던 이유를 이해하려 애쓰셨던 것도 감사합니다. … 앞으로 선생님의 삶에 행운이 깃들기를 빕니다."[54] 한동안은 정말로 행운이 켈리와 함께했던 것으로 보인다. 하지만 그 안에 있던 내면의 악마들은 그를 끈질기게 뒤쫓았다.

뉘른베르크

제3부

악의 얼굴들

ANATOMY
of MALICE

# 나쁜 뇌
## 로베르트 레이

내겐 노동 질서, 공장 생산, 국가사회주의 제도에 대한 노동자의 신뢰와 관련하여 정신적 책무가 있었다. 그리고 내가 임무를 완수했음은 이미 입증된 사실이다. … 1945년 5월 1일 이전까지는 파업도 없었고 사보타주도 보고된 바가 없었다. 오히려, 외국인 노동력을 쓰는데도 군비 생산이 꾸준히 늘었다. 나는 이보다 더 나은 신임투표는 없다고 생각한다.

로베르트 레이, 회고록, 1945

나치의 외국인 노동 정책은 곧 대량 추방과 대량 노예화 정책이었다. … 외국인 노동자들을 혹사시키면서 대가는 제대로 제공하지 않고, 온갖 수모와 비인간적인 잔학 행위를 저질렀다.

토머스 도드, 검사, 강제 노동에 관한 뉘른베르크 재판 진술, 1945년 12월 11일

악의 얼굴들

# 그  사 람 의  뇌  좀  주 겠 소 ?

뉘른베르크의 피고들은 제각각 나름대로 흥미로운 인물들이었다. 이 책에서 누구를 다룰지 고르기가 힘들 정도였지만, 배경이나 행동 면에서 천양지차인 인물 넷을 최종적으로 선택했다. 앞서 2장과 4장에서 그들을 만나봤으니 이제 각 인물별로 상세하게 묘사해볼 차례다. 이들은 권력을 쥐고 있는 동안 어떠했을까? 교도소 안에서 이들을 본 켈리와 길버트는 어떻게 생각했을까? 법정에서의 운명은 어떻게 되었나?

왜 이 네 명인가? 그중 두 명(루돌프 헤스와 율리우스 스트라이허)은 정신 의학적으로 수많은 신호를 보냈던 인물이어서 재판소 측에서 정신감정을 공식 의뢰할 정도였다. 로베르트 레이는 교도소 안에서 자살했으며, 뇌를 부검한 연구원들은 레이의 악<sup>惡</sup>은 뇌의 병리학적 이상에서 기인했다는 이론을 제기했다. 헤르만 괴링은 일단 주요 피고였던데다 나치 관료 중 최고 서열이었기 때문에 선택했다. 사망 순서에 따라 등장시킬 예정이므로, 로베르트 레이 이야기부터 하기로 한다. 로베르트 레이는 피고들 가운데 가장 복잡한 인물 중 하나로, 거의 잊혔으나 결코 잊어서는 안 될 인물이다.

1945년 스스로 목을 맬 당시, 로베르트 레이는 자신이 미국 내 다양한 학계의 소원을 성취시켜주었음을 알 길이 없었을 것이다. 학자들은 로버트 잭슨 대법관에게 전범들의 뇌를 요청하는 서신을 보냈던 터였다. 4장에서 언급했던 대로 학자들은 서면으로 이렇게 요청했다. "피고가 유죄 및 사형선고를 받을 경우, 사체 특히 뇌 부위에 대한 면밀한 부검을 할 필요가 있을 것입니다. 그러므로 유죄선고 후 총살형 집행 시 두부 대신 흉부에 총격을 가하도록 해주십시오."[1]

전범들을 통틀어 오직 레이만이 그들의 소원을 이뤄줬고, 레이의 뇌는

면밀한 부검이 이뤄졌다. 나머지 전범들은 뇌 속에 비밀을 간직한 채 화장되어 사라졌다.[2]

오래된 기존의 의학적 전통에서는 악을 뇌 손상—말하자면, 나쁜 뇌—과 연관시킨다. 신경계와 결부된 이런 설명이 당시 뉘른베르크에서 지배적인 분위기였던 것은 전혀 놀랍지 않다. 특히 로베르트 레이의 경우 이는 더욱 두드러졌다. 심각한 두부 손상 이력도 있었고 정신감정이 필요해 보일 만큼 비정상적인 뇌였기 때문이다.


## 광적인 히틀러 추종자

로베르트 레이는 독일노동전선의 수장이라는 온건한 이름의 직책에 있었다. 독일 노동자의 95%를 통솔하는 자리였다. 이 지위를 이용해 레이는 나치당의 노선을 지지하지 않는 노조 활동가들을 살해하도록 지시했고 독일 전역에 공장을 세워 노역을 지휘했다.

레이는 프로파간다 활동으로도 기소됐다. 가톨릭교회에 대해 분개했던 그는 여러 다른 당원들과 마찬가지로 반유대주의 신문의 편집자로 일하기도 했다. 레이가 썼던 글을 보자. "뼛속까지 타락했고 … 구역질이 날정도로 부패했으며 여느 추잡한 생물들처럼 비열하다. 국가사회주의라면질색을 하던 유대인들이 하는 귀족적 파벌이라는 게 이런 것이다. … 우리는 이 더러운 것들을 없애버리고 발본색원해야 한다."[3] 또 다른 글에서는 이렇게 적기도 했다. "물론 유대인도 사람이다. … 그러나 벼룩 역시 동물이다. 그리 유쾌하지 않은 존재일 뿐이다. 그리고 벼룩은 유쾌한 동물이 아니므로, 우리는 벼룩을 보살피거나 보호하는 것을 의무라 여기지 않는

악의 얼굴들

**사진 12.** 체포 당시의 로베르트 레이. (미국 홀로코스트 추모박물관의 동의 하에 재게재, 헨리 플리트 제공)

다. 번식하게 놔두면 우리에게 달라붙어 통증과 고통을 안길 테니, 벼룩이 우리에게 해를 끼치지 않게 만들어야 한다. 그리고 이는 유대인들에게도 적용되는 이야기다."[4]

1890년 라인 지방의 가난한 농가에서 태어난 레이는 2장에서 말한 것처럼 제1차 세계대전 중 두부에 심각한 손상을 입었고, 이후 평생 말을 더듬었다. 제1차 세계대전 이후 불안정한 삶을 살던 레이는 항상 술에 절어 있었지만 그럼에도 불구하고 복학하여 우등으로 화학박사 학위를 취득했다. 잠시 I. G. 파르벤 화학회사에서 일하기도 했으나 음주 문제와 나치에서의 정치 활동 이력 탓에 해고됐다. 이후 파르벤에서 일하던 시절을 떠올린 레이는 히틀러에게 전쟁에 치명적 화학무기를 사용하도록 권하기도 했다.

레이는 광적일 정도로 히틀러에게 충성했고 나치를 "우리의 수도회이자 우리의 집"이라 여겼으며 "나치 없이는 우리도 살 수 없다"라고 주장했다.[5] 히틀러는 메시아였고 유대인은 악마였으며 제2차 세계대전은 선과 악이 대결하는 종말론적인 거대한 싸움이었다. 이 전쟁에서 승리하기 위해 독일은 단합된 조화로운 국가가 필요했다.

레이는 당의 주요 선전원이었다. 전쟁이 끝나고 미 연합통신이 레이가 남긴 말을 일부 인용한 것을 보면 전쟁에 대해 어떻게 생각했는지를 엿볼 수 있다. "전쟁은 축복이다. 전쟁은 인간다움의 최고, 최상급 표현이다." 아울러 미국에 대해서는 이런 말을 남겼다. "증오! 증오! 증오의 대상이지! 독일인이면 누구나 유대민족과 자본주의 세계의 중심인 미합중국에서 온 악당들, 살인자들, 암살자들을 증오해야 한다. … 이 전쟁에서 이런 혼혈 미국인들과 타협 따위는 있을 수 없다. 자신들과는 상관도 없는 전쟁에서 사람을 죽이겠다고 바다를 건너오는 놈들이니까."[6]

레이는 국제노동대회에서 늘 국가사회주의를 노동자들의 천국이라 칭송하며 정치선전을 하고 다녔지만, 외교임무 수행은 그다지 성공적이지 못했다. 한번은 국제노동대회에서 평소보다 술을 더 많이 마시고는, "누군가가 바나나를 미끼로 써서 정글 밖으로 꾀어낸" 것 같다며 라틴아메리카 측 대표단을 왕따시키기도 했다.[7]

다른 당원들이 '웃기게 생긴 괴물'이자 '괴상한 이상주의자'라며 등을 돌리자, 레이는 기댈 만한 충성스런 독일 노동자 집단을 조직하겠다는 목표를 세웠다.[8] 노동자들이 협조만 한다면 이들의 안락한 삶을 위해 힘닿는 데까지 무엇이든 할 생각이었다. 레이는 노동자들을 위해 싸우는 투사였고 여성 노동자들의 동일임금과 의무휴가제를 지지했으며, 초과노동 대신 더 많은 노동자들을 고용할 것을 주장했다. 더 나은 주거환경, 인도적

악의 얼굴들

노동조건을 만들고자 했으며, "기쁨을 통한 힘"strength through joy 운동을 전개했다. 이 최종 목표를 뒷받침하기 위해 레이는 노동자들을 위한 여행사를 차린 뒤 알차고 저렴한 휴가 상품들을 내놓았는데 당시 엄청난 인기를 끌었다. 독일 노동자의 85퍼센트가 이 프로그램들을 이용해 라인 강에서 유람선을 타거나 북해 해변에서 휴가를 즐겼다.[9] 심지어 레이는 노동자들을 위해 유람선을 한 척 구입하기도 했는데, 겸손하게도 그 배에 '로베르트 레이'라는 이름을 붙였다. 또한 폴크스바겐을 독일의 국민차로 만드는 데 기여했고 조립식 공정을 옹호했다. 레이는 행복한 노동자는 생산성 높은 노동자가 될 것이며, 게슈타포(나치 독일의 비밀경찰_옮긴이)의 감시와 보호하에 이 모든 광범위한 혜택이 제공될 것이라 주장했다. 다른 나치 지도자들은 레이의 영향력이 확대되는 것을 시기했고, 노동자들을 위한 이러한 모든 혜택의 가치에 대해서도 의구심을 품었다. 가령, 괴링은 콧방귀를 뀌며 이렇게 말했다. "노동전선은 힘을 좀 더 늘리고 기쁨은 좀 줄여야 해."[10]

다른 한편, 레이는 친절한 미래주의자인 동시에 나치당을 위해 싸우는 맹렬한 투사이기도 했다. 노동자들이 협조하지 않을 경우—예를 들면, 파업을 하거나 당에 대립각을 세우면—제거하곤 했다. 노동자들을 통제하기 위해서라면 얼마든지 배신할 준비가 된 인물이었던 것이다. 레이의 무자비한 성격은 당의 입장에 반대하는 노동계 지도자들을 대하는 데서 일찌감치 드러났다. 1933년 노동절, 나치당은 퍼레이드와 불꽃놀이로 노동자들의 노고를 치하했으나, 바로 다음날 노조 건물을 급습하여 간부들을 체포하고 노조의 계좌를 동결시켰으며 노조 신문을 폐간시켰다. 레이가 잔인성을 명백히 드러낸 사례는 그 밖에도 많았다. 연합군이 독일 국경을 돌파했을 때, 레이와 괴벨스는 독일 내 침입 세력에 대항해 게릴라전을 수행하고 사보타주와 암살을 실행할 베어볼프<sup>Werwolf</sup>(늑대인간이라는 의미_옮긴이) 부대를 창설했다. 이들은 결국 3~5천 명의 인명을 살상하게 된다.[11]

레이는 복잡다단한 인물이었다. 사치스러운 생활을 영위하면서도 가난했던 어린 시절을 늘 기억했고 최하층계급의 사기를 북돋우는 데 노력을 집중했다. 레이는 이렇게 말했다. "자신이 인간 사회 속에서 가치 없다고 깨닫는 순간만큼 수치스럽고 모욕적인 것은 없다."[12]

느닷없이 화를 내는 일이 잦았고, 보통의 나치 수뇌부보다도 훨씬 부패했다. 음주 문제는 전설로 회자될 정도였다. 1937년에는 술에 취한 채 원저 공작 부부를 차 뒷좌석에 태우고 뮌헨 시내를 질주하고 다녔다. 훗날 보좌관 한 명은 이렇게 회상했다. "차를 몰고 잠겨 있는 출입문들까지 돌파한 뒤 가건물들 사이를 전속력으로 왔다 갔다 하는 바람에 노동자들이 공포 속에 떨었고 몇몇은 차에 치일 뻔 했다." 다음날 히틀러는 괴링을 불러 레이가 공작을 죽게 만들기 전에 방문 안내를 일임 받으라고 지시했다.[13] 인내심의 한계에 도달한 나치 수뇌부가 알베르트 슈페어에게 레이의 임무 태반을 넘겨준 것이다.


## '나는 국가사회주의자일 뿐 범죄자가 아니다.'


1945년 미국에 체포된 레이는 자신을 전범으로 규정하는 것에 격분하며 국제법의 소급 적용은 불법이라며 항의했다. "상황이 다 종료된 뒤에 법을 제정하다니 이해할 수가 없다. 하느님도 십계명을 먼저 만들고 그 다음에 사람들을 심판했다."[14] 뉘른베르크 재판을 기다리는 동안 레이는 켈리와 길버트에게 이렇게 말했다. "우리를 벽에 세워두고 총살하시오. 뭐

악의 얼굴들

당신네들이 승자니까 어쩔 수 없는 거 아니겠나. 하지만 대체 내가 왜 법정에 끌려들어가야 한단 말인가, 그, 그거[범죄자]라도 되듯이 말이야. … 난 입도 뻥긋 안 할 거요!"[15] 담당 변호사에게도 동일한 맥락의 주장을 했다. "승자가 혐오스런 적을 섬멸시켜야 한다고 생각하는 것은 이해할 수 있습니다. 나는 지금 총격이나 사형을 당할까봐 스스로를 변호하려는 것이 아닙니다. 내 자신을, 그것도 모든 권리를 동원하여, 변호하려는 것은 내가 범죄자라는 낙인이 찍히고 법적 근거도 없이 그저 분위기에 휩쓸려 재판이 진행되는 것을 막기 위해서입니다. … 나는 독일인이자 국가사회주의자일 뿐, 절대 범죄자가 아닙니다."[16]

교도소 내 심문 과정에서 나치의 패전을 놓고 이야기할 때 레이는 놀라우리만치 허심탄회하면서도 통찰력 있는 모습을 보였다. 1945년 9월 1일에는 이렇게 말하기도 했다. "지금으로서는 이렇게 말하고 싶다. … 어떤 한 가지가 우리를 망가뜨려 놓았다. 외부적으로뿐만 아니라 우리 내부도 말이다. … 우리는 인간의 의지로 무엇이든 할 수 있으며 천국의 연민은 필요치 않다고 믿었다. 재앙[즉, 패전]은 우리에게 다른 가르침을 주었다."[17]

레이의 심문 과정에서는 회한, 통찰, 엄청난 오판 등이 한데 엉켜 드러났다. 그는 독방에서 죽은 아내와 전쟁에 관한 이야기를 나누었다고 했고, 자신이 시온주의 지도자 하임 바이츠만과 이야기를 나눌 수만 있다면 유대인들이 자신을 용서해주리라고 생각했다. 또한 반유대주의자들과 유대인들로 이루어진 위원회를 구성하고 싶어 했던 레이는 미국 내에 비#반유대주의 나치당을 창설하고자 했다.[18]

레이의 말은 알아듣기가 어려웠던 탓에 심문은 쉽지 않았다. 말을 더듬기도 했지만, 워낙 흥분을 잘하고 너무도 거침이 없었기 때문이었다. 통역사 존 돌리보이스의 기록에 따르면 레이는 의자에서 펄쩍 뛰어오르기도 하고 양팔을 흔들고 서성대는가 하면 면담 때마다 적어도 세 번은 소리를 지르곤 했다.[19] 켈리는 레이가 고래고래 소리를 질러대며 이야기를 시작하지 않고서는 "그 어떤 일관된 대화도 이어나가기가 완전히 불가능했다"라고 적었다. "가만히 서 있다가 마루를 서성댔고 양팔을 휘두르다 점점 더 과격한 손짓을 한 다음 소리를 지르곤 했다."[20]

한번은 뉘르베르크의 심문관이 나치당이 어떻게 조직됐는지 묻자 레이는 급히 화제를 돌리며 국가의 성격, 혈통과 인종, 존재, 에너지, 힘의 중요성에 관한 자신의 신비주의적 사상을 장황하게 떠벌렸다. 레이의 답변 중 일부만 발췌 인용하는 이유는 아쉬칸의 방청인들이 수개월 전 언급했던 내용에 비추어 보면 의미연상의 흐름에 다소 맞지 않는 부분이 있기 때문이다.

민족의 지위가 높아질수록 요구는 더 많아진다. 자연히 다양한 요구, 이를테면 노동, 교통, 문화 조직에 대한 요구가 생긴다. 수많은 조직적 배치가 필요해진다. 우선 중요한 것은 국가의 근본 실체나 그 국가 특유의 느낌—국가의 혈통, 인종, 존재, 역사적 배경—을 발견하는 일이다. 에너지법칙과 비교해보면, 이는 마치 하나의 커다란 힘의 장場과도 같다. 개인은 이러한 힘들을 스스로 인지해야 하고, 본인이 민족이라는 존재와 함께 살아남았을 때 그 힘들을 더 잘 인지할 수 있다. 국가는 그 민족이 자신들의 요구를 충족하기 위해 세운 개념이며, 민족은 국가를 늘 자신의 동반자이자 당파로 간주했다.[21]

일주일 뒤 레이는 본인이 저지른 일들에 대해 심문을 받았다. 아래 기

악의 얼굴들

록을 보면 레이 자신이 원래 있던 노조와 간부들을 그야말로 어떻게 해산시켰는지에 관한 내용은 생략하고 있다. 사실, 그들은 파괴되고 살해당했다.

> 물론 우리는 노조의 기능을 해산시키기는 했으나, 대신 이런 것들을 새로 도입했다. 기쁨을 통한 힘, 여가 시간, 넉넉한 휴식, 작업장 내 상근 의료진 배치 등 충분한 보건 사업을 진행했을 뿐 아니라 대대적인 전문 교육 프로그램도 실시했다. 또한, 표준 작업장, 즉 수백만 노동자들이 공장에서 따를 일반 지침들을 제시하여 전반적인 효율 제고 프로그램을 실시하고, 대규모 주택 건설 사업과 수백만 민중을 대상으로 한 공교육 프로그램을 도입했다. … 나는 독일인 노동자나 외국인 노동자 모두의 운명을 최대한 행복하게 만들기 위해 애를 썼다. … 이 이상적인 조직이 다른 나라에는 도입되지 않아 각 민족을 이롭게 하지 못하게 된 것이 너무도 안타깝다.[22]

레이는 1945년 10월 기소장을 받았는데, 어쨌든 그로서는 충격이었다. 적군 취급을 받는 것은 그렇다치더라도 범죄자로 간주되는 것은 자신에게 모욕이라 생각했다. 5월부터 투옥된 상태였고 계속 심문을 받고 있었음에도 불구하고, 공식 기소되기 전까지는 심문 내용과 관련된 혐의를 완강히 부인했다. 법정에서 자신을 대변할 변호인단 목록을 받아든 레이는 이렇게 대꾸했다. "혹시라도 가능하다면, 이왕이면 유대인을 내 변호인으로 쓰고 싶군."[23]

2주 뒤 레이는 죽게 되지만, 재판소의 처분에 의한 것은 아니었다. 1945년 10월 25일, 레이는 수건 몇 장을 길게 이어 올가미를 만들고, 신음 소리를 죽이기 위해 자기 입에 팬티 여러 장을 채워 넣었다. 그러고는 천천히 수건으로 만든 줄 반대쪽 끝을 개수대 배관에 묶은 다음, 변기 위에 앉아 몸을 앞으로 숙여 스스로 목을 맸다. 훗날 앤드러스 교도소장은 이렇게 언급했다. "참으로 기막힌 죽음이지. 제 똥무더기 위에서 제 아랫도리에 걸치는 속옷으로 목을 조르다니."[24] 앤드러스의 냉소적인 논평은 차치하더라도, 레이의 자살은 재판이 시작된 마당에 좋은 징조는 아니었으며, 앤드러스도 이를 잘 알고 있었다. 앤드러스는 교도관 수를 늘리고 자신이 관할하는 교도소에서 이제 자살은 없다고 공표했다. 여기에 딱 맞는 그리스어 단어가 있다. 휴브리스[hubris](오만이라는 뜻_옮긴이).

레이는 자살 전 여러 장의 유서를 남겼다. 그중 하나에서는 자신이 교도소에서 부당한 대우를 받지는 않았음을 분명히 하고자 애를 썼고, 또 다른 유서에서는 자신이 전쟁 중에 했던 활동들에 대한 회한과 죄책감을 드러냈다.

> 부끄러워서 더는 견딜 수가 없습니다. … 저는 책임자 중 한 명이었습니다. 좋은 시절에, 우리의 계획과 소망을 성취해가는 동안, 저는 히틀러와 함께했습니다. 이제 칠흑 같은 날들에도 그와 함께 있고 싶습니다. 제가 한 모든 일들에 하나님께서 저와 함께했습니다. … 우리가 하나님을 버렸으므로 우리도 하나님께 버림을 받은 것입니다. 반유대주의는 우리의 시선을 왜곡시켰고, 우리는 엄청난 과오를 저질렀습니다. 실수를 인정한다는 건 힘든 일이지만 우리 민족의 존재 자체가 달린 일입니다. 우리 나치는 용기를 내어 스스로 반유대주의를 몰아내야만 합니다. 젊은이들에게 그것은 실수였다고 선언해야 합니다.[25]

레이의 자살 소식을 들은 다른 수감자들은 무덤덤할 따름이었다. 관내 상근 의사였던 르네 H. 주클리는 도노번 소장에게 동료 수감자들은 레이를 "터무니없는 공상가이며, 그가 꿈꾸는 것들은 말하는 것만큼이나 모호하다"라고 생각하며 "[레이의] 죽음은 15년 전에 이미 일어났어야 하는 일"이라 느낀다고 보고했다. 독일제국의 경제장관이었던 할마르 샤흐트는 신랄하게 이렇게 덧붙였다. "그는 그저 상황이 지연된 것을 한탄했을 뿐이다." 괴링은 "아주 지긋지긋"해 했고, 스트라이허는 "그런 약골과 함께 갇혀 있다는 게 수치스럽다"라고 했다. 히틀러 유겐트 단장이었던 발두어 폰 시라흐는 레이의 죽음은 나머지 다른 사람들에게 부당할 뿐 아니라 비겁한 처사라고 생각했다. 더 이상 레이가 자신들의 변론에 도움이 안 되기 때문이었다.[26] 이 집단은 공감 능력이 부족했지만, 비열함만큼은 확실히 넘쳐났다. 이러한 공감 결핍은 나치 수뇌부의 정신병리에 관한 새로운 주장들의 골자가 된다.

### 전 두 엽   손 상   환 자

길버트는 10월 23일에 도착했고 레이가 그로부터 이틀 뒤 자살했으므로, 레이를 관찰한 것은 몇 차례에 불과했다. 그러나 켈리는 레이의 뉘른베르크 도착 초기 생활은 물론이고 아쉬칸에서의 시절도 알고 있었다. 6주간 레이를 매일 관찰해왔던 터라 켈리는 관련 내용을 요약하여 뉘른베르크의 내부치안분견대 지휘관에게 보고했다. 레이가 스스로 목숨을 끊기 불과 며칠 전이었다. 켈리의 메모를 읽어보면 정신상태 검사서에서 흔히 읽히는 흐름이 감지된다.

정신운동반응 정상 및 태도와 행동 정상. 심리상태는 정상이나 정서는 극도로 불안정하다. 레이는 쉽게 흥분하며 뚜렷한 감정불안을 나타낸다. 다행증(흥분성 감정 장애_옮긴이) 경향을 보이나 만족감은 정상이다. 감각기관은 손상 없음. 이해력이 우수하고 판단력 양호함. 로르샤흐 검사 결과, 색채나 음영 반응을 통해 정서불안정과 전두엽 손상 징후가 확인된다. … [그는] 자살 가능성이 가장 높은 수감자 가운데 한 명이다. 오래전 머리 부상에 이은 극도의 불안정 때문 … [레이는] 법적 능력은 있다.[27]

레이의 로르샤흐 반응 부분과 관련하여 켈리는 이렇게 적었다. "로베르트 레이의 로르샤흐 검사 기록의 전체적인 그림은 전두엽 손상 환자의 사례와 정확히 일치한다."[28] 다른 보고서에도 켈리는 레이의 "통제 중추는 … 기능이 이미 정지됐다"라고 적었다.[29]

로르샤흐 반응의 세부 내용은 굉장히 흥미롭다. 레이는 걸핏하면 옆길로 샜다. 다음은 켈리가 기술한 내용 그대로다. "4번 카드(292쪽 참조)에서 '털을 잔뜩 세운, 익살맞은 곰' 한 마리를 본 레이는 질문에 이렇게 대답했다. '머리와 이빨 그리고 근사한 다리들이 보이네요. 그림자가 있고 팔은 특이해요. 살아 움직이는 모습이 마치 유럽에서 퍼져나가던 볼셰비즘을 상징하는 듯해요.' 이렇게 시작하고 나면 쉴 새 없이 이야기가 계속돼서 우리는 결국 볼셰비즘 이야기를 중단시키고 로르샤흐 검사카드 이야기로 돌아가게 해야 했다."[30]

무엇보다도 레이의 판단력 결여와 정서 불안정에 강한 인상을 받은 켈리는 이런 증상이 전두엽 손상 때문이라고 생각했다. 여하튼 레이는 미국의 노동 문제를 해결하기 위해 미국으로 이민을 가겠다는 과대망상에 가까운 꿈을 꾸고 있었고, 자살을 며칠 앞두고서도 '헨리 포드 경'에게 일자리를 부탁하는 편지를 보냈던 것이다. 자신이나 포드 모두 자동차업계에 있었고 둘 다 반유대주의자이므로 잘 맞는 동업자가 될 것이라는 내용이었다.[31]

레이의 자살과 관련하여, 켈리는 1946년 다음과 같은 냉소적인 글을 남겼다. "레이가 친절하게도 자기 뇌를 사후부검에 쓸 수 있게 해주어, 우리로서는 임상 및 로르샤흐 연구결과를 확인할 수 있는 흔치 않은 기회가 생겼다."[32]


## 레 이 의    뇌

레이의 죽음은 말 그대로 나치 간부의 뇌를 손에 넣을 수 있는 기회였다. 적어도 대중 매체가 이야기하는 방식만큼은 그랬다. 실제로, 레이의 뇌는 뉘른베르크에서 정밀검사가 가능했던 유일한 뇌였다. 레이가 자살하고 몇 시간이 지나지 않아 뇌는 시신에서 적출되어 워싱턴 D.C.의 군병리학연구소로 보내졌다. 당시 저명한 신경병리학자 웹 헤이메이커가 레이의 뇌를 부검했다. 노란색 유선지에 연필로 적은 최초 보고서에 따르면, 뇌 표면의 주름(고랑sulci)이 확장되고 막(뇌척수막)이 두꺼워지면서 뇌 위축이 시작된 상태였는데, 이는 오래전 두부 손상으로 야기되었던 것으로 보인다. 헤이메이커는 다음과 같은 소견을 덧붙였다. "지금 우리가 보는 것은 전두엽의 만성적 퇴행성 위축 사례다. … 다년간의 퇴행 혹은 '만성 뇌질환'으로 보이며, 병인은 알 수 없다."[33]

헤이메이커는 전두엽이 "억제를 담당하는 중심부로, 대부분의 사람들은 이 통제 중추 덕분에 폭력 행위를 자제한다. 우리가 같은 인간에게 연민을 느낄 수 있는 것은 이 부위 때문"이라고 설명했다.[34] 레이의 뇌를 현미경으로 검사한 결과, "레이 박사의 지적, 정서적 능력을 손상시킬 정도의 충분한 기간과 강도로 만성 뇌질환이 있었고, 이는 그의 행동과 감정에서 관찰됐던 이상 징후를 충분히 설명한다."[35]

이 소식이 전해지자 〈새러소타헤럴드트리뷴〉은 군 의무감醫務監인 터크 소장이 이러한 변화들은 "[레이의] 이상행동을 설명하기에 충분"하다고 말했다고 인용보도했다. 이에 질세라 《라이프》는 헤이메이커가 레이의 뇌를 절개하는 모습과 함께 기사를 실었다. 〈워싱턴타임스헤럴드〉에서 AP가 뽑은 헤드라인은 단순했다. "레이의 뇌는 뒤틀려 있었다." 〈워싱턴포스트〉는 좀 더 절제했다. "나치당원 레이의 뇌에서 질환이 발견됐다."

레이의 좌측 대뇌반구는 〈사진 13〉에 나와 있다. 고랑, 즉 뇌의 주름이 확장되고 전두측두엽에 약간의 위축이 있음을 볼 수 있다. 좌상挫傷(외부 충격으로 인한 피부 표면 손상은 없으나 내부의 조직이나 내장이 다치는 일_옮긴이)의 증거는 없으나, 뇌를 둘러싼 막이 섬유화되고 두꺼워진 상태. 심각한 알코올중독과 영양실조가 동반되면 대개 뇌내 유두체들이 변형된다. 헤이메이커는 틀림없이 이 문제를 확인했을 텐데 이 점에 대해 침묵한 것으로 미루어 볼 때 우리는 유두체의 이상은 없었으리라 짐작할 수 있다.

켈리는 레이의 전두엽 손상이 제1차 세계대전 당시 두부의 부상으로 인한 것이라 생각했으며, 부상 이후 레이가 몇 시간 동안 의식이 없었던 사실을 지적했다. 이뿐만 아니라, 레이는 1930년 자동차 사고로 머리에 두 번째 부상을 입었다. 이미 장시간에 걸친 의식불명 상태를 겪은 뒤라 말 더듬는 증상이 더욱 악화됐고 심한 이명耳鳴까지 생겼다.[36] 켈리는 이렇게 덧붙였다. "… [말 더듬는 증상을] 이겨내기 위해 알코올에 의존했다. 술을 많이 마시면 더듬는 정도가 약화되었기 때문이다."[37] 양측 전두엽의 변형을 확인한 병리학자들은 전두엽 변형이 외상성 손상을 나타내는 것이라는 켈리의 소견에 동의하지 않았다. 대신, 뇌질환의 원인을 알코올남용에서 찾았다.[38]

레이의 뇌와 관련된 이야기에는 중요한 후일담이 있다. 헤이메이커는 다른 의사의 의견을 듣고자 동료에게 신경병리학적 소견을 부탁했다. 샌프란시스코 소재 랭리포터 신경정신의학연구소의 네이션 맬러머드 박사는 해당 조직을 니슬 및 반 기슨 염색(피크르산과 산성 푸크신 염료를 혼합하여 콜라겐과 타 조직을 분리 착색시키는 방법_옮긴이)으로 검사한 뒤 1947년 3월

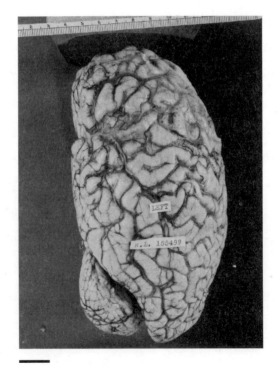

**사진 13.** 로베르트 레이의 좌측 대뇌반구. (더글러스 켈리 제공)

31일에 이렇게 회신했다. "미리 그 가능성에 대해 언급했듯이, 저는 이 경우 어떤 명확한 병리도 찾아낼 수가 없습니다. 적어도 임상적으로 기관의 이상을 의심할 만한 병리는 없었습니다. 검사결과에 대해서는 … 사후 혹은 고정 간섭현상(시신에 발생하거나 검사용 조직을 안정화시키는 과정에서 발생한 현상 가운데 정확한 사인 진단이나 법의학적 해석에 지장을 초래할 만한 요인_옮긴이) 때문에 판단이 어렵습니다. 그러나 감히 말씀드릴 수 있는 것은 변형이 그리 심하지는 않다는 겁니다. … 고정이나 파라핀 포매(包埋)로 인한 간섭현상을 감안한다 하더라도, 조직학적으로 볼 때 비정형의 만성 미만성 뇌질환 사례에 해당합니다."[39]

현미경 검사결과는 맬러머드 박사의 해석을 뒷받침하고 있다(〈사진 14〉). 약간의 고정 간섭은 보이지만 매독의 증거(소교세포의 과형성이나 혈

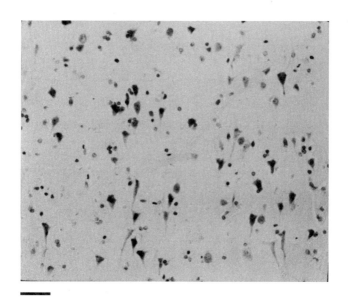

**사진 14.** 로베르트 레이의 뇌 현미경 사진.(더글러스 켈리 제공)

악의 얼굴들

관 주위 혈장세포 침윤, 신경세포 소실 등)나 알츠하이머씨 병의 증거(반점이나 엉킨 덩어리) 또는 픽 병의 증거(신경세포 내 내포체)도 보이지 않는, 별다른 특징 없는 슬라이드 한 장이다. 여기에 일말의 악의가 있었는지는 알 수 없으나, 슬라이드 상에서는 식별이 불가능했다.

맬러머드의 소견을 받아 든 헤이메이커는 1947년 12월 15일 켈리에게 서신을 보냈다. "해당 사례를 면밀히 검토한 결과 일부 변형을 발견했으나 우리가 처음에 생각했던 것에 비해 작은 범위에 해당했습니다. 개인적으로는, 전부 건드리지 말고 그대로 두는 편이 낫겠다는 생각이 듭니다. 변형의 정도에 대해서는 사람마다 견해차가 있을 수 있으니까요."[40]

의학적 발견에 대한 언론 보도가 으레 그렇듯, 이 역사적인 기록을 바로잡기 위한 노력은 하나도 없었다. AP 독자들에게 로베르트 레이의 행동은 분명히 나쁜 뇌 때문이었다. '나쁜 뇌였든 아니든' 레이는 프랑켄슈타인 같은 괴물은 아니었다. 사실 레이야말로 자신이 저지른 일들에 대해 후회를 표했던 몇 안 되는 뉘른베르크 피고 중 한 명이었다.

나치 전범 전원 가운데 레이는 21세기 들어 분명히 달리 평가될 만한 인물이었다. 어쨌든 레이의 신경정신질환 사례는 수많은 의문을 제기했다. 두부에 두 차례 부상을 입었고 장시간 의식불명이었으며, 한동안은 완전 실어증을 겪었다. 이후 계속해서 레이는 심각한 말더듬 증세를 보였던 것으로 기록돼 있으나, 되짚어보면 그것이 표현성 실어증(이해는 가능하나 말을 하거나 글을 쓰는 등 구사능력에 장애가 생긴 경우_옮긴이)이었는지는 의문이다. 반복된 사고로 레이는 충동적인 성향과 예측불허의 행동을 보였으며, 익히 알려진 대로 알코올중독 때문에 상태가 더욱 악화된 것이 분명하다.

요즘 같아서는 레이의 충동성을 상세히 기록하고 심리검사도 병행하여 그 정도를 정확히 파악했을 테고, 이에 그치지 않고 기억력과 판단력에 대한 측정도 이루어졌을 것이다. 무엇보다도 신경영상을 이용해 뇌 손상 정도를 파악했을 것이다. 물론 이러한 평가들은 일정한 절차대로 이루어졌을 것이다. 뇌 생검을 할 경우, 최신 착색(면역조직화학) 기법이 동원된다. 레이가 재판을 받았더라면, 이 모든 소견은 담당 변호사 책상 위에 놓였을 것이고, 법정에서는 그 소견들의 관련성을 저울질하느라 고심해야 했을 것이다.

악의 얼굴들

**6**

# 호감형 사이코패스
## 헤르만 괴링

괴링은 궁극의 이기주의자이자 최고의 거짓말쟁이인 동시에 매력적인 악
당이다.

토머스 도드, 뉘른베르크 검사, 1946년 3월 18일


영화를 보여주고 서류를 읽어가면서까지 우리가 전쟁에 대비해 재무장
을 했다는 사실을 증명할 필요는 없습니다. 당연히 우리는 재무장을 했
으니까! 그렇소, 내가 독일을 재무장시켰고, 마침내 우리는 분연히 일
어섰지! 나는 우리가 좀 더 무장하지 못했던 게 안타까울 뿐이오. 당연
히 당신네 협정서는 검토했소. … 완전 화장실 휴지더군. 물론 나는 독
일을 위대하게 만들고 싶었소! 평화적으로 할 수 있었더라면 더할 나위
없이 좋았을 거요. 그렇지 못했어도 그 또한 좋았을 테고!

헤르만 괴링이 구스타브 길버트에게 보낸 서신, 1945년 12월 11일

## 페르소나가 여럿인 카멜레온 같은 인물

괴링과 레이는 현격하게 달랐다. 레이는 자신이 기소당한 것을 충격과 모욕으로 받아들였지만, 괴링은 재판 전체를 우습게 여겼고 기꺼이 끝까지 싸울 생각이었다. 자살조차도 완전히 달랐다. 레이가 죄책감과 후회 때문이었다면, 괴링은 연합국 측에 모욕을 안기고 순교하려는 마음이 주된 동기였다.

헤르만 괴링은 전성기에 제국원수를 지냈고 게슈타포를 창설했으며, 나치 독일의 공군 총사령관이자 최초로 강제수용소를 만든 장본인이기도 했다. 겉으론 쾌활한 모습을 보였지만, 그 이면에는 매력적이면서도 동시에 어딘가 불쾌한 구석이 있는 삼차원적 복잡성이 있었다.

괴링은 범상치 않은 인물—사치와 도벽이 있는 방종한 사내—이었다. 나치 수뇌부의 다른 이들과 비교해보면, 매력 있고 솔직담백하며 별난 구석이 있으면서도 재미있는 인물이었다. 스스로를 현대판 시저라 여겼던 괴링은 의상을 차려입고 값비싼 브로치들을 달고 자기 저택에서 특이한 파티를 여는 것을 좋아했다. 카린홀이라 불린 저택에서 괴링은 애완동물로 사자들을 길렀으며 모형 철도 위로 폭탄을 투하할 수도 있는 미니어처 비행기도 소장하고 있었다. 이런 특이한 여흥과 더불어 손님들을 융숭하게 대접한 뒤 다른 방으로 안내하여 자신이 좋아하는 카우보이 영화나 인디언 영화를 보여주곤 했다.

괴링은 심각하게 부패한 인물이었고 여기저기서 예술품을 약취했지만, 동물에게만큼은 약했고 산림성 장관을 역임한 것을 자랑으로 여겼으며 동물들을 인도적으로 대우하는 법규를 공포하기도 했다. 그러나 괴링에게는 늘 다른 면이 있었다. 프로이센에서 생체해부 금지법을 제정한 뒤 이 법을 위반하는 자는 누구든 "엄벌에 처하고 … 수용소에 보내질 것[도

악의 얼굴들

각오해야 할 것]"이라며 겁을 주기도 했다.¹ 다정한 관심이라는 정면의 모습 뒤로는 늘 응보의 논리가 도사리고 있었다.

괴링에게 인종주의와 반유대주의는 부차적인 문제였다. 유대 혈통도 일부 섞인 에르하르트 밀히를 왜 육군원수 부관으로 임명했느냐는 질문에 괴링은 이렇게 답했다. "독일에서는 내가 유대인이라고 말하는 사람이 곧 유대인입니다."² 몇 년 후인 1923년에는 뮌헨 폭동 당시 심각한 부상을 입은 자신을 구한 유대인 자매 둘의 구출과 이민을 주선했다. 이처럼 괴링은 잔인함과 부드러움이 공존하는 흥미로운 면모를 보여줬다. 감옥에서는 아내에게 이렇게 편지를 쓰기도 했다.

> 당신의 사랑스런 글씨를 보려면, 당신의 그 고운 손길을 느끼려면 이 종이에 기댈 수밖에 없군요. … 이따금씩 나는 당신을 향한 사랑과 그리움으로 심장이 부서질 것만 같습니다. 그리 된다면 그건 아름다운 죽음일 테죠. 사랑하는 아내여, 늘 내게 안겨줬던 그 모든 행복에 대해 당신에게 진심으로 감사해요. 당신이 베풀어준 사랑과 그 모든 것에 대해서도 … 당신과 에다[괴링의 딸]가 내게 어떤 의미인지 그리고 내가 얼마나 당신만 생각하는지 내 언제까지고 당신에게 고백할 수 있어요. 나는 당신을 열렬히 끌어안고 당신의 사랑스런 얼굴에 입 맞추고 있습니다.³

그러나 이 같은 다정함은 자신의 가족과 동물 밖으로는 닿지 않았다. 어쨌든 괴링은 반제회의Wannsee Conference를 주관한 장본인이었고 최종적 해결(나치 독일의 유대인 말살 계획_옮긴이)은 여기서 구상됐다.⁴

'뚱뚱한 남자'라는 별명으로도 불렸던 괴링은 심문 과정에서도 정확히 판단하기가 힘들었다. 정보부 장교였던 돌리보이스는 괴링이라는 인물의 복잡성에 대해 이렇게 평했다. "괴링은 어떤 인물로도 설명이 가능했다. 악의 화신이기도 하고 바보 같은 뚱뚱한 환관이기도 했다. … 유능하고 기민한 관리자로서, 명석하고 용감하며, 무자비하고 탐욕스러웠다. 때로는 매력을 발산해서 함께 있으면 즐거울 정도였다. 그런가 하면 종종 그야말로 골칫거리이기도 했다. 하지만 그와 함께 보내는 시간은 매번 흥미진진했다."[5]

괴링에 관한 정보를 가장 풍부하게 얻을 수 있었던 곳은 메릴랜드 컬리지파크 내 국립문서보관소였다. 어느날 아침 나는 웅웅대며 돌아가는 마이크로필름 기기들과 조용하고 전문적인 보조장치들로 꽉 찬 어느 큰 방에서 일하는 중이었다. 괴링의 심문 내용뿐 아니라 뜻밖에 괴링의 남동생 알베르트에 대한 심문 내용까지 포함된 기록들을 우연히 발견했다. 알베르트에 관해서는 들어본 적도 없었던 나로서는 그의 이야기가 놀라울 따름이었다. 나치당에 반대해왔던 알베르트는 유대인들을 구하기 위해 안간힘을 썼고, 강제로 무릎 꿇고 산성 용액으로 도로를 청소하는 유대인 여성들 틈에 끼어 같이 일을 한 적도 있었다. 그가 당국과 마찰을 빚을 때마다 늘 헤르만이 보석을 써서 빼냈다. 1946년 9월 25일 알베르트는 심문을 받았다.

질문: 유대인들이 당하고 있는 끔찍한 일들에 대해 당신이 말하면 형은 뭐라고 했습니까?

답변: 음, 반응은 늘 같았습니다. 상황이 과장돼 있다고요. 관련된 정확한 기록들을 본인이 가지고 있어서 안다더군요. 저더러 국가의 일이나 역사의 일에 관여하지 말라고 했습니다. 저는 정치적 지식 같은 게 없다면서요. 정확히 이렇게 말하더군요. "너는 정치 쪽으로는 멍청이야!" … 제가 유대인들을 구해주고 나치당에 반대한다는 이유로 형은 저를 항상 집안의 골칫거리라고 했죠.[6]

뉘른베르크 재판의 근거에 분개하고 연합국 측을 위선자라 여겼던 괴링은 영국군이 보어전쟁 당시 강제수용소를 처음 도입했으며 러시아군은 카틴 숲에서 폴란드군 장교들과 자국민 수백만 명을 학살했고 미군은 북미 원주민 인디언들을 학살했던 사실을 지적했다. 또한 미군이 히로시마에 원자폭탄을 투하했다는 소식을 듣고는 이렇게 반응했다. "아하, '이제' 누가 전범인 거지?"[7]

존 에이먼 대령은 괴링을 대대적으로 심문했는데, 해당 녹취기록은 개인의 책임에 관한 괴링의 관점을 엿볼 수 있는 흔치 않은 자료다. 1945년 9월 6일, 에이먼은 괴링에게 로테르담 폭격에 관해 물었다.

> 질문: 로테르담 폭격을 당신이 직접 지시했습니까?
>
> 답변: 그렇습니다. 하지만 나는 로테르담 폭격을 직접 지시한 게 아니라 전투가 벌어진 곳을 폭격한 겁니다. 낙하산병들을 내려 보낸 뒤였고, 포위된 그들은 그곳에서 싸우고 있었지요. 그래서 그곳을 폭격한 것입니다. 로테르담 폭격 전체는 폭격기 36대로 이뤄졌고, 로테르담 주민들이 그 정도로 겁쟁이들만 아니었다면, 불을 끌 수도 있었을 거라고 말하고 싶군요. 로테르담 주민이나 소방대원 어느 누구도 불을 끄려 들지 않았던 탓에 불길이 그렇게까지 번졌고 오래된 집들이 전부 파괴되었던 겁니다. 이후 불길이 퍼져나가 주택들을 전소시키고 거리를 다 휩쓸면서 상황이 나빠졌어요. 전투가 끝난 뒤에도 아무도 나서서 불을 끄려 들지 않았지요. 전체 폭격은 기껏해야 5분간 지속됐습니다.[8]

이 대화는 몇 가지 점에서 흥미롭다. 괴링은 세세한 부분까지 비범한 기억력을 자랑했다. 폭격이 일어난 지 5년이 지났는데도 폭격 위치에 관한 세세한 부분을 모두 기억했고, 에이먼에게 로테르담의 대형 세부지도 상에 그 지점들을 표시해 보였다. 책임을 전가하려는 괴링의 끊임없는 노력은 특히나 놀라울 정도다. 그는 로테르담 폭격을 지시한 게 아니라 '전투가 벌어진 장소'(결국, 로테르담) 폭격을 지시했다는 것이다. 게다가, 단 36대의 비행기가 도시를 폭격했으며, 그것도 아주 잠깐이었다고 했다. 이뿐만 아니라 건물들은 오래돼 화재에 취약했고, 그곳이 다 타버린 것은 로테르담 주민들의 잘못이었다는 것이다. 다들 겁쟁이였고 불을 끄기 위해 충분히 노력하지 않았다고 했다.

덫을 놓아 괴링을 잡으려던 에이먼의 노력은 수포로 돌아갈 수밖에 없었다. 괴링은 유도심문마다 나름대로 날 세운 논박으로 빠져나갔다. 1945년 12월 7일, 에이먼은 괴링이 보복을 지시했다고 스스로 인정하기를 바라며 유도심문을 던졌다.

질문: 그런 발언을 한 기억이 안 납니까? … 영국군이 당신 측 조종사를 한 명이라도 죽이면 당신은 영국군의 손에 죽은 사람 한 명당 열 명씩 죽일 것이라는 취지의 발언 말입니다.

답변: 아니오, 그런 말 한 적 없습니다.

질문: 서류에 그렇게 나와 있어요.

답변: 서류를 보고 싶습니다.

질문: 그러시겠죠. 그리고 어차피 보시게 될 겁니다. 하지만 우선 그에 관해 당신이 기억을 못 하는 건지 알아보려는 겁니다. …

답변: 이 서류에 제가 그런 취지로 내린 서면 지시가 있다는 말씀입니까?

질문: 답변은 제가 하는 게 아닙니다. 당신이 지금 질문에 답변을 하고 있는 중이지요. …

악의 얼굴들

답변: 글쎄요, 대령님이 그 서류를 가지고 제게 질문을 하시는데 전 아무리 기억을 더듬어 봐도 나올 것이 없네요.[9]

괴링은 의외로 솔직한 태도를 보이기도 했다. 나치의 노역 동원에 대한 질문에는 이렇게 답했다. "그들은 경제 전쟁에 도움이 됐습니다. 우리는 안보 차원에서 이 노동력을 이용했죠. 그리하여 그들이 자기 나라에서 활동하며 우리에게 해가 되지 않을 수 있었던 겁니다."[10] 켈리의 후임 정신과 의사인 레온 골든손과의 면담에서는 재판 절차에 대해 이런 말을 하기도 했다. "솔직히 말하자면, 제 의도는 이 재판을 웃음거리로 만드는 겁니다. 한 주권국의 통치를 다른 국가가 심리할 권한은 없다고 생각합니다." 괴링은 재판 구성 그리고 심지어는 재판소 측의 피고 선정에 대해서도 비판을 이어갔다. "내 동료 피고들에 대한 비판은 그만하기로 했습니다. 하지만 그들은 뒤죽박죽 섞여 있는, 대표성이 없는 집단이에요.. … 그중 일부는 전혀 중요하지 않은 인물들로, 나는 이름도 들어본 적이 없어요"라며 한스 프리츠셰, 발터 풍크, 빌헬름 카이텔을 언급했는데, 괴링 본인에 비하면 잔챙이들에 불과하다고 생각하는 이들이었다.[11]

광범위한 주제를 다룬 어느 인터뷰에서 괴링은 제노사이드, 죄책감, 선과 악에 대한 견해도 밝혔다.

누군가가 어느 한 민족을 절멸시키는 일에 대해 아무런 가책이 없다 하더라도, 상식적으로 볼 때 우리 문명에서 이는 야만적인 일이며, 안팎에서 엄청난 비판을 받게 될 겁니다. 역사상 최악의 범죄 행위로 비난을 받겠지요. 내 나름의 기사도도 있지만 나는 도덕가가 아니라는 걸 말씀드려야겠군요. 유대인들을 죽이는 것이 곧 … 전쟁 승리를 의미한다는 생각이 진정으로 들면, 나는 그다지 괘념치 않을 겁니다. 하지만 의미도 없었고 아무에게도 득이 되지 않았으며 그저 독일에 오명만 남겼지요. … 나는 성서 혹은 종교적인 사람들이 생각하는 수많은 것들을 믿지 않습니다. 하지만 여성을 존중하며, 아이들을 죽이는 건 스포츠정신에 어긋난다고 생각합니다. 유대인 말살과 관련해 내가 가장 마음에 걸리는 게 바로 그 부분입니다. … 내 스스로는 대량학살에 대한 책임은 거의 없다고 생각합니다. … 유대인 대량학살에 관한 소문들은 들었지만 그에 대해 내가 할 수 있는 일은 전혀 없었고 그런 소문의 진상을 조사하고 정확한 상황을 파악해봤자 소용없는 일임을 잘 알고 있었으니까요. … 하지만 나는 다른 일들 때문에 분주했고, 대량학살과 관련하여 무슨 일이 벌어지고 있는지 미리 알았다 해도 그저 내 마음만 상했을 테고 어떻게든 그 일을 막기 위해 내가 할 수 있는 일은 거의 없었을 겁니다.[12]

'아이들을 죽이는 건 스포츠정신에 어긋난다'고? 여기서 괴링은 마치 '아이들'이라는 말을 다람쥐나 까마귀와 구문론적으로 등가라도 되는 양 사용하고 있다. 이것을 괴링이 공감능력이 없다는 확실한 근거로 보기는 힘들다. 또한 이런 말이 대량학살에 대해 미리 알았더라도 '그저 내 마음만 상했을 것'이기 때문에 별다른 후속 조치를 하지 않았다는 괴링이 말과 연결되는 것도 아니다.

무엇보다도 괴링은 페르소나가 여럿인 카멜레온 같은 인물이었다. 뉘른베르크의 심문관 요제프 마이어는 통찰력 있는 소견을 냈다. "프랑스인들의 눈에 그는 거들먹대는 거만한 사람이었다. 우리[미국인들]가 보기에는 원기왕성한 약탈자였고, 괴링은 할리우드 영화 같은 방식으로 순진한 미

악의 얼굴들

국인들의 마음을 움직일 수 있을 것이라 생각했다. 냉정하고 노련한 영국인들에게는 과묵하고 예의바른 인물로 보였으며, 그들의 마음을 움직일지 모른다 생각하며 조심스럽게 신사다운 모습을 연출하기도 했다. [괴링은 러시아인들과 함께 있을 때면] 움찔 놀라며 다소 위축되곤 했다. 그는 러시아인의 환심을 살 만한 태도만큼은 전혀 알지 못했다. 러시아인을 만날 때마다 극도로 겁을 먹었다."13

## 사 과 도  변 명 도  없 는

괴링은 스스로를 팀의 수장이자 모든 수감자들의 대변인이라 여겼고, 자신은 특별대우를 받을 자격이 있다고 믿었다. 수감자들은 매주 금요일마다 자신의 방을 청소해야 한다는 앤드러스 교도소장의 지시를 받자, 괴링은 격분한 나머지 부정맥 증상이 나타날 정도였다. 이 일로 괴링에게 두 손을 든 앤드러스 교도소장은 괴링의 방 청소를 교도소 직원에게 맡겼다. 괴링이라면 치를 떨었던 앤드러스의 말을 들어보자. "괴링이 시작한 가식적이고 요란한 연극은 재판 내내 계속될 참이었다. 그는 두툼한 팔 한쪽을 바싹 마른 동료 헤스의 등 뒤로 쭉 뻗은 채 비스듬히 앉아 반대쪽 팔꿈치를 피고석 가장자리에 걸쳐 흔들대고 있었다. 그러다가는 양 팔꿈치를 자기 앞 피고석의 나무 칸막이에 걸친 채 몸을 앞으로 숙이곤 했는데 그럴 때마다 그 커다란 얼굴에는 웃음이 가득 번졌다."14

괴링은 모든 피고들과 일관성 있는 변론을 준비하고자 안간힘을 썼고, 다른 수감자가 독자적인 길을 택하거나 책임을 인정하기라도 하면 분을 참지 못했다. 에리히 폰 뎀 바흐-첼레프스키가 동부전선에서의 반당파적 활동에 관해 검찰 측에 유리한 증언을 하기 시작하자,[15] 괴링은 "멧돼지 사냥개 같은 배신자"라며 야유를 보냈다. 그러고도 성에 차지 않았던지, 계속 퍼부어댔다. "피비린내 나는 더러운 배신자 돼지새끼! 이 추잡스러운 스컹크 같으니라고! … 그 악취 나는 모가지를 구해보겠다고 영혼을 파는 구나!"[16] 자제심을 잃은 그는 늘어진 턱살을 부들부들 거리며 동료 피고들을 "겁쟁이 어린애들"이라 부르며 비웃어댔다.[17]

법정의 다른 전범들과는 달리, 괴링은 증언 중에 그 어떤 사과나 변명도 하지 않았다(〈사진 15〉). 대신, 전쟁 중에는 끔찍한 일들이 발생하기 마련이며 떳떳한 사람은 아무도 없다는 침착하고도 건방진 '인정'으로 법정의 좌중을 압도했다.

**사진 15.** 헤르만 괴링

악의 얼굴들

괴링은 최종 평결에 대해서는 별다른 기대를 하지 않았다. 자신이 총살형이 아닌 교수형을 당할 것이라는 사실에 분개했지만, 처형당하는 것을 순교자의 길이라 여겼다. "교수형에 처해지리라는 거 압니다. 준비됐습니다. 하지만 난 독일 역사에 위대한 인물로 남을 각오가 돼 있어요. … 오륙십 년 뒤에는 독일 곳곳에 헤르만 괴링의 동상이 있을 겁니다. 아마도 독일 가정마다 작은 모형도 하나씩은 있겠지요."[18]

## 법 정 에 서 의   치 열 한   공 방

1946년 3월, 괴링은 일생일대의 과업을 수행해냈다. 일주일 내내 즉석에서 증언을 했고, 전쟁과 당시 자신의 역할에 대해 이야기하고 합리화하기까지 했으며, 세세한 기억들도 능수능란하게 꺼내 보였다. 사람들이 그런 그의 술수에 놀랐던 것은 괴링의 비대한 몸집을 보고 평범한 인물이라 오해하고 있었기 때문이었다. 재닛 플래너는 《뉴요커》에 기고한 글에서 이렇게 평가했다. "이 제국원수는 마키아벨리의 군주를 멍청한 변명자처럼 보이게 만들어버렸다. 괴링은 분명 도덕관념과는 거리가 멀었고 괴상한 인물이었다. … 요란한 차림새와 뚱뚱한 몸집 그리고 훈장들 이면에는 당대 최고 수준의 두뇌를 갖추고 있었다. 머리 좋은 사람이 드물던 시기였다. … 그야말로 양심은 없고 뇌만 있는 자에 관한 복잡한 서사였다."[19]

괴링과 잭슨 대법관은 치열한 두뇌 싸움을 벌였다. 처음에는 잭슨이 이기는 듯했고, 반대심문이 이어지는 동안 다른 피고들은 좌석에 앉아 지켜보며 마치 그리스 희곡의 코러스처럼 환호나 신음 소리를 내곤 했다.[20] 딱히 괴링을 응원하는 것은 아니었다. 사람들은 질투 섞인 마음으로 증언이라는 피 튀기는 스포츠를 구경하는 것 같았다. 피고 할마르 샤흐트는 만족스러운 듯 말했다. "지금까지는 저 뚱뚱한 쪽이 얻어터지고 있는 게 분명하군."[21]

1라운드는 잭슨에게 기울었지만, 이는 잠깐의 승리였을 뿐 판세는 곧 뒤집어졌다. 종군기자 해럴드 버슨은 싸움을 이렇게 요약했다. "괴링이 [잭슨을] 묵사발로 만들었다."[22] 잭슨은 이미 다른 피고들의 답변 방식에 익숙해져 있었다. 심문을 받은 피고인들은 다음과 같은 뻔한 답변을 내놓았던 것이다. "아, 끔찍한 일들이었죠. 하지만 저는 그 일들에 관해 전혀 알지 못했고 저지시킬 만한 힘도 없었습니다." 하지만 괴링은 사과하지 않았고 오히려 다음과 같은 요지의 말로 반격했다. "당연히 우리가 그런 건 맞다. 전쟁중이었으니까, 이 멍청한 양반아. 당신이라도 별 수 없었을 거라고." 괴링의 대담한 태도를 예상 못했던 잭슨은 당황했고, 격분한 나머지 더듬거리기까지 했다.

괴링은 잭슨이 던지는 질문마다 조목조목 비판했고 전혀 다른 방향으로 틀어버렸다. 유창한 영어로 순차통역이 부정확하다고 항의하는 한편, 질문에 답변을 하려면 추가 시간이 필요하다며 요구하기도 했다. 잭슨은 괴링의 말을 중간에 끊으려 했지만 판사들이 길게 답변할 권리를 괴링에게 인정해주자 분노를 터뜨렸다. 다음 발췌문에는 잭슨의 고뇌와 나날이 쌓여가는 좌절감이 묻어난다.

> 잭슨: 하지만 제가 이해한 바로는, 총통제도 때문에 당신은 독일 국민들에게 경고를 줄 수도 없었지요. 압박을 주지도 못했고요. 그런 단계까지 가는 걸 막기 위해서 말입니다. 그리고 역사 속에서 본인이 차지할 위치를 지키기 위해 사임조차 못했습니다.

악의 얼굴들

괴링: 질문 여러 개가 한꺼번에 나오는군요. 첫 번째 질문에 답을 해야 겠습니다. …

잭슨: … 질문을 다시 하겠습니다. 자이스 잉크바르트는 독일 군대를 불러들이고 오스트리아를 독일에 항복시키겠다는 조건으로 오스트리아 수상이 됐습니까, 아니면 피고가 그로 하여금 오스트리아의 독립 유지가 가능하리라고 믿도록 유도했습니까?

괴링: 실례지만, 그건 여러 개의 질문입니다. 제가 단순히 '네' 또는 '아니오'라고 답할 수 없는 내용입니다. '자이스 잉크바르트가 히틀러 그리고 저의 의중에 따라 수상이 된 겁니까?'라고 묻는 거라면, 그렇습니다. 그리고 '그가 수상이 될 때 군이 들어오도록 전보를 보내야 한다는 사실을 인지하고 있었습니까?'라고 묻는다면, 제 답변은 '아니오'입니다. 수상 집권 당시 그가 우리에게 전보를 보낼 가능성은 전혀 없었으니까요. 세 번째로, '그는 자신이 오스트리아의 독립을 유지할 수 있으리라는 조건 하에 수상이 된 겁니까?'라고 묻는다면, 저로서는 그날 저녁 총통의 머릿속에서 상황이 최종적으로 어떻게 전개될지는 명확하지 않았다고 재차 말할 수밖에 없군요.[23]

이런 식의 대꾸가 수없이 오갔고, 대부분의 방청인들은 괴링의 손을 들어줬다. 괴링은 담당 변호사에게 으스대며 말했다. "잭슨은 나한테 상대가 안 된다고."[24]

괴링은 증언을 마친 뒤 승리감을 만끽했다. "영국, 미국, 러시아, 프랑스 법조계가 다 같이 나한테 맞서고 있지만 법적인 머리로는 그 나라들 전부 통틀어도 내가 최고라는 걸 잊지 말라고! 그래서 내가 상대해줬지, 그것도 혼자서!"[25]

## 매력적이고 지능이 뛰어나면서도 잔인한 사람

켈리는 냉소적인 인물로, 전문용어를 피하는 경향이 있었던 반면, 길버트는 판단하기를 좋아했고 훗날 쓴 글들을 보면 교조적인 경향도 있었다. 둘 다 괴링은 타산적이고 부패했으며 야비하다는 데 이견이 없었다. 길버트는 이렇게 적었다. "괴링은 유쾌한 현실주의자라는 인상을 주려고 했다. 자신은 크게 판돈을 걸었다가 잃었을 뿐, 정정당당한 스포츠에 임했던 사람이라는 논리였다. … 자신의 전쟁 수행을 합리화하는 수많은 핑계가 있었고, 잔학행위들에 대해 본인은 알지 못했다고 주장했으며, 연합국 측도 '유죄'라고 덧붙였다. 게다가 언제든 유머를 잃지 않았는데, 여기에는 이토록 호감 가는 인물이라면 남을 해할 의도는 없을 것이라는 인상을 주려는 계산이 늘 깔려 있었다. … [그는] 병적인 자기중심벽이 있었다."[26] 그러나 켈리와 길버트가 동의하는 것은 거기까지였다. 길버트는 괴링을 괴물이자 속은 비겁하고 경멸해 마땅한 불량배로 여겼지만, 켈리는 그가 본모습 그대로 악당 노릇을 하고 있는 것에 감탄했을 뿐 아니라 세상은 원래 그런 사람들로 가득 차 있다고 생각했다. "미 국민 절반에 대한 통제권을 손에 넣을 수만 있다면 나머지 절반의 시신을 타고 넘는 일이라도 기꺼이 할 사람들도 있다는 건 의심할 여지없는 사실이다."[27] 길버트가 보기에 악당에게 그리 감탄하는 것은 그저 엉뚱한 헛소리가 아니라, 혐오스런 짓이었다.

괴링과 켈리는 죽이 잘 맞았다. 실제로, 몇몇 사람들 눈에는 켈리가 괴링과 지나치게 가깝게 지내는 것으로 보였다.[28] 켈리는 괴링이 이야기를 풀어내도록 부추겼고, 괴링은 켈리가 때에 따라서는 자신의 부탁을 들어줄 수도 있는 호의적인 청자라고 느꼈다. 켈리는 괴링과의 소통에 대해 이렇게 썼다. "죄수이자 환자로서 괴링은 함께 어울리고 면담하기 가장 편한 사람 중 하나였다. 내가 매일 회진을 돌며 방에 들를 때마다 그는 의자에서 벌떡 일어나서는 함박웃음을 짓고 손을 쑥 내밀며 나를 반기곤 했다. '좋은 아침입니다, 선생님. 저를 만나러 와 주시니 굉장히 기쁘군요. 선생님, 어서 앉으세요. 여기 앉으십시오.' 그러고는 그 거구—재판 시작 당시까지도 체중이 90킬로그램에 육박했다—로 내 곁에서 긴장을 푼 채 질문에 답할 준비를 하곤 했다."[29]

괴링은 켈리에게 아내와 딸과 연락할 수 있게 도와 달라고 부탁했고, 켈리는 그들에게 괴링의 편지를 전해주었다. "오늘은 당신에게 직접 편지를 보낼 수 있군요. 켈리 대령이 당신에게 편지를 전해줄 거요. 내 치료를 담당하고 있는 의사인데, 내가 가장 믿는 사람이기도 해요. 그 사람에게는 편하게 이야기해도 괜찮아요. … 켈리 대령을 통해 내게 회신을 하는 것도 가능하다오. 내가 얼마나 답장을 기다리는지 알고 있겠지요."[30]

괴링은 고마운 마음에 켈리에게 보석이 잔뜩 박힌 큼지막한 반지 하나를 건넸지만, 켈리는 사양했다. 괴링은 "음, 그렇다면 여기 그 못지않게 좋은 게 있소"라고 말하며 켈리에게 사인이 담긴 자기 사진을 줬다.[31]

딸 에다가 잘 지낼지 고민이 많았던 괴링은 자신과 아내가 모두 죽었을 때 딸의 장래가 걱정되었다. 그는 자신이 믿었던 한 사람(켈리)을 찾아가 에다가 고아가 되면 입양해 달라고 부탁했다.[32] 켈리의 답변은 알려진 바가 없다. 그러나 오늘날의 관점에서 보면 불편한 감정이 생길 수 있다. 정신과의사와 환자 간 경계 문제에 관한 의문이 들기 때문이다. 이렇듯 괴링은 켈리를 굉장히 좋아했던 것으로 보인다.[33]

켈리는 괴링을 "(스스로 매력적이기로 마음먹었을 때는) 매력적"이고, 지능이 뛰어나며, 상상력과 유머가 있으면서도 잔인하고 사람 목숨을 철저히 경시하는 인물로 묘사했다.[34] 켈리는 괴링과 가까이 지내기는 했지만, 그의 어두운 면을 보기도 했다. "어떤 때는 분위기를 즐겁게 만들고 만인의 친구가 되었다가도 아무 거리낌도 없이 친구들을 전부 죽게 만들 수도 있는 사람이었다."[35] 켈리의 글은 이렇게 이어졌다. "[괴링은] 뚜렷한 자아도취적 성향이 있어서 … 자기 자신에 대한 집착에 사로잡혀 있다. … 그는 자신이 맡은 모든 일에는 열정적이나 타인의 일에는 굉장히 무관심하다."[36]

켈리는 괴링의 중독, 비만, 불안한 심장 상태 등을 감안할 때, 재판 과정을 버텨내고 살아남기가 힘들지 모른다고 걱정했다. 체포 당시 괴링은 체중이 120킬로그램이 넘었고 여러 심장질환 증상이 있었다. 켈리는 괴링의 나르시시즘에 호소하며 "살을 좀 빼면 법정에서 좀 더 나은 인상을 줄 수 있을 것"이라고 말하여 체중 감량을 유도했다고 한다.[37] 켈리는 아편중독 치료 역시 자기 공으로 돌렸다. 금단증상에 대한 대처법으로 복용량을 차츰 줄이고 괴링의 나르시시즘을 이용했다는 것이었다. "괴링은 자신의 강인한 신체와 통증을 참는 능력을 매우 자랑스러워했다. 때문에 (그가 아주 싫어했던) 리벤트로프 같은 약한 사람들은 마약 상용 습관에서 벗어나려면 치료제를 복용해야겠지만, 당신은 강인하고 힘이 넘치는 사람이니 아무것도 필요 없을 거라고 설득하는 일은 아주 간단했다. 괴링은 내 말에 공감했고 … 성실하게 협조했다."[38]

켈리의 보고서에 따르면 괴링의 로르샤흐 검사결과는 "지적 능력과 상상력이 뛰어나고, 과대망상적이고 공격적이며 환상적인 삶에 집착하며, 자기 나름의 사고방식에 부합한다 싶은 세상을 발견하면 그것을 복속시키고자 하는 야망과 충동이 강한 사람"임을 드러냈다.[39] 또 다른 서류에서 켈리는 괴링의 로르샤흐 검사결과가 정상적인 기본 성격을 보여준다고 기록했으며, 사고의 내용에서 뚜렷한 자기중심성과 강한 감정적 충동이 드

러난다고 덧붙였다. 켈리는 다시 한 번 이렇게 결론지었다. "이 사람은 법
적 능력이 있으며 어떤 정신병리학적 징후도 보이지 않는다. 재판을 받을
수 있다."[40] 다른 기록에서 켈리는 다음과 같은 소견을 밝히기도 했다. "[그
는] 현재 몸 상태가 최상이고 최근의 증언으로 인해 상당히 정신이 맑은
상태이며 여전히 그 집단에 대해서는 대체로 열정을 품고 있다. … 괴링은
자기 운명을 철학적 차원에서 직시하고 있다. 교수형에 처해질 것을 예상
하고 있으며 정신과적 문제는 없다. 언제고 도망칠 가능성은 희박하며, 증
거가 산적해 있으니 이에 대처하고자 마음을 단단히 먹고 있을 것이다. 분
명 그는 별 탈 없이 잘 헤쳐 나갈 것이다."[41]


## '도덕적 비겁자'

길버트는 켈리에 비해 괴링의 악한 면을 더 잘 알고 있었던 것 같다(어
쩌면 괴링 스스로가 그런 면을 켈리보다는 길버트에게 더 많이 내보였을 수도 있
다). 길버트는 괴링의 1934년 발언 녹취를 거론하며 해당 기록을 인용하
고 자기 나름의 상당히 과장된 해석까지 내놓았다.

> 괴링: 나는 지금 여기서 정의를 실현하려는 게 아니라, 죄다 쓸어버리고
> 근절시키려는 겁니다!

> 길버트: 만일 좌절한 대중이 그들의 독재 문화라는 공격-복종의 행동양
> 식으로 퇴행해버린 채 강압적인 통치에 찬동했다면 괴링은 그들을 실망시
> 키지 않았을 것이다.[42]

길버트의 글은 때로 혹독하고도 교조적일 때가 있었고, 작위적이고 단죄적이며 어려운 용어들로 가득했다. "전형적인 사이코패스가 그렇듯, 괴링의 거침없는 행동은 이러한 유아적 자아충동ego-drive 수준을 벗어난 적이 없었다."[43] 다른 글에서는 괴링과 아내의 관계에 대해서 세세히 언급하기도 했는데, 괴링의 아내는 히틀러에 대한 남편의 맹목적인 충성 때문에 고민이 깊었다고 한다. 길버트가 괴링에게 이 문제를 거론하자 괴링은 그런 건 여자가 간섭할 일들이 아니라고 말하며 일축해버렸다. 길버트의 해석은 비난과 장황함의 무게에 눌려 오락가락한다. "괴링의 자기중심적 가치관은 여성에 대한 '기사도 정신' 비슷한 태도에 이르기까지 전적으로 중세적이다. 거들먹대며 보호해주는 이런 관대함 이면에는 자아도취적 목적이 숨어 있으며, 어떤 여성적 인도주의의 가치도 그 목적을 방해하게 내버려두지 않는다."[44]

길버트는 수감자들 근처를 서성이며 그들끼리 이야기하는 것을 엿듣고 정리해 보고하는 것이 주특기였다. 사실, 괴링의 전쟁관을 능가하려면 누구든 마키아벨리처럼 교활해질 수밖에 없었을 것이다.

물론, 민중은 전쟁을 원하지 않는다. 가난하고 게으른 농부가 전쟁을 통해 얻을 수 있는 최상의 결과가 고작 무사히 농장으로 살아 돌아오는 것일 때, 대체 누가 자기 목숨을 걸고 전쟁에 나가고 싶어 하겠는가? 평범한 사람들이 전쟁을 원치 않는 것은 당연한 일이다. … 이해가 간다. 하지만 결국 정책을 정하는 것은 나라의 지도자들이며 민중을 끌고 가는 것은 단순한 문제다. … 민중을 언제나 지도자들의 요구에 따르도록 끌고 가는 것은 가능하다. 간단하다. 그들이 공격받고 있으며 평화주의자들은 애국심이 부족한 탓에 나라를 위험에 빠뜨리고 있다고 비난하

기만 하면 된다. 어느 나라든 동일한 효과가 있기 마련이다.[45]

이 같은 반어와 기지에도 불구하고, 괴링의 지독히 비열한 성미는 눈에 띄지 않을 리 없었다. 길버트가 주변을─구내식당에서, 저녁 시간대에는 수감자의 방에서, 또는 법정에서─종종 서성거리고 다녔던 덕분에, 우리는 대본에 없던 이런 몇몇 순간의 이야기를 들을 수 있는 것이다. 한번은 법정에서 피고 샤흐트가 자신은 반유대주의자라고 항변하는 중이었고 잭슨이 그런 그를 묵사발로 만들려는 순간이었다. 당시 괴링은 헤스에게 이렇게 속삭였다고 한다. "헤드폰을 껴봐. 들을 만 할 거야!"[46]

길버트는 괴링을 "외향적이고 자기중심적인 승부사"이자 "무력정치는 이익을 다투는 게임이고 역사는 (자신처럼) 영리하고 강한 자가 영웅 역할을 담당하는 쇼라고 생각하는 교활하고 냉소적인 현실주의자"[47]로 보았다. 길버트는 기존에 켈리가 기록하지 못했던 내용도 적었다. 괴링은 탁월한 '분열조장자'로 여기저기서 갈등을 조장하고 다니는 인물이라는 내용이었다. "정신과의사 앞에서는 심리학자를 헐뜯고 개신교 사제 앞에서는 가톨릭 사제를 헐뜯었다. 그 반대로도 했다. 심리학자와 정신과의사 앞에서는 사제 둘에 대해 험담을 하고 또 반대로도 험담을 하는 동시에 한 사람씩 돌아가면서 아첨을 하기도 했다."[48]

길버트가 괴링에게 로르샤흐 검사를 완료해 달라고 부탁했을 당시 그는 켈리가 이미 검사한 것을 알지 못한 상황이었다. 길버트의 가방에서 검사 카드들이 나오는 걸 본 괴링은 이렇게 말했다. "오, 또 그 괴상한 카드군요."[49] 켈리가 자신보다 먼저 들렀다는 사실에 실망한 길버트는 정색하며 그러나 솔직하게 털어놨다. "두 로르샤흐 검사기록은 사실상 똑같습니다. 재검사에 대한 병리학적 불안과 우울감 상승 징후가 약간 있을 뿐이죠."**50**

켈리는 괴링의 로르샤흐 검사에서 상당한 선천적 지능을 볼 수 있다고 주장했다. 하지만 길버트는 여기에 동의하지 않고 로르샤흐 검사에서 "질적으로 평범한 지능"과 "⋯ 특별히 창의적인 지적 능력이라기보다는 깊이도 얄팍하고 상상력도 떨어지는 그런 수준"**51**이라고 주장했다. 이러한 해석에는 길버트의 편견이 작용했을 수도 있다. 길버트의 여타 보고서를 보면 괴링은 지능 측면에서 선천적으로 우수한 범위 내에 해당하는 점수를 받았기 때문이다.

로르샤흐 검사에 관한 길버트의 소견 중 가장 유명한 것은 괴링이 3번 카드(292쪽 참조)를 보면서 했던 사소한 손짓에 관한 것이었다.

> 괴링은 3번 카드의 (핏방울) 반점들을 실제로 '털어내'려 하더니, 문답 과정 중에는 카드에 대해 보였던 그런 병적이면서도 가학적인 2차 반응은 상징적으로 무시했다. ⋯ 겉으로 드러난 허세와는 달리, 죄책감이라는 기본 의식과 그것을 회피하려는 욕구가 무심결에 드러난 것으로 보인다. ⋯ 맥베스 부인의 악몽은 '빌어먹을 얼룩'을 지워 없애야 한다는 불안감을 더없이 뚜렷하게 드러내 보여줬다. (그는) 자신이 무엇인가 할 수 있었던 상황에서 자신의 책임을 회피했던 비겁자였다.

사형이 선고되고 며칠 뒤 괴링은 길버트에게 로르샤흐 검사 결과의 내용에 대해 묻는다. 길버트의 대답은 이렇다.

> 솔직히 말하자면, 당신은 활동적이고 공격적인 기질이 있지만 책임을 실제로 직면하는 용기는 부족한 사람인 것으로 나왔습니다. 잉크반점

악의 얼굴들

검사 시 보인 사소한 [어느 카드의 붉은 점을 털어내는] 동작으로 … 무심결에 스스로 내보였죠. 작은 손짓으로 피를 닦아낼 수 있다고 생각했을 겁니다. 재판 기간 내내 당신은 그렇게 똑같은 일을 하고 있어요. … 전쟁 중에 한 행동도 똑같은 것이었고요. 그 만행들을 약으로 잊어보려 했지요. 당신은 직면할 용기가 없었습니다. … 도덕적 비겁자예요.[52]

상당히 인상적인 해석이었지만, 나는 이런 해석이 법정에서 길버트가 다양한 역할을 감당하며 겪었던 어려움을 보여주는 것이라는 생각이 든다. 통역사도 교도소 내 심리학자도 아닌 상태가 된 길버트는 이제 보복자가 될 수도 있었다. 길버트는 자기 소견을 듣고 불쾌해진 괴링이 변호인단과 함께 자신을 고소까지 한 이야기를 신이 나서 하기도 했다. 이것은 길버트가 자신의 역할이나 수감자들을 어떤 시선으로 보고 있었는지에 관해 시사하는 바가 많다. 어느 기자와의 인터뷰에서 길버트는 전범들에 대한 본인의 태도를 상당히 명확하게 밝힌 바 있다. "헤르만 괴링이 겉으로 드러내는 용감한 모습은 모두 허세입니다. 다들 겁쟁이예요. 괴링을 포함해서 전부 다요. 지금도 각자 자기 방에서 덜덜 떨고 있습니다. 법정에서 내보이는 모습은 다 허세였죠. 과거에 뿌리고 다녔던 죽음을 정작 자신들이 직접 받아들이려니 쉽지 않은 겁니다."[54]

괴링에 대한 전반적인 묘사를 살펴보면 길버트가 좀 더 입장이 명확함을 알 수 있다. 로르샤흐 검사기록보다는 자신의 오랜 관찰에 근거한 묘사였기 때문이다.

[괴링은] 권력, 직함, 부, 음식에 대한 지칠 줄 모르는 욕망을 지니고 있고 … 요란하게 과시하기를 좋아하고 언제든 사람을 죽이거나 남의 것

을 훔치고 목적 달성을 위해서는 조작도 마다 않는 공격적 성향의 사이코패스이면서도, 호감을 살 만한 외향성과 유머로 위장하고 있다. … 법정에서 보인 행동은 그가 역사라는 무대에서 연기했던 인물의 축소판이었다. 법정을 무대 삼아 호감 가는 쇼맨십을 펼쳐 보이고, 용기와 충성심, 순수함과 애국심을 전시해 보이면서도 무대 뒤에서는 야비한 속성들을 발산하고 있었다.[55]

길버트는 괴링을 "자기 목적에 부합할 경우 상대를 무장해제시키는 호감 가는 성격으로 자신을 위장하는, 매우 공격적인 인물"로 규정했던 것이다.[56] 몇 년 뒤 길버트는 괴링에 대해 간결하고도 그럴싸하게 정리했다. "호감형 사이코패스."[57]

## 괴 링 의   최 후

괴링의 형 선고 이후 갈등의 조짐들이 나타났다. 켈리의 후임 정신과의사 중 한 명이었던 윌리엄 H. 던 중령은 수감자들이 형 집행을 기다리는 동안에도 회진을 계속 이어갔다. 그는 괴링이 "자기중심성, 허세, 쇼맨십으로 무장한 채 형을 받게 될 것이며, 어떻게든 싸움을 일으킬 빌미를 잡으려 들 것"이라며 경계했다.[58] 교수형 집행 한 시간 전 괴링은 청산가리로 조용히 목숨을 끊었다. 예전부터 줄곧 연합국이 자신을 목매달게 내버려두지 않을 것이라고 말하고 다녔던 그였다. 그런 결말은 자기 위신을 떨어뜨린다는 이유에서였다. 자살 전 남긴 유서에 괴링은 이렇게 썼다. "사살대에게 총살형을 당하는 것이라면 감수했을지 모른다. 그러나 독일제국

악의 얼굴들

원수가 교수대에서 죽을 수는 없다. … 그러니 나는 위대한 한니발과 같은 죽음의 방식을 선택하겠다. … 나는 재판의 전 과정을 승자들의 정치적인 곡예로 봤기 때문에 내가 사형당하리라는 것[을 알고 있었다] … [그렇지만] 군인답게 죽을 권리는 인정받기를 기대했다. 신과 내 민족과 내 양심에 맹세컨대, 나는 적군의 법정에서 선고받은 죄목들에 대해 무죄라고 생각한다."[59]

아내에게 남기는 편지에는 이렇게 덧붙였다. "내 하나뿐인 사랑이여, 진중하게 고민하고 신께 진심어린 기도를 올린 뒤, 스스로 생을 마감하기로 결심했습니다. 적들에게 그 끔찍한 방식으로 처형되지 않기 위해서요. … 내가 마지막 작별의 인사를 그대에게 고할 때면 내 삶은 끝나 있을 것입니다. … 내 마지막 심장박동은 당신과 나의 크고도 영원한 사랑을 위한 것입니다."[60]

일부 기자들이 형 집행을 참관할 예정이었다. 킹스베리 스미스가 괴링이 처형을 피했다는 소식을 가장 먼저 전했다. "오늘 헤르만 괴링은 교수대로 가는 나치의 마지막 행진의 선두에 서지 않았다. 괴링은 감방에서 자기 손으로 목숨을 끊었으며, 그 자리를 대신해 요아힘 폰 리벤트로프가 영원으로 향하는 행진의 선두에 섰다."[61]

앤드러스 교도소장은 괴링의 자살 소식을 전 세계에 알려야만 했다. 이 소식을 들은 켈리는 이렇게 평했다. "수수께끼투성이인 괴링의 자살은 미국인 간수들의 무능을 드러낸 사건으로, 능숙하고 명석하기까지 한 마무리였다. 장래에 독일인들이 찬탄할 기틀을 마련했다."[62] 길버트는 다른 의견을 내놨다. "괴링은 살아온 방식 그대로 죽었다. 인류의 모든 가치를 조롱하고 극적인 제스처를 통해 자신의 죄에 쏟아지는 관심을 다른 데로 돌리려는 사이코패스였다."[63]

종전 당시 청산가리는 독일 '어디에나' 있었고 자살률이 치솟고 있었기는 하나, 괴링이 어떻게 청산가리를 손에 넣었는지는 여전히 수수께끼다.[64] 1945년 4월 베를린 필하모닉이 리하르트 바그너의 오페라 〈신들의 황혼〉을 연주할 때 히틀러 유겐트는 출구마다 서서 소련의 적군赤軍에게 항복하느니 차라리 죽음을 택하겠다는 모든 사람에게 청산가리 캡슐을 나눠줬다.[65]

수감자들과 각 독방에 대해서 끊임없는 수색이 이뤄졌고 몰래 반입한 물건은 압수됐으나, 수감자들의 소지품이 보관된 창고에 대해서는 그만큼 대대적인 수색이 이뤄지지 않았다. 방문객이나 변호사들 역시 수색을 받기는 했지만, 몸수색이 꼼꼼히 이뤄지지 않았을 수도 있다. 부족하게나마 교도관으로서 훈련을 받은 병사들이 수색을 담당했는데, 이들의 수가 줄어들고 있었기 때문이다. 일부 교도관들은 담당 피감시자에 애착이 생기기도 했다. 특히 괴링처럼 유명하고 매력 있는 인물이라면 더욱 그랬다. 최소 두 명의 교도관이 청산가리를 전달했을 가능성이 있는 것으로 용의선상에 올랐다. 그중 한 명인 허버트 리 스티버스는 자신의 독일인 여자친구가 마지막 순간에 괴링에게 '약'을 갖다 주라고 부탁했던 것이라 주장했다.[66] 다른 한 명인 잭 '텍스' 윌리스 역시 괴링에게 과도한 친절을 베푸는 것으로 여겨졌던 인물로, 교도소 내 보관창고에서 다양한 물건을 찾아 괴링에게 갖다 주기도 했다.

전략사무국도 괴링의 자살을 방조했다는 의심을 받았다. 괴링을 통해 얻는 독일 측 정보를 반가워했고, 이 정보는 다가오고 있는 러시아와의 냉전에서도 유용할 것임을 잘 알고 있었다. 괴링에게 좀 더 명예로운 죽음을 허락하는 것은 괜찮은 맞교환이었다. 도노번 전략사무국장의 보좌관이었던 네드 퍼트젤은 자신이 괴링에게 청산가리를 건넸다고 주장했다. "영국 측 분담금에 대한 합의가 이루어지자 도노번은 괴링이 청산가리를 사용해 죽을 수 있게 해주기로 비밀리에 결정을 내렸다. 당시까지 괴링은 우리에게 굉장히 협조적이었으며 정말로 어느 정도의 자비는 누릴 자격이 돼 보였다. … 그것이 가능해지자 그는 기뻐했다. 목 매달리는 것보다는 나은 일이었다."[67]

마지막으로, 더글러스 켈리에 대해서도 의혹이 불거진 것은, 몇 년 뒤 그 역시 비슷하게 자살한 직후였다. 이미 많은 이들이 켈리와 괴링의 친밀한 관계에 주목했던 터라 켈리가 괴링에게 청산가리를 몰래 가져다 줬을 수 있지 않았을까 생각했다. 몇 십 년이 흐른 지금 누가 괴링에게 청산가리를 줬던 것인지 알아낼 가능성은 낮아 보이지만, 괴링의 자살은 앤드러스 교도소장에게 중대한 타격이었다. 자신의 적수에게 허를 찔린 셈이었고, 언론은 기다렸다는 듯 책임을 묻기 시작했다. 《타임》은 분개했다. "어떻게 그런 일이 일어날 수 있는가? 거들먹대기나 하고 상상력이 부족한 … 직무에 부적절한 장교를 군이 교도소 책임자 자리에 앉혔기 때문이다. 버튼 C. 앤드러스 대령은 그 일을 아주 좋아했다. 매일 아침이면 마치 깃털을 부풀린 파우터비둘기 같은 그의 땅딸막한 모습이 위풍당당하게 법정을 향해 움직이곤 했다."[68]

몇 년 뒤 앤드러스는 《타임》 기사를 반박하며 이렇게 말했다. "내 체중은 73킬로그램이었고 키는 5피트 10인치(약 177센티미터), 가슴둘레는 44인치, 허리는 36인치였다. … 그런데 땅딸막한 파우터비둘기라고?"[69] 나머지 내용에 대해서는 군이 대응하지 않았다. 그러나 1977년 임종 당시까지도 앤드러스는 괴링에 대한 생각에 시달렸는지 정신이 혼미한 가운데서도 다급히 외쳤다. "괴링이 방금 자살을 했어. 자문위원회에 알려야 해."[70]

# 나쁜 남자
## 율리우스 스트라이허

종교 강의를 처음 들었던 그때 나는 유대인들의 성격이 끔찍하고 혐오스럽다는 사실을 난생 처음 깨달았다.

율리우스 스트라이허, 1945년 8월 3일

그리피스 존스 중령: 그럼 당신은 그 사람들을 흡혈귀들, 흡혈귀들과 착취자들의 나라라고 하시는 겁니까? 증오를 퍼뜨리는 것이라는 생각은 안 듭니까?

스트라이허: 진술입니다. 역사적 사실들에 근거하여 입증 가능한 확신을 표현한 겁니다.

뉘른베르크 재판 기록, 1946년 4월 29일

우리의 목적은 정보 전달이 아니었다. 선동하고 고무하며 부추기는 것이었다. 우리가 만든 조직은 어떤 의미에서는 굼뜬 자를 잠에서 깨워 끊임없이 행동을 취하도록 몰아치는 채찍 역할을 해야 한다.

요제프 괴벨스, 1938년

# 비 열 한   선 동 가

지금까지는 회한에 차 있던 로베르트 레이—노동권 측면에서 볼 때 여러 모로 미래주의자—와 반항적이고 카리스마가 넘치던 헤르만 괴링을 만나보았다. 둘 다 막대기 그림 같은 단순한 악마들이 아니었고 비전과 악의가 뒤섞인 굉장히 복합적인 혼합물에 가까웠다. 일말의 장점도 섞여 들어가지 않은 순전한 비열함을 찾는다면 율리우스 스트라이허를 보면 될 것이다.

스트라이허가 뉘른베르크 법정에 선 것은 처음이 아니었다. 과거 수년간 스트라이허는 비방, 부정부패, 가학행위, 강간 등으로 재판을 받은 적이 여러 차례 있었다.[1] 길버트에게는 재판 받았던 경험을 자랑하기도 했다. "열두세 번쯤 될 거요. 재판이야 많이 받아봤지. 익숙한 일이라오."[2] 다름 아닌 뉘른베르크 교도소에 수감된 적도 있었다. 전쟁 발발 전 성범죄로 투옥됐던 것이다.[3] 켈리에게는 자신이 "양심에 떳떳"하기 때문에 감옥에서도 잘 잔다고 말하기도 했다.[4]

스트라이허는 항상 섹스와 폭력에 얽매여 있었다. 섹스에 관한 생각에 늘 사로잡혀 있다 보니 어린이들에게도 성적인 활동에 대해 물어봤고 밤마다 경험했던 자신의 몽정에 대해 이야기하기도 했다.[5] 스트라이허는 사람을 구타하며 쾌감을 느꼈고 수감자들에게 매질을 하며 긴장을 해소했다.[6] 아직 힘이 넘치던 시절 그는 수감자들에게 또 한 차례 채찍을 휘드르고 나서는 성적 흥분을 느꼈음을 인정했다. "이제야 마음이 편해졌어. 그게 또 필요했었다고!"[7]

스트라이허는 자신의 수감 기록을 자랑스러워했다. 나치 정권 하에서 권력의 정점에 있을 때는 본인이 있었던 감방에 명판을 달아 자신이 머물렀음을 기념하도록 지시했다. 그가 자랑스러워하던 그 방은 심지어 그곳을 방문하는 나치 대원들에게 순례 장소가 되어버렸다.[8] 그러나 과거에 수감 경험이 있었다고 해서 국제군사재판소에 의해 투옥된 것이 아무렇지 않을 리는 없었다. 겉으로는 매우 강인한 모습이었지만, 상황에 따른 스트레스가 그를 짓눌렀다. 스트라이허는 밤마다 어둠 속에서 괴성을 질러대며 뉘른베르크의 독방동을 깨우곤 했고 본인은 심장부정맥까지 생겼다.[9] 그러면서도 그는 항상 기죽지 않으려 애를 쓰며 방 안에서 나체로 운동을 하는 바람에 교도관들이 아주 질색을 했다.

스트라이허를 본 사람들은 그의 독특한 외모에 관한 이야기를 많이 했다(《사진 16》). 영국의 에어리 니브 소령은 스트라이허를 "동물원 우리에서 자기 치부를 드러내는 원숭이 같았다"고 표현하면서 "16세기의 외설적인 목판화" 속 소재처럼 "… 마치 웃통을 벗어젖힌 채 살갗이 타는 냄새를 만끽하는 무자비한 중세의 고문담당자[처럼 보였다]"라고 했다.[10] 기자 조엘 세이어는 이런 묘사를 덧붙였다.

키는 약 167센티미터밖에 안 되지만, 체중은 85킬로그램이 넘고 … 두툼하고 묵직한 몸은 마치 고갈되지 않는 축전지처럼 유럽 인종 특유의 힘이 넘친다. 두상은 계란형이고 … 그 위에 있는 것이라고는 한 쌍의 풍성한 눈썹과 콧수염뿐인데 … 이는 … 총통의 모습과 매우 흡사하다. … 그의 얼굴에서 가장 시선을 사로잡는 특징은 아마 눈일 것이다. 푸

악의 얼굴들

른 눈동자는 이글거리고 흰자에는 붉은 실이 박음질돼 있는 것 같다. 턱 아래로는 마치 매스티프(경비견으로 주로 쓰이는, 털이 짧고 덩치 큰 개_옮긴이)처럼 접힌 살이 덜렁거린다.[11]

레베카 웨스트의 묘사는 한층 더 심층적이다. "스트라이허는 가련한 인물이다. 사실 그의 죄목이 유죄인 것은 스트라이허 본인 때문이라기보다는 그가 속한 집단 때문이다. 그는 기껏해야 공원에서 문제나 일으키는 추잡한 늙은 호색한인데, 정신이 제대로 박힌 독일이었다면 일찌감치 정신병원에 보냈을 것이다."[12]

얼마 가지 않아 심문관들은 스트라이허가 비단 외모만 특이한 것이 아님을 알게 된다. 스트라이허의 '행동' 자체가 엄청난 역효과를 불러일으키고 있었다. 교도소 내에서 심문을 받는 동안 스트라이허는 놀라울 정도로 논쟁적인 태도를 견지하며 조금도 뉘우치지 않았다.[13] 한번은 자신의 결백 그리고 나치의 결백을 주장하며 이렇게 말하기도 했다. "여기서 일어난 일은 무엇이든지 전부 초인적 존재[히틀러]가 만들어낸 결과였다."

스트라이허는 연설이나 글로 청중이나 독자를 흥분시키는, 타고난 선동가였다. 열혈 독자들이 유대인들의 사악한 책략들에 관한 내용을 편지에 써서 보내면 그는 신이 나서 그 내용들을 반유대주의 주간신문 《데어 슈튀르머('공격자')》에 실어 다시 유통시켰다. 예를 들면, 정신병원의 한 환자는 유대인 의사들이 자신에게 몰래 아편을 투약해서 미치게 만들고 있으며 다른 환자들과 공모해 유령인 척하며 자신이 밤새 잠을 자지 못하게 만들고 있다고 써서 보냈다.[14] 스트라이허는 이런 것들 그리고 더 심한 이야기들—유대교의 의례적 살해, 성적 타락 그리고 독일의 대량 실업과 망국적인 인플레이션의 책임이 유대인들에게 있으며, 이들이 동구에서 몰려

**사진 16.** 율리우스 스트라이허. (국립문서보관소)

들어 와 가장 좋은 사업들과 땅을 차지했다는 증거들—로《데어 슈튀르
머》의 지면을 채웠다. 《데어 슈튀르머》는 유대인 의사들이 환자들을 독살
하고 있으며 유대인들이 선행을 하는 듯 보일 때도 그 진의는 사악한 것
이라고 보도했다.

심문과 재판을 진행하는 동안 연합국 측은 스트라이허가 과거에 냈던
다양한 기사들을 집중 조준했다.

질문: 그 기사를 승인했습니까? … 기사에 보면 '단종'이라는 단어를 썼
던데요?
답변: '단종'과 '파괴'는 독일어에서 두 개의 전혀 다른 단어입니다. 당시
나는 파괴에 대해 말하고 있던 겁니다. 이 '파괴'라는 단어는 총통께서

악의 얼굴들

사용하셨죠. … 독일어로 누군가의 목숨을 빼앗아야 한다고 말한다면 '죽었다'거나 '살해했다'는 표현을 쓸 겁니다. 하지만 난 '죽이다'가 정확한 표현이라고 생각합니다. 단종은 불임화의 결과일 수 있죠. … '단종'이 반드시 죽인다는 의미는 아닙니다.[15]

이런 해명은 재판에 전혀 도움이 되지 않았다. 물론 스트라이허가 수감자들을 죽이는 것을 반드시 옹호했던 것은 아니며, 불임화시키는 것을 옹호했을 수도 있다.

1945년 10월 20일, 피고들은 공식 기소됐다. 스트라이허는 공소장을 받고 이렇게 말했다. "소위 이 공소장이라는 거 순전히 헛소리야. 그자들은 희생양이 필요한 거지. 나는 그 따위 국제 정의는 믿지 않아. 차라리 각국의 유대인들이라고 하는 게 맞는 표현이라고."[16]

국제군사재판소는 피고측에서 선임 가능한 변호사 명단을 제공했으나, 스트라이허는 이를 거부했다. 명단에 있는 이름이 유대계 같았다는 것이 이유였다. 반유대주의자가 자신의 변호를 맡아주길 바랐던 것이다. 과거 나치 당원이었던 한스 마르크스 박사로 최종 결정한 것은 매우 상징적인 선택이었다. 다른 피고들은 신중하게 명단을 검토하고 관련된 여러 사항을 고민해 본 뒤 적절한 선택을 하고자 애를 썼다.[17]

스트라이허의 눈에는 어디를 가나 '유대인들'만 보였다. 가령, 잭슨 대법관의 진짜 이름은 '야콥슨'이며 아이젠하워는 유대인이라고 확신했다.[18] 길버트도 믿지 않았다. 정신과 의료진과 심리학자들 모두 유대인이라고 생각했기 때문이다. 켈리에 대해서도 의구심을 품었다.[19] 자신의 정치적 견해와는 상관없이 한스 마르크스는 변호하기에 극도로 힘든 의뢰인을 만난 셈이었다.

스트라이허가 계속 자기 무덤을 파면서 자신에게 불리하게 작용하는 이상한 행동을 했던 탓에, 재판부는 외부 전문가들에게 정신과 검진을 요청하게 된다. 대체로 피고들의 유죄를 확신했던 러시아가 오히려 나서서 이런 제안을 했을 정도였다. 스트라이허가 자신은 사실 시온주의자라고 말했기 때문이다. 이런 놀랄 만한 고백 때문에 러시아가 그의 정신적 안정 상태에 대해 모종의 의심을 품었던 것이다.[20] 의뢰인 때문에 속을 썩였던 스트라이허의 담당 변호사 역시 정신 감정을 요청하고 나섰다.

러시아, 프랑스, 미국에서 정신과의사 세 명을 모집해 자문을 구했다. 헤스에 관한 포괄적인 정신감정 보고서와는 대조적으로, 스트라이허에 관한 전문가들의 소견은 간결하고 명확했다. "피고 율리우스 스트라이허는 정신이 온전합니다. 피고는 법정에 출두하여 스스로 항변할 만한 능력이 있습니다. 율리우스 스트라이허의 정신이 온전하다는 것은 검사관들이 만장일치로 내린 결론이며, 따라서 그는 공소장에 언급된 기간 동안 자신이 했던 행위들의 성격 및 특성을 이해할 만한 능력이 있습니다."[21]

스트라이허에 대한 재판은 1946년 1월 10일 열렸다. 법정에서 허락된 변론 시간은 비교적 짧은 편이었지만, 법적 쟁점만큼은 특이했다. 스트라이허는 나치가 보기에도 너무 야비한 인물이었기 때문에, 나치는 1939년 가을, 연설을 하지 못하게 금지시켰을 뿐만 아니라 1940년부터는 가택연금을 시키기도 했다. 따라서 재판소에서는 스트라이허가 전쟁 개시나 전쟁 범죄를 공모했음을 입증하기는 어려웠다. 재판소는 그가 오랫동안 인종혐오를 맹렬히 퍼뜨려왔으며, 이는 비인도적 범죄에 해당한다는 이유를 들어 기소하게 된다.

스트라이허가 여러 기고문과 연설을 통해 폭력 선동을 했다는 역사적 기록은 수두룩했다. 어쨌든, 스트라이허가 썼던 글 가운데는 이런 것도

악의 얼굴들

있었다.

아리아 여성 한 명이 유대인과 단 한 차례 동거하기만 해도 그녀의 피는
영원히 독으로 오염된다. '외래의 알부민'을 통해 외래의 영혼을 흡수한
것이다. 다시는 순수한 아리아 혈통의 자녀를 가질 수 없을 것이다. 아
리아인과 결혼을 한다 해도 말이다. 두 갈래의 혈통과 영혼을 지닌 잡
종들이 되고 말 것이다. 아이들 역시 잡종일 것이다. 불안정한 특성을
지니고 질병에 취약한, 추한 사람들이 된다는 뜻이다. 이제 우리는 유대
인들이 최대한 어린 나이의 독일 소녀들을 강탈하기 위해 온갖 유혹의
기술을 동원하는 이유와 유대인 의사들이 여성 환자들이 마취돼 있는
동안 강간하는 이유를 다 안다. … 그자는 독일인 소녀와 독일인 여성
이 유대 혈통의 외래 정자를 흡수하길 바라는 것이다.[22]

다른 글에서 스트라이허는 인종 오염을 자행한 유대인들을 사형시키자
고 주장했고, 독일은 러시아를 침공해 모든 유대인과 공산주의자들을 세
계에서 제거해버려야 한다고 선동했다. "완전히 단종시켜야 한다. 그러고
나면 유대인들의 종말이 곧 볼셰비즘의 종말이기도 하다는 사실을 온 세
계가 알게 될 것이다."[23]

스트라이허는 1946년 4월 26일 변론을 했고, 4월 29일에는 검찰 측으
로부터 반대심문을 받았다. 검찰은 스트라이허가 유대인들이 "흡혈귀들
과 착취자들로 이루어진 민족"이라고 씀으로써 인종혐오를 부추긴 것은
아닌지 물으면서 발언을 유도해내려 했다. 스트라이허는 이렇게 답변했다.
"혐오를 설파한 것이 아닙니다. 그저 사실을 진술한 것입니다."[24]

그의 이런 공격적인 태도는 재판소 측에 좋지 않은 인상을 남겼고 동료

피고들마저도 비난받을 만하다고 느낄 정도였다. 스트라이허가 증언하는 동안 괴링은 헤스에게 귓속말을 했다. "음, 적어도 우린 좋은 일 하나는 했군. 저 얼간이[스트라이허]를 쫓아내잖아."[25] 또 다른 피고 하나는 길버트에게 이렇게 말했다. "흠, 저 사람 목에 결국 올가미를 쓰는군요. 적어도 이쪽 피고석 생각은 그래요."[26]

증언이 있던 어느 날 스트라이허는 담당 변호사와 요란하게 언쟁을 한 적도 있었다. 그는 변호사 마르크스가 유대교에 의례적 살해가 실존했다는 '증거'를 포함시키지 않으려는 것에 매우 분개했다. 변호사는 그 대신 스트라이허가 나치 수뇌부에서 광범위하게 미움을 샀고 1939년 가을 이후로는 직책에서 밀려난 상태였으므로 다른 사람들을 효과적으로 선동하기는 힘들었을 것이라는 주장을 펼쳤다. 이런 전략은 사실에 입각한 것이기는 했으나 스트라이허로서는 매우 치욕적이고 화가 나는 것이었다. 그는 자신이 이미 권력을 박탈당한 상태였다는 사실을 완강히 부인했다. 스트라이허는 담당 변호사의 질문에 갈수록 공격적으로 반응했으며, 마르크스가 일을 잘 못하고 있으며, 자신이 원하는 대로 제대로 변론을 하고 있지 않다며 고함을 질러댔다. 이에 재판부는 스트라이허에게 진정하지 않으면 법정에서 강제로 퇴장시키겠다고 경고했고, 잭슨 대법관은 법정 모독 혐의로 그를 소환하겠다고까지 했다. 옛 말에 있듯, "혀는 목의 적이다."

변론 중에 스트라이허는 이렇게 주장했다. "내 글을 읽고 유대인을 죽였다고 말한 사람이 있다면 어디 한번 데려와 보시오." 자신은 살해에 대해서는 알지 못했으므로 그 일에 대해 책임을 물을 수는 없다는 주장이었다. "나는 '유대인들의 집을 불태우고 유대인들을 때려 죽여라'라고 쓴 적이 한 번도 없습니다. 그런 식의 선동이 《데어 슈튀르머》에 등장한 적은

악의 얼굴들

단 한 번도 없고요."²⁷ 이어 자신의 목적은 단지 유대인들을 독일 밖으로, 자기네 고향으로 가게 만드는 것이었다(그러므로 자신은 시온주의자)라고 주장했다. 최종 진술에서 잭슨은 스트라이허의 증언에 대해 "프랑코니아 관구장님은 유대인에 관한 더러운 글을 쏟아내는 걸 업으로 삼고 있으면서도 누구든 그 글을 읽게 되리라고는 '전혀 생각 못하셨군요'"라며 빈정댔다.²⁸

## 강 박 적   집 착 이   삶 을   지 배 한   사 람

길버트는 스트라이허를 완고하고 무신경하며 강박적인 인물이라고 보았다. "성서를 외설 문학으로 간주하며, 유대인이라는 이유로 그리스도마저 싫어한다."²⁹ 스트라이허는 만나는 사람 모두를 불쾌하게 만드는 데 재주가 있었다. 괴링이 아이를 가질 수 없었을 거라고 주장하다가 그의 눈밖에 나서 장기간 가택연금을 당한 이후에도 스트라이허는 자제하지 못하고 추잡스럽게 같은 주장을 (또!) 뉘른베르크에서 길버트에게 되풀이했다.³⁰

길버트와 스트라이허가 나눴던 다음 대화를 보면 그들 사이의 분위기가 어땠는지를 알 수 있다.

> 길버트(스트라이허를 보며): 유대인들에 관해 성적으로 추잡한 이야기들을 죄다 인쇄해야만 했던 이유는 뭡니까?
> 스트라이허: 뭐 다 탈무드에 있는 거니까요. 유대인들은 다 할례를 받은 민족이죠. 요셉이 바로의 딸들을 인종 오염시켰잖습니까? … [판사들이] 지금 나를 십자가에 매달고 있는 거예요. 정말입니다. 판사 세 명

이 유대인이죠.

길버트: 어떻게 압니까?

스트라이허: 나는 혈통을 감지할 줄 알거든요. 그중 셋은 내가 쳐다보면 불편해하는 기색이 역력하죠. 확실해요. 난 지난 20년간 인종 연구를 해온 사람입니다.[31]


길버트가 일기장에 쓴 평은 이렇다. "이 정신 삐딱한 사람 옆에서 견뎌낼 수 있는 시간은 한 번에 15분이 최대치이다. 그는 절대 노선을 변경하는 법이 없다. 전 세계의 유대인과 할례는 스트라이허 혼자만의 음탕한 생각들과 공격성을 포르노적 반유대주의에 투사시키는 통로 역할을 하고 있다."[32]

길버트는 스트라이허에게 유대인들을 어떻게 알아볼 수 있느냐고 물었다. 스트라이허가 선뜻 달려들 만한 질문이었다. 대답은 다소 뜻밖이었다. 유대인의 등이라는 것이다. "유대인의 등은 다른 민족의 등과는 달라요. 유대인의 등은 굉장히 여성적이어서—아주 섬세하고 여성스러워요—그들이 걸을 때 흔들거리는 모습을 보면 바로 알 수 있지요."[33]

한편 길버트는 스트라이허의 IQ를 검사했는데 스트라이허는 간단한 수학 문제("50페니히로 2페니히짜리 우표 일곱 장을 사면 거스름돈으로 얼마를 받게 되는가")를 푸는 데 꼬박 1분이 걸렸다.[34] 길버트는 스트라이허가 정밀한 정신과 진단을 받은 적은 없지만 비정상적인 편집증적 성격을 지닌 인물이라고 생각했고 이렇게 결론을 내렸다. "그의 태도를 보면 가학성이나 수치심이 아예 없다. 그저 냉정하고 무감하며 강박적인 특성이 있을 뿐이다."[35]

1946년 7월 26일 검찰 측의 최종논고를 듣고 나서 상당히 얌전해진 스트라이허는 이제 유대인들을 도울 준비가 됐다고 길버트에게 말했다.

악의 얼굴들

"나는 그들의 투쟁에 함께하며 그들을 도울 준비가 돼 있습니다. … 유대인들이 세상을 지배할 거예요. 그렇게 되면 난 그들의 승리를 도왔으니 행복할 겁니다."[36]

켈리 역시 스트라이허에 관한 광범위한 소견을 내놓았다. 이에 따르면 스트라이허는 반유대주의에 미친 편집증적 인물이었다. "체계화된 일련의 믿음이 있고 … 그 토대는 주지의 사실들이 아니라 순전히 자기 자신의 감정과 편견들이었다. … 다른 문제들에 대해서는 대체로 이성적이었다."[37] 스트라이허라는 인물에 호기심이 일었던 켈리는 이런 견해를 덧붙였다. "오직 감정대로 살고 감정에 충실하게 사는 사람이었다. 스트라이허가 대머리에 배는 불룩하고 피부는 축 늘어진 모습으로 자기 침대에 늘어져 있는 것을 보았다면, 누구든 이 인간이 한때는 '지각 있는' 독일인들 수천 명을 매료시킨 적이 있었다는 사실을 믿기 힘들 것이다."[38]

스트라이허는 자신을 유대인들에게 희생당한 영웅이라 생각했다. 켈리에게 한 말을 들어보자. "진실과 분별력을 지닌 자들은 늘 소수라는 것이 전 세계 역사를 통해 입증됐습니다. 나는 그 소수집단에 속한 사람이지요. 진실을 개척하는 이들 가운데 내가 속해 있다는 사실은 이 시련의 시간 속에서 모든 역경을 견디고 살아남을 수 있는 강인한 정신력의 원천입니다."[39]

1945년 12월 13일 켈리가 적은 검사 결과를 보면 스트라이허의 정신 상태는 정상이라고 적혀 있다. 하지만, "사고의 내용"에는 이렇게 흘려 적었다. "수년간의 자기암시에 이어 유대인 박해에 관한 고정관념이 드러남." 그런 다음 모든 전범들에게 해당하는 뻔한 문장을 덧붙였다. "이 사람은 법적 능력이 있으며 어떤 정신병리학적 징후도 보이지 않는다. 재판을 받을 수 있다."[40]

이처럼 요약은 간단하게 했지만, 켈리는 스트라이허의 로르샤흐 검사에 관해 할 말이 많았고 검사를 통해 정상적인 성격과 더불어 뚜렷한 외향성 특징(주로 감정 및 충동에 따라 표현되는 답변들)을 확인할 수 있었다고 결론지었다.[41] 스트라이허의 스트레스 내성(운동 및 색채 반응 조합으로 측정)은 놀라울 정도로 높은 수준이었지만, 기타 반응들을 보면 심각한 수준의 스트레스를 받고 있었던 것으로 나타났다(음영 반응에 대한 과장된 표현에서 추론). 잉크반점 검사내용에서 스트라이허가 보인 반응 가운데는 해부와 관련된 것들이 많았다(해골, 해부학 표본, 골반뼈, 혈액, 보존처리된 반월상연골). 이런 반응은 통상적으로 우울증 지표로 본다.[42] 어쨌든 그는 결국 교도소에 수감됐고 전범으로서 재판을 앞두고 있었다. 누구든 스트레스와 우울 반응이 예상되는 상황이었다.

1946년 1월 5일 교도소 기록에 켈리는 이렇게 적었다.

> 스트라이허는 세상에서 도저히 인정받을 수 없는 아주 저속한 유형으로, 한 가지 생각에 고착돼버린 인물이다. 이런 신념은 곧 사실상 명백한 편집광적 증상으로 변했다. 그는 진심으로 그렇게 믿고 있고, 그 믿음으로 재판을 끝까지 갈 것이 분명해 보인다. 지능은 보통 수준에 불과하며 유일하게 확인 가능한 성취는 망상에 가까운 신념뿐이다. 사실도 아닌 기이한 생각들을 진짜 망상이라고 여기지도 않으니, 정신이 멀쩡한 것이 분명하다. 물론, 전부 잘못된 신념이기는 하나, 하도 오랫동안 그 신념들을 입증하고자 애쓰다 보니 적어도 본인만큼은 실제로 믿게 되었다. 스스로를 개종시킨 셈이다.[43]

훗날 뉘른베르크의 어느 정신과의사는 이렇게 적었다. "스트라이허는

악의 얼굴들

성적으로나 다른 측면에서 여러 갈등을 오래 겪어온 정신병질적 성격으로 보인다. 이런 결함이 강박적 집착으로 발현되었으며, 이것이 지난 20년간 좁은 개울처럼 흐르던 그의 삶을 가득 채우고 말았다."[44]

## 성 격 장 애

스트라이허를 본 사람들은 모두 입을 모아 '편집증'을 이야기했다. 편집증은 일종의 성격 유형에서부터 정신병에 이르기까지를 다양하게 지칭하는 용어다. 검사자들 가운데 스트라이허가 정신병이 있다고 보는 이는 거의 없었고, 의심증, 폭력, 성적 타락은 평생 지속된 행동 패턴을 반영하는 것이라고 보았다. 혐오감을 주는 온갖 믿음과 행동들은 도덕적 결함을 나타내는 것이지 반드시 정신장애가 있어서는 아니다. 그러나 스트라이허의 강박적 의심은 답하기 쉽지 않은 몇 가지 질문을 제기한다. 고집스럽게 고수하는 불쾌한 정치적 견해들은 정신장애의 사례인가? 그러한 견해가 특정 문화 안에서 광범위하게 받아들여지고 있는 경우 이 질문은 특히나 껄끄러운 문제가 된다. 오늘날 정신과의사들과 심리학자들은 그렇게 문화권 내에서 받아들여진 신념들은 정신의학적 진단의 근거에서 배제시킨다. 어떤 문화권 내의 신념들이 오류에 기반한다거나 폭력을 선동한다고 해서 그 문화를 "치료"할 수는 없는 것이다.

스트라이허의 행동은 나치의 기준에서도 도를 넘는 것이었다는 점에서 흥미롭다. 그저 폭력적이고 부패했으며, 이데올로기적 노선이 뚜렷한 반유대주의적인 나치 당원은 아니었던 것이다. 스트라이허에게 반유대주의는 훨씬 더 존재의 핵심 같은 것에 가까웠다. 반유대주의는 곧 그의 북극성이었다. 다시 말해, 행동의 지침이 되는 표지판 같은 것이었다.

자서전들은 내용이나 형식뿐만 아니라, 각 개인이 자기 삶의 특징들 가운데 부각시키고 싶은 것을 어떻게 걸러내고 골라내는지를 보여준다는 측면에서 호기심을 자아낸다. 1945년 10월 감옥에서 대기하는 동안 스트라이허는 자서전적 진술서 두 가지를 작성했다. 그중 더 긴 글은 행간 여백 없이 빽빽하게 타자를 쳐 두 장 반 분량으로 작성한 것이었는데, 내용의 60퍼센트가량을 유대인들은 위험한 존재라는 자기 신념에 할애하고 있다.[45] 그는 켈리의 요청으로 짤막한 손글씨 답장을 보내기도 했다.

> 켈리 대령님께
>
> 저는 1885년 2월 12일에 태어났습니다. 4남 3녀 중 다섯째입니다. 저는 작가이며, 한때 프랑켄 관구장이기도 했지요.
>
> "그분은 하늘에 동쪽 바람을 일으키셨고 당신 힘으로 남쪽 바람을 불러오셨네."
>
> 저의 몸은 건강한 것 같습니다.
>
> 율리우스 스트라이허[46]

편지는 자신의 가족에 대한 상투적인 문장으로 시작했지만, 이후에는 작가이자 당 지도자로서의 자기 정체성을 내세우고 있다. 그러나 시편 78장 26절을 인용하여 끼워 넣은 것은 특이하면서도 문맥에도 벗어난 듯 보인다. 겸손, 체념, 비장함의 표현으로 읽을 수도 있을 것이다. 어쨌든 평소 그의 편집증과는 사뭇 다른 '어떤 것'을 암시한다.

스트라이허의 행동은 확실히 국가사회주의에 의해 조장된 측면도 있었으나, 단지 그것만은 아니었다. 아마 성격장애도 있었을 것이다. 성격이

악의 얼굴들

란 한 개인의 삶, 고유한 기질 등 지속되는 패턴을 의미한다. 사람들은 누구나 살면서 악천후를 만난다. 몇 차례씩 폭풍우가 몰아치는 흐린 날들이 있고 아주 혹독할 때도 있다. 그러나 성격은 개인의 특유한 '기후'다. 그런 점에서 스트라이허의 기후는 비정상이었다. 부정부패, 의심, 폭력, 성폭력으로 점철됐던 것이다.

성격패턴은 정신의학에서 언제나 안개가 잔뜩 낀 영역이었다. 우리 주변에는 공격적이고 의심에 가득 차 있으며 강박적이거나 시무룩한 사람들이 몇 명쯤은 있을 것이다. 그런가 하면 활달하고 '특이'하거나 자기 자신에게 온통 정신이 쏠려 있는 사람들도 있다. 사람들 대부분은 이 모든 특징이 시시각각 다르게 혼합돼 나타난다. 하지만 세상과 관계 맺는 이런 방식들이 두드러지거나 경직돼버릴 경우, 성격장애가 발생한다. 대개 이런 장애는 윤곽이 불분명하여 멋대로 모습을 바꾼다.

성격장애는 다양하다. 성격장애로 심각하게 고통받는 환자들 중에는 주변 사람들을 괴롭히는 경우도 있다. 이런 환자들 대부분은 다른 사람에게 불쾌감을 준다. 그런가 하면 상당히 매력적으로 보이는 사람들도 있다. 하지만 스트라이허에 대해 제아무리 많은 형용사를 동원한다고 해도 '매력적'이라는 표현을 쓸 사람은 아무도 없을 것이다.

언젠가 우연히 읽게 된 키케로의 『투스쿨룸 논쟁』에 묘사된 성격 패턴에 대한 부분은 너무도 생생해서 깜짝 놀랄 정도였다. 기원전 45년 키케로는 사람들이 "온갖 유형의 타락과 도착"에 시달리고 있다고 썼다. "육체보다는 정신에 더 많은 장애들이 있고 이는 성격상 더 위험하다. … 정신에 문제가 생기면 … 어떤 것도 참고 견디지 못하며, 온갖 욕망의 끝없는 영향에 시달리게 된다." 키케로는 이런 "타락"을 깊이 뿌리내리게 하고 부추기는 것은 여러 사회적 힘이라고 지적했다. "[만약] 다수가 잘못된 일에

만장일치로 찬성 의사를 밝히면, 우리도 한꺼번에 휩쓸리게 된다." 마치 국가사회주의 체제 하의 스트라이허 이야기를 쓴 것이 아닌가 하는 생각이 들 정도였다.[47]

하지만 어쩌면 나는 핵심적인 문제를 비켜가고 있는지도 모른다. 쉽지 않은 상황이었겠지만 만일 스트라이허가 정신과의사나 심리학자의 연구실을 들락거렸더라면 일종의 성격장애—타인들과의 일그러진 관계들과 분열된 자의식이라는 오래 고착된 패턴—가 있다는 진단을 받았을 것이다. 치료가 이뤄지는 연구실 밖에서라면 그저 "나쁜 종자"—논쟁적이고 폭력적이며 부패했고 의심하기를 좋아하며 타락한 자—라고 치부됐을 것이다. 12장에서는 스트라이허 같은 개인이 악의 본성에 대해 다른 관점을 제기하는지 다룰 것이다.

## 처 형

방침이 그랬다. 교수형 집행 전, 각 사형수는 성명을 대라는 요청을 받았다. 스트라이허는 이를 거부했고, 마지막 저항의 몸짓이라도 되는 듯 소리쳤다. "히틀러 만세! 당신은 내 이름을 아주 잘 아시지요!" 교수형 집행인은 스트라이허의 머리 위로 힘겹게 올가미를 씌웠다. 스트라이허의 마지막 말은 "1946년 푸림 축일"이었다. 구약성서 에스델을 인용하며 하만의 교수형 집행을 언급한 것은 놀라우리만치 빈틈없이 계산된 발언이었다. 그는 계속 비명을 질러댔다. "볼셰비키가 언젠가는 '너희' 목을 매달아줄 것이다!"[48]

참관인들은 처형이 엉망진창이었다고 보고했다. 스트라이허는 교수대에서 몸부림을 쳤고, 바닥의 문이 열렸을 때 그는 발버둥 치며 떨어졌으나 직선 낙하가 아니었다. 스트라이허가 죽어가며 내는 신음소리는 꽤나 오랫동안 들렸다. 막판에 얄궂은 반전이 일어났으니, 화장된 그의 유해는 훗날 뿌려지기 전까지 에이브러햄 골드버그라는 이름이 붙은 단지에 안치되어 있었다.[49]

**8**

# "그야말로 완전히 미친"
## 루돌프 헤스

헤스는 단연 눈에 띄었다. 그야말로 완전히 미친 사람이었기 때문이다. 완전히 미쳐 있었으므로 그가 재판을 받아야 한다는 사실이 모욕적으로 느껴질 정도였다. 피부는 창백했고 희한한 능력—정신이상자들에게 자주 보이는 독특한 능력—이 있어서 정상적인 사람이면 몇 분도 유지하기 힘든 비틀린 자세를 취한 채 몇 시간이고 그대로 있곤 했다. … 그의 정신에는 아무런 겉면이 없는 것 같았다. 폭파되어 산산이 날아가버린 뒤 악몽들이 모여 사는 심연만이 남은 것 같았다.

레베카 웨스트, "시클라멘이 있는 온실 1," 1946년

도식적으로 비유해 온전한 정신을 도로로, 광기를 인도로 친다면, 헤스가 인생의 대부분을 소모한 곳은 연석緣石 위였다.

더글러스 켈리, 『뉘른베르크의 22개의 방』, 1947년

악의 얼굴들

## 수 수 께 끼  같 은  인 물

　순전히 악의로만 똘똘 뭉친 스트라이허와는 대조적으로, 시체 같은 모습에 유난히 눈썹 숱이 많은 헤스는 정신감정을 놓고 수많은 문제들이 제기된 인물이었다((사진17)). 괴링의 부패하고 외향적인 쾌락주의에 비해 헤스는, 뭐랄까, "달랐다." 헤스는 융통성 없이 정직하고 수줍음을 타면서도 히틀러에게만큼은 광적으로 충성하는(길버트는 "주인에게 개처럼 헌신한다"라는 표현을 썼다) 내향적 인물이었다.[1] 헤스는 간헐적 기억상실과 지속적인 통증을 호소했으며, 유대인들의 최면에 걸린 연합국 측이 자신을 독살하려 한다고 믿었다. 그는 복통으로 신음하며 몸을 앞뒤로 흔들곤 했지

**사진 17.** 독방 안에서 책을 읽고 있는 루돌프 헤스 (미국립문서보관소)

172

만, 주의를 다른 곳으로 돌리기만 하면 즉각 하던 행동을 멈추었다. 헤스는 정신이 나간 듯 멍해 보였고, 재판이 진행되는 내내 괴상한 자세로 있었다. 한 방청인은 이렇게 표현했다. "수척한 모습에, 말 그대로 정신이 '나간' 듯했고 … 내가 정신과의사나 정신분석가는 아니지만 헤스는 자기 삶과 주변의 상황으로부터 완전히 손을 뗀 사람처럼 보였다."[2]

의학 자문위원들의 의견 역시 같은 의견이었다.《랜싯Lancet》의 한 사설은 헤스의 "주요 진단명은 아마 편집성 조현병일 가능성이 높다"고 결론지었으며, 이는 히스테리성 기억상실, 꾀병, 거부증 등 부가적인 문제들로 악화되었다고 썼다.[3] 몇몇 자문위원들은 헤스가 기본적으로 수많은 전문가들을 눈속임하는 노련한 꾀병 환자라고 느끼기도 했다.

## 정신이상과 기억상실

1920년대에 히틀러와 함께 투옥된 적이 있었고『나의 투쟁』집필을 돕기도 했던 헤스는 이 인연으로 나치당을 이끌게 됐으며, 친나치 성향 국제 조직들과의 접촉을 비롯하여 교육, 종교, 노동 분야의 활동을 관장했다. 외모나 성격이 평범하지는 않았지만, 헤스는 초창기 뉘른베르크 집회에서 인기 있는 연사였다. 연설은 신비한 감상적 성격이 가득했으며, 자기희생에 대한 호소가 있었다. 연설에서 헤스는 히틀러가 "독일의 운명을 위해 신성한 임무를 완수 중"이라고 주장했으며, "버터보다 총"이라는 군국주의적 구호를 자주 사용했다. 한편 부총통이었을 때는 오스트리아와 체코슬로바키아 침공 계획에 일조하기도 했다.

전쟁이 길어지자, 헤스의 영향력도 차츰 약해졌다. 히틀러의 측근들 사이에서 그가 드러낸 온갖 기행들과 시기심 때문이었다. 헤스는 전쟁의 제 2전선—임박한 나치의 러시아 침공—을 기상천외하고도 거창한 계획을 통해 저지하려고 했다. 비밀리에 전투기를 몰고 영국으로 갔던 것이다. 독일과 연합하여 러시아에 맞서도록 영국군을 설득하려는 생각이었다. 영국은 그의 행동에 당혹스러워했고, 이 사건에 충격받은 히틀러는 분노하며 헤스의 당원자격을 박탈하고 "정신이상"이라 공표하게 된다.

영국군은 곧 이 "정신이상"을 실제로 맛보았다. 영국의 정신과의사들은 헤스의 조현병을 의심했다. "그는 자신이 비밀요원들에 둘러싸여 있다고 굳게 믿고 있었다. 요원들은 자신을 죽이는 것이 임무여서 자살을 하게 만들거나 살해 뒤 자살처럼 위장을 하거나 혹은 음식에 독극물을 타 독살하려 한다는 것이다."[4]

헤스는 정치인 가운데 정신의학적 이력이 가장 잘 기록돼 있는 경우다. 정신상태는 수감 기간 동안 끊임없이 변했고, 편집증, 기억상실, 건강에 대한 집착 등이 번갈아 나타났다. 뉘르베르크 법정의 주된 의문은 하나였다. 헤스는 거짓연기를 하고 있었을까?

정신질환을 가장하는 것은 예로부터 수감자들이 써온 전략이었다. 구약성서에도 다윗이 갓[Gath] 나라 왕으로부터 스스로를 지키기 위해 성문에 글자를 아무렇게나 휘갈겨 쓰고 수염에 침을 흘리는 등 미친 척했다는 이야기가 나온다(사무엘상 21:12~15).[5] 역사적으로 피고들은 처벌을 피하기 위해 미친 척하는 경우가 많았다. 헤스도 이런 경우에 해당했던 것일까? 미군 심문국 책임자였던 존 에이먼 역시 많은 다른 사람들과 마찬가지로 그렇게 생각했다. 인용된 다음 대화를 보면 에이먼의 심문에 대해 어느 정도 감이 잡힌다. 기억 문제의 근원이 무엇이었든, 헤스는 영리한 남자였다.

에이먼: 기억을 잃는다는 생각은 언제 처음 했습니까? 그게 현명한 일이 될 거라고 언제 생각한 거죠?

헤스: 제가 당신을 속이기 위해 기억을 잃는 게 좋은 방법일 거라고 생각한다는 상상을 하시는 겁니까?

에이먼: 당신이 저지른 죄를 기억하지 못한다면, 우리로서는 일이 더 힘들어질 테니까요, 안 그렇습니까? … 당신은 아내 이름이 기억 안 난다고 하는데, 영국 측에서 알려주기로는 당신은 늘 아내에게 편지를 썼다더군요.

헤스: 아, 그래요. 아내에게 편지를 여러 번 받았으니까요. 그래서 봉투에 있는 그 이름을 보고 베껴 썼지요.[6]

후속 심문은 동일한 방식으로 이어졌다. 에이먼은 늘 헤스의 허를 찔러보려 애썼고, 그때마다 헤스는 그럴싸하게 기억상실을 호소하거나 어떻게든 답변에 나름대로 '방향 전환'을 해가며 요리조리 피해갔다. 축구경기로 친다면, 에이먼의 패배였을 것이다.

질문: 당신의 공식적인 최종 직책은 무엇이었습니까?

답변: 안타깝게도 당시는 이미 제가 더 이상 기억하지 못하는 시기에 해당합니다. … 흔히 있는 일이고 특히 전쟁 중에는 더 그렇다고 의사가 제게 그러더군요. 하지만 제 기억이 돌아올 가능성도 어느 정도 있다고 했습니다. 10~14일 전에 무슨 일이 일어났는지조차 기억 못하는 경우가 왕왕 있어요. … 어제 의사에게 들었는데 … 자기 이름조차 모르게 되는 경우도 가끔 생긴다더군요. 그런데 어떤 충격에 의해 갑자기 모든 기억이 다시 돌아오는 일도 있을 수 있답니다. 저로서는 아주 끔찍한 일

악의 얼굴들

이고 모든 게 거기에 달려 있어요. 앞으로 있을 재판에서 저는 제 스스로를 방어해야 할 테니까요. 제가 스스로 방어할 수 없다면 저를 방어할 사람은 아무도 없는 겁니다.

질문: 독일에서 당신이 마지막으로 있었던 공식 직책이 무엇이었는지도 기억할 수 없다는 말씀입니까?

답변: 기억 안 납니다. 전혀 생각이 안 나요. 안개 낀 것처럼 말이죠.

질문: 현재 진행 중인 재판이 무엇 때문인지도 모르십니까?

답변: 전혀 모릅니다. 제가 기소된 상태라는 이야기를 들었는지조차 잘 모르겠습니다. 정치적인 재판이라는 건 압니다.

질문: 유대인들이 누군지는 압니까?

답변: 네, 민족이지요. 한 인종입니다.

질문: 당신은 그들을 별로 좋아하지 않았습니다, 맞습니까?

답변: 유대인 말씀이죠, 안 좋아했습니다.

질문: 그렇다면 당신이 유대인들에 대한 몇 가지 법을 통과시켰지요, 맞습니까?

답변: 그리 말씀하신다면, 저는 믿어야만 하겠지요. 하지만 저는 모릅니다.[7]


**심문은 다음 날도 계속됐다.**

질문: 오늘 기억력은 어떻습니까?

답변: 똑같습니다, 전혀 다른 게 없어요. 지금 기분이 별로군요. 방금 장에 경련이 일어났거든요.

질문: 기억을 잃어버렸다는 생각은 언제 했습니까?

답변: 모르겠습니다. 지금 기억이 없다는 건 사실입니다.

질문: 이봐요, 기억을 잃는 편이 현명하다는 그 생각은 언제 한 겁니까?

답변: 전혀 이해가 안 가는군요. 그러니까 그 말씀은 … 제가 기억을 잃어버린 다음 그런 식으로 당신을 속이는 게 좋은 방법이겠다고 생각을 했다는 말입니까?

질문: 그렇소. 바로 그 얘깁니다.

답변: 음, 전 그저 그게 사실이 아니라는 것밖에 할 말이 없군요.

질문: 아니, 향후 재판과 관련하여 그게 굉장히 도움이 되겠죠. 그렇지 않습니까?

답변: … 제가 거기서 기억을 잃음으로써 얻을 수 있는 이득이란 게 이해가 안 갑니다.

질문: 아, 그게 아니라, 예를 들면, 당신이 여러 사람을 살해하도록 지시했을 때 말입니다. 당신이 한 일이죠.

답변: 제가 그랬다고요?

질문: 그렇소, 증인들이 그렇게 진술하고 있습니다.

답변: 그 말씀은 제가 기억을 못 하니, 증인들의 신뢰도가 떨어진다는 뜻입니까?

질문: 아, 뭐 비슷합니다.

답변: 아니면, 제가 지금 거짓말을 하고 있기 때문이라는 말씀입니까?

질문: 사람들이 당신에 대해 측은하게 여기게 하려고 말이지요.[8]


에이먼 대령은 1945년 10월 헤스에게 정식으로 공소장을 보냈고 2주 뒤 다시 만났으며 이 자리에는 켈리도 동석했다. 그 자리에서 헤스는 과거 여러 번 심문을 받았음에도 불구하고 에이먼을 모른다고까지 했다.

뉘른베르크에 도착했을 당시에는 복도를 지나다 괴링을 마주치자마자

악의 얼굴들

나치식 경례를 하고 "히틀러 만세"를 외쳤음에도 이후에는 자신은 괴링을 몰랐다고 발뺌을 했던 헤스였다.[9] 앤드러스는 헤스가 말하는 것은 "모두 다 거짓"이라고 생각했다.[10] 만일 헤스가 기억상실이라면 대체 영어로 말하는 법은 어떻게 기억해낼 수 있었겠느냐며 켈리에게 되물었다. 앤드러스는 헤스의 기억상실 문제를 돌파해 보려 악착같이 매달렸다. 그는 헤스에게 초기의 뉘른베르크 집회들에 관한 영상들을 보여주기도 했지만 헤스는 여전히 기억이 안 난다고 주장했다. "분명히 저기 제가 있으니 제가 거기 있었던 게 틀림없겠죠. 그런데 … 기억이 안 납니다."[11]

심문관들은 헤스의 아내, 과거 비서들, 예전 은사 등을 데려와서 기억을 되살려보려 했다. 하지만 헤스는 그중 어느 누구도 기억하지 못했다. 앤드러스 교도소장은 이것이 헤스의 동성애의 증거라고 생각했다. 즉, 히틀러와 함께 수년 전 란스베르크 교도소의 같은 감방에 수감된 적이 있었던 헤스가 히틀러의 이름은 기억해냈지만 아내의 이름은 기억하지 못했다는 것이다. 켈리에게 전달한 메모에 앤드러스는 이렇게 적었다. "헤스가 히틀러를 기억하는 단 한 가지 이유는 히틀러와의 비정상적인 성적 관계 때문인 것으로 보임. 동성애자라면 정상적인 성관계를 가졌던 자기 아내 대신 비정상적인 성관계를 가졌던 남자를 기억하는 경향을 보일 수 있음. 비정상적 측면[동성애]이 기억에 영향을 미치고 있을 수 있다고 생각됨."[12]

심문하는 것만큼은 빈틈없는 치밀한 수비수 같았던 앤드러스는 켈리에게 헤스를 함정에 빠뜨릴 수 있을 것이라며 다음과 같이 말해볼 것을 제안했다. "당신은 다른 의사들은 모두 속였지만 나는 못 속여요. 당신과 나는 당신 기억력이 나빠진 게 아니라는 사실을 알고 있는 유일한 사람들이니까. 뭘 좀 물어보고 싶군요. 만약 무사히 이 재판을 벗어나게 된다면, 그리고 내 생각에 그럴 가능성이 굉장히 높은 것 같은데, 내가 알고 있는 걸 입 밖에 내지 않는다면, 다른 수감자들에게 불리한 증언을 할 생각 있습니까? 이렇게 하지 않는다면 나는 당신에 대해 폭로할 거요."[13]

법정에서 헤스의 옆자리에 앉았던 괴링은 헤스를 어떻게 보았을까? 재판 초기 헤스는 괴링에게 이렇게 속삭였다고 한다. "두고 봐요, 이 유령은 사라질 겁니다. 그리고 당신은 한 달 안에 독일 총통이 될 거요." 괴링은 이 이야기를 길버트에게 전하면서 헤스는 미친 게 '확실'하다고 말했다.[14] 명망 있는 에이먼 대령이 1945년 10월 9일 헤스와 관련하여 괴링을 심문한 내용을 보자.

질문: 헤스가 사실대로 이야기하고 있다고 생각했습니까?

답변: 네, 물론입니다. 그는 완전히 달라졌어요. … 하지만 완전히 미친 것 같다는 생각이 듭니다.

질문: 이 비행을 하기 전에도 미친 것 같았다는 이야기죠?

답변: 확실히 미쳤다고 말하기는 그렇지만, 아무튼 당시 그는 그리 정상은 아니었습니다. 그리고 아주 의기양양했죠, 말하자면 아주 활기가 넘쳤습니다.

질문: 영국으로 날아갈 당시 그 전에 비해 조금이라도 더 상태가 나쁘지는 않았습니까?

답변: … 지위는 높았지만, 전쟁 발발 이후에는 할 일이 별로 없었는데, 여러 가지 일을 하려는 야심에서 … 아마 그런 태도가 생겼을 겁니다. 뭔가 … 결정적인 일을 하고자 하는 것이 늘 그의 소망이었지요. 때문에 매우, 매우 초조해 했습니다. 그러던 어느 날 자기 직속 부하인 보어만이 총통과 이야기를 나누고 그 내용을 자신에게 전하지 않는다는 느낌까지 받자 더 가중된 것 같습니다. 그 뒤 자신이 뭔가 확실한 일을 해

야 한다는 마음에 영국으로 날아가 평화를 가져와야겠다고 생각한 거겠죠. 다시 말해, 상대적으로 활동이 뜸했던 것을 상쇄할 만한 무엇인가를 해야겠다는 생각이 그를 몰아세웠던 겁니다.[15]

켈리에게도 괴링은 헤스가 늘 이상했다고 말했고 또 다른 정신과의사에게는 "내가 기억하기로 오래전부터 어느 정도는 평정심을 잃은 상태"였다고 말하기도 했다.[16] 대체로 헤스는 일과 운동시간에 혼자 떨어져서는 다리를 쭉쭉 뻗어 올리며 행진하듯 교도소 안뜰을 가로질러 걸었다.[17] 의심이 많았고 비협조적이었으며 수면제와 계란은 모두 피하고 자신이 먹는 것에 대해 꼼꼼하게 일기를 작성했다.[18]

그러는 동안 잭슨 대법관은 법정 증언이 좀 더 흥미진진해질 필요가 있다는 와일드 빌 도노번(제2차 세계대전에서 활약한 덕에 전설적인 총잡이 '와일드 빌Wild Bill'이라는 별명을 얻음_옮긴이)의 제안을 마침내 받아들인다. 재판이 단지 서류들에 대한 끝없는 논쟁에 그칠 수는 없었고, 나치의 범죄 자체에 대한 실제 증언 역시 필요하던 참이었다. 그 첫걸음으로 법정에서 강제수용소에 관한 영화를 한 편 상영했다. 길버트와 켈리는 피고석 양측에서서 피고들의 반응을 지켜봤다. 헤스가 뭔가 하나라도 기억을 해내는지 확인할 수 있는 기회였다. 하지만 신통치는 않았다. 헤스는 화면을 뚫어져라 쳐다보며 계속 흥미를 보였지만 아무 말도 하지 않았던 것으로 기록돼 있다.[19] 나치의 반인륜적 범죄에 관한 질문에 헤스는 화를 내며 모든 책임을 부정했고 자신을 담당하는 영국인 의사들이야말로 "진짜 학대자들이자 고문자들"이라며 비난을 퍼부었다.[20]

# 가 장 된   기 억 상 실 ?

법정은 헤스의 행동으로 인해 골머리를 앓았고 그를 진단하기 위해 각국에서 일곱 명의 의사들이 소집됐다. 그중에는 정신과의사, 신경과의사, 내과의사들과 정신분석가들 그리고 영국 왕립의과대학 총장이 되기도 했던 윈스턴 처칠의 주치의도 있었다. 《미국의학협회 저널》은 1946년 3월 23일자 글에서 이 사건이 다뤄진 방식 덕분에 "추축국 주요 전범들에 대한 재판에서 정신과의사의 역할이 역사적으로 중요한 의미를 지니게 됐다"며 긍정적으로 평했다.[21] 역사적 중요성은 분명했으나 의견 일치와는 거리가 멀었다. 러시아 의료진은 헤스는 조현병이 아니라고 생각했으며 그의 행동에서 형—가능하면 사형—을 감량할 만한 아무런 요소도 발견하지 못했다. 영국 의료진은 헤스를 편집증이라고 기록했으나 재판절차를 이해할 수 있으며 결론적으로 "정신병질적 성격"이라고 판단했다. 미국 및 프랑스 의료진은 헤스가 법적 기준으로 정신이상이 아니며, 기억상실은 히스테리와 꾀병이 더해진 결과라고 주장했다.[22] 결국, 심사위원회가 도출한 합의는 다음과 같았다. "검사 결과 헤스는 정신이상이 아니며, 의식장애도 없고, 자신에 대한 재판절차의 성격도 이해하는 것으로 나타났다. … 부분 기억상실은 가장된 것이다. … 이러한 유형의 반응은 스트레스를 받는 기간 중 자기보호 수단으로서 처음부터 의식적으로 만들어낸 것일 수 있다. 습관성이 되면 일부 무의식적으로 나타날 가능성도 있다."[23]

전문가들의 소견은 각자 헤스를 진찰한 결과에 근거한 것이었지만, 법정에서 헤스가 보인 특이한 행동에도 상당한 영향을 받았다. 그는 허세를 부리며 재판과정에는 전혀 주의를 기울이지 않았고 헤드폰을 뺀 채 일부 증언 중간에는 소설책을 읽기도 했다. 이런 행동이 분명 이례적인 것이라

악의 얼굴들

판단한 전문가들은 진짜 기억상실을 겪는 환자라면 증언을 유심히 들었을 것이라 지적했다. "따라서 헤스는 선택적 기억상실 및 히스테리적 유형에 해당한다. … 흔히 말하는 뇌질환은 없으며 본질적으로 사고능력은 손상되지 않았다." 결론은 헤스는 "엄밀한 의미에서"[24] 정신이상이 아니라는 것이었다.

'이것'이 전문가들이 작성한 보고서의 핵심이었다. 즉, 헤스는 재판절차들을 소화할 능력이 있었고, 재판중이라는 사실을 본인도 알았으나, 기억력 문제 덕분에 자기 변론을 제대로 조력하지 못했을 수 있다는 것이다. 이 얼마나 흥미진진하고 복잡미묘한 요약인가! 당연히 담당 변호사는 헤스가 본인의 변론을 조력하지 못한다면 재판을 받아서는 안 된다는 주장을 펼쳤다. 검찰 측은 헤스의 기억력 문제와 관련하여 신경학적 원인에 대한 증거가 없으며, 기억상실이 꾀병이든 무의식적 차원의 것이든 재판은 진행되어야 한다고 반박했다. 이상하게도, 러시아 의료진은 헤스가 재판 중에 기억상실에서 헤어 나올 수도 있다는 예상을 내놓았다. "히스테리가 있는 사람은 제대로 처신해야 하는 불가피한 상황에 직면했을 때 그런 행동이 중단되는 경우가 많다. 그러므로 헤스의 기억상실증은 법정에 출두하자마자 없어질지도 모른다."[25]

잭슨 대법관은 헤스는 이미 권유받은 기억상실 치료를 전부 거부했으므로 변론을 조력할 능력의 손상으로 인한 결과에 대한 책임은 본인에게 있다고 주장했다. "헤스는 기억상실증 탓에 임의행위자 수준에 해당한다. 보고서에서 따르면, 영국에 있을 때 그는 자신의 기억상실은 가장된 것이었다는 진술을 한 것으로 나와 있다. 영국에 체류할 때는 이 상태에서 벗어났다가 다시 원상 복귀됐다. 현재는 매우 선택적이다. 다시 말해, 헤스가 무엇을 기억할지 그리고 기억하지 못할지 종잡을 수 없다는 것이다. 헤스의 기억상실은 성격을 완전히 지워 없애는 유형이라기보다는 자기 변론에 치명적으로 작용할 만한 것들을 없애는 유형이다."[26]

소설가 레베카 웨스트는 재판에 관한 글에서, 잭슨의 논지를 좀 더 유려하게 압축했다. "멀쩡한 정신은 어느 정도는 선택의 문제로, 특정한 자극에만 굴복하고 나머지 자극은 거부하는 것이다."[27]

이러한 온갖 변론의 소용돌이 속에서, 판사들은 헤스의 법정 출두를 면제시켜주는 방향으로 기울고 있었다. 1945년 11월 30일 이 문제를 결정하기 위해 심리가 열렸다(〈사진 18〉). 개회 직전 길버트는 헤스에게 법적 능력이 없는 것으로 간주되어 향후 절차에서 면제될 수 있을 것이라고 말했다. 심리가 본격적으로 재개되자 헤스의 변호사는 일찍부터 정신의학적 근거를 들어 헤스에 대한 소를 각하하기 위한 간략한 변론을 시작했다. 그때 갑자기 헤스가 벌떡 일어나 자신이 기억상실을 꾸며냈던 것이라고 소리쳤다.

> 혹시라도 제가 변론이 불가능하다고 공표될까봐 … 그 전에 먼저 이렇게 공표하고 싶습니다. … 이제는 다시 기억이 돌아올 것 같습니다. 기억상실을 가장했던 것은 전략적인 이유에서였습니다. 사실, 집중력이 조금 떨어지긴 했습니다. 그러나 재판 과정을 소화하고 스스로 변호하며 증인들에게 질문을 던지거나 직접 답변을 하는 능력에는 아무 문제가 없습니다.[28]

켈리는 "길버트의 제안이 [헤스를] 매우 화나게 만든 것이 분명하다. 헤스는 재판에서 배제되는 것이 정신적으로 열등함을 나타내는 것이라 여겼고, 자신은 동료들과 나란히 법정에 서야 한다고 느꼈다. … 치명적인 상

악의 얼굴들

황을 맞을지라도 조명이 쏟아지는 곳에 기꺼이 몸을 던지려는 그의 욕망과 더불어 히스테리적 성격[을 드러내는 행동이다]"이라고 썼다.[29]

길버트의 견해는 이렇다. "헤스는 법정에서 꾀병을 부렸다고 직접 밝혔는데, 이는 자기 체면을 살리기 위한 행동이었던 것 같다. 훗날 대화를 나누던 중 그는 자신이 꾀병을 부렸던 적이 없으며 영국 체류 중 기억을 상실했던 적이 두 번 있었음을 알고 있다고 내게 털어놓았다."[30]

켈리는 헤스가 깜짝 발표를 했던 그날 저녁 그를 면담했는데 자신의 발언에 대해 스스로 들떠 있음을 알 수 있었다. 헤스는 좌중을 어안이 벙벙하게 만든 것을 뿌듯해 했으나 여전히 기억이 확실하지는 않다고 호소했다. 켈리는 헤스의 법정 진술이 "전형적인 극적, 히스테리적 제스처"에 해당한다고 판단했으며, 정신질환에서 회복된 적 있는 이들은 "자아를 보호"하기 위해 자신의 예전 증상을 축소하려 들 수 있다는 소견을 덧붙였다.

> 헤스: 나 어땠습니까? 괜찮았죠, 그죠? 내가 모두를 정말 깜짝 놀라게 한 겁니다, 안 그래요?
>
> 켈리: (나는 고개를 저으며 '모두'는 아니었을 거라고 얘기했다.)
>
> 헤스: 그럼 내가 기억상실인 척했던 것으로 당신은 속이지 못했다는 건가요? 당신이 이미 눈치 채고 있을까봐 걱정했습니다. 저랑 오랜 시간을 보내셨잖아요.
>
> 켈리: (이전에 보여줬던 나치 고위간부들이 나오는 영화 몇 편이 기억나는지 헤스에게 물어봤다. … 당시 그는 그 인물들을 모른다고 주장했다.)
>
> 헤스: 그럼요, 기억납니다. … 내가 가장하고 있다는 걸 당신도 알고 있었을 거라 생각했는데요. 계속 제 손만 보셨지요. 당신이 내 비밀을 이

미 알아차렸다는 생각에 굉장히 초조해졌답니다.[31]

헤스에 따르면 영국에 있을 때 기억 문제가 시작됐다고 했다. 기억이 안 난다고 하면 심문 시간이 짧아지는 것을 깨닫고는 기억상실 증상을 과장해서 호소하기로 했다는 말이었다. 하지만 이튿날 켈리는 음식에 독이 들어 있다는 헤스의 망상이 더 심해졌음을 알게 된다. 헤스는 의심이 늘었고 기억은 더 흐려졌으며, 스스로도 자신의 기억 문제 중 일부는 상당히 심각하다는 것도 인정하기 시작했다.

동료 수감자들은 헤스를, 영국과 화해하겠다며 벌인 돈키호테 같은 행동을 어떻게 생각했을까? 피고인석과 구내식당을 어슬렁거리며 길버트가 수감자들에게 들은 말은 이렇다. "참 어리석고 … 그토록 유치한 단순함이라니… 수치스러운 일이다. 어떤 무책임한 자들이 독일을 통치했는지

악의 얼굴들

알 만하다."[32] 법정에서 한 헤스의 고백과 행동은 동료 수감자들에게도 충격을 줬던 모양이다. 스트라이허는 이렇게 말했다. "제 생각에 헤스의 행동은 망신감이었어요. 독일 국민의 품위를 되돌아보게 만들죠."[33] 문제의 원인을 다르게 보는 사람도 있었다. 괴링은 헤스의 기이한 행동이 과도한 자위 때문이라고 생각했다. 괴링의 말은 이렇다. "극비 사항이지만, 헤스는 아내를 만족시키지 못했어요."[34]

> 아시다시피 헤스는 정상이 아닙니다. 기억이 돌아왔을 수 있지요, 그럴 수 있어요. 하지만 여전히 피해망상에 시달리고 있습니다. 가령, 자기 방 밑에 기계가 들어 있다는 이야기를 자꾸 해요. 모터 소음으로 자기를 미치게 만들기 위한 거라더군요. 내 방 밑에서도 똑같은 모터 소리가 난다고 말했는데도 계속 그런 소리를 해요. 일일이 다 기억하기도 힘든데 예를 들면 이런 식입니다. 커피가 너무 뜨거우면 자기에게 화상을 입히려는 거고, 너무 차가우면 자기를 화나게 만들려고 그런다든가 하는 식이죠. 진짜 이런 말을 했던 건 아니지만, 그 사람이 하는 말들은 다 그런 식이에요.[35]

이 혼란스러운 와중에 재판부가 헤스의 발언을 인정하기로 하여 헤스는 재판에 계속 출석할 수 있게 됐다. 기이하게도 헤스의 진술로 인해 상황은 더욱 모호해졌다. 뉘른베르크 검사 한 명이 썼듯이, "[헤스는] 진술로 인해 재판에 남게 됐고, 이를 계기로 우리 법률가들은 정말 그가 정신이 온전치 못하다고 확신하게 됐다. 왜냐하면 재판에서 벗어나게 된 상황에서 본인 진술로 스스로 다시 재판에 회부되었기 때문이다."[36] 정신이상 항변을 통해 "곧 빠져나갈" 순간이었는데, 어느 누가 벌떡 일어나 모든 게

본인이 다 꾸며낸 것이었다고 만천하에 밝히겠는가![37] 그런 상황 참작 덕분에 사형을 면했던 것인지도 모른다. 대신 헤스는 종신형을 선고받는다. 이 모든 것들은 지금 보기에도 혼란스러운데, 전문가들 사이에 통일된 정신의학 용어도 없었던 1945년과 1946년의 뉘른베르크에서는 오죽했을까. 재판부는 어떻게 처리해야 할지 골머리를 앓았고 헤스의 증언을 허락해야 할지조차도 알지 못했다. 켈리는 헤스를 심리한 뒤 사형이 "헤스와 같은 정신상태의 사람에게 정당한지" 여부에 관해 정신의학적 소견을 구하도록 조언했다.[38]


## '나는 아무것도 후회하지 않습니다.'


1946년 11월 16일 재판 종결 후, 헤스는 감옥에서 영국파시스트연합 대표 오스왈드 모슬리 경에게 두서없이 장황한 편지를 써 보냈다. 괴벨스의 베를린 자택에서 비밀리에 결혼식을 올리기도 한 모슬리는 무솔리니와 함께 오랫동안 활동했던 열렬한 파시스트였다. 그러나 정치적 견해 탓에 전쟁 기간 대부분을 감옥에서 보내거나 가택연금 상태로 지냈다. 모슬리에게 편지를 써서 헤스가 얻고자 했던 것은 대체 무엇이었을까? 타자로 친 뒤 여백에 손글씨로 군데군데 수정한 헤스의 편지를 나는 국립문서보관소에서 찾아냈다. 이런 종잡을 수 없는 문서 자체가 과연 얼마나 특별한 것인지 섣불리 말하기는 어렵지만, 나는 이것이 헤스의 심각한 편집증과 혼란을 뒷받침하는 자료라 생각한다. 편지로 그가 얻을 수 있는 것은 전혀 없었다. 어쨌든 헤스는 이미 종신형 선고를 받은 상태였기 때문이다.

편지는 이렇게 시작한다. "런던의 오스왈드 모슬리 경에게 가장 비밀스

악의 얼굴들

런 방식으로 내용을 전달하기 위해서, '정말 큰' 만족은 말미에 드릴 것입니다." 헤스는 계속 적어 내려간다. "다음은 계획해왔으나 한 번도 발설한 적 없는 제 '최종 발언'의 첫 부분입니다. 1942년 봄 저는 장 폐색을 겪었습니다. 의사가 완화제를 주었으나 아무런 차도가 없었습니다. … 차후에 제가 또 코코아를 마시자 위장 폐색이 재발합니다." 헤스는 여러 페이지에 걸쳐 자신의 장 질환을 상세히 호소하더니 편지는 점점 더 걷잡을 수 없이 흘러간다.

> 영국에 있는 동안 제 주변 인물들 일부의 불가해한 행동[이 있었습니다]. 이 사람들은 수시로 교체됐지요. 그중 일부는 … 제가 보기에 첫날부터 눈이 좀 이상했습니다. 다들 흐릿하고 꿈이라도 꾸는 듯한 눈이었죠. … 저만 그걸 본 것은 아니었습니다. 1942년 봄에 저와 함께 있었던 존스턴 박사 역시 눈치를 챘으니까요. … 존스텐[원문대로] 박사는 나를 처음 만났을 때 본인도 똑같은 눈을 하고 있었다는 사실을 몰랐습니다. 하지만 이제 중요한 부분이 된 거죠. 앞서 언급된 재판 절차들—특히 모스크바 재판—에 관한 어느 기록에는 피고들의 눈이 이상했다고 나옵니다. 다들 눈이 꿈을 꾸듯 흐릿하고 멍했다는 겁니다.[39]

위에 인용된 글들을 보면 한때 심문관과 꽤나 그럴싸하게 맞붙기까지 했던, 지적으로 예리한 헤스 같지가 않다. 몇 페이지 뒤에 헤스는 뉘른베르크 법정에서 자신이 했던 최후진술 일부를 모슬리에게 다시 인용했다. "제 인생의 수많은 시간 동안, 지난 천 년의 역사를 통해 우리 민족이 배출한 가장 위대한 후예 아돌프 히틀러 휘하에서 복무할 수 있었습니다. 혹 그리할 수 있게 된다 해도 나는 내 존재에서 그 시간을 지워 없애지 않을 겁니다. 총통의 충성스런 추종자[여서] 나는 행복합니다. 나는 아무것도 후회하지 않습니다."[40]


## 히 스 테 리 적   성 향 과   경 미 한   편 집 증

켈리는 매일 헤스를 관찰했고 1945년 10월 16일 잭슨 대법관에게 보고서를 작성해 제출했다. 헤스는 다소 우울한 상태지만 법적 능력이 있으며 특별히 의심스러운 부분은 없어 보인다고 적었다. 그러나 헤스는 통상적이지 않은 기억 문제가 있었다(자신의 생일을 비롯하여 청년 시절의 어떤 사실도 기억해내지 못했다). 켈리는 아미탈 면담 허가를 요청했으나 기각됐다.

식사를 제대로 하지 않는 헤스를 켈리가 염려하자 헤스는 이렇게 말했다. "만일 그들이 나를 매달지 않는다면, 내가 집에 갈 때 살이 쪄 있을 수 있겠죠. 하지만 정말 나를 매단다면 내가 약을 먹든 아니면 내키는 것보다 더 많이 먹든 무슨 차이가 있겠어요?"[41] 재판이 진행되는 동안 헤스는 위경련 증상이 완화됐다고 느꼈고 이는 자신의 "음식에 들어간 미량의 독으로 인한 동종요법 효과" 때문이라고 생각했다.[42] 켈리와 길버트의 기록에 따르면 헤스는 계속하여 자기 음식의 일부를 떼어 잉크용 압지 위에 마멀레이드처럼 조금씩 올려두었다. 붉은색 밀랍으로 봉인하여 뇌 손상용 독약이 들어 있는지 분석하도록 보내기 위해서였다(《사진 19》).[43] 헤스는 켈리에게 이런 생각들을 그만둘 수도 없고 제어할 수도 없다고 털어놓았다. "지금도 그런 생각들이 자꾸만 밀려들어요. 빵 한 조각을 보면 … 갑자기 이건 분명 독이 든 것이라는 확신이 들죠. 이런 확신에서 벗어나

악의 얼굴들

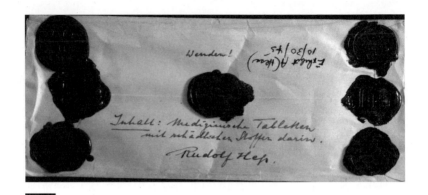

사진 19. 루돌프 헤스가 봉인한 봉투에는 마멀레이드화된 음식 얼룩들이 들어 있다. 헤스는 뇌 손상용 독약이 그 안에 들어 있다고 굳게 믿었다. (더글러스 켈리의 개인 기록, 사진은 저자가 직접 촬영)

보려고 스스로를 다독여 보지만, 대개 그냥 음식을 멀리 치워버림으로써 문제를 해결합니다."[44]

헤스의 지능은 평균 이상이었지만, 켈리의 지적대로 기억은 불안정했고, 이는 꾀병 및 히스테리(오늘날 기준에는 해리解離라 지칭할 만한) 증상에 해당하는 것이 분명했다. 과거 헤스의 비서 중 하나는 예전 사진 한 장을 보여주면서 기억을 되살리려 시도했으나, 헤스는 "나는 아무런 도움도 필요 없소"라고 말하며 뿌리치고 거절했다. 켈리는 이렇게 썼다. "자기 정체가 드러날 위험이 있는 시도를 할 생각은 전혀 없음이 만천하에 명백히 드러났다."[45]

켈리는 헤스의 기억이 돌아왔다 나갔다 하며, 이는 본인의 의지에 따른 것일 때도 있고 때로는 극심한 정서적 압박으로 인한 것일 때도 있다고 평했다. 훗날 헤스는 켈리에게 자신의 기억상실은 상당부분 사실이었으며, 법정에서의 허풍은 거짓이었다고 털어놓는다." 헤스가 늘 꾀병을 부리고 있는 것은 아니라는 주장을 뒷받침하기 위해 켈리는 기억상실이 그에게 아무런 득이 될 것이 없다고 지적했다. 기억상실은 변론에 방해가 되고, 담당 변호사에게도 불리하게 작용하며, 재판에서 "벗어나게" 하기는커녕 다시 밀어 넣는다는 얘기였다. 1946년 1월, 켈리는 이렇게 적었다.

> 영국으로 비행기를 타고 간 것은 거창한 행위였다. … 성공하지 못했고 결국 이는 영국 측의 박해에 관한 여러 가지 망상과 더불어 심각한 편집증적 반응으로까지 이어졌다. 뿐만 아니라 일종의 부분 기억상실 증상도 생겼다. 기억상실 증세가 악화되면서 편집증적 반응은 사라졌다. 두 번째 자살 시도 이후에는 기억상실 증상이 사라졌고 편집증적 반응이 다시 나타났다. 이들 반응은 [뉘른베르크] 도착 당시부터 있었던 기억상실증의 발병과 함께 다시 사라졌다. 법정에서 그가 했던 극적인 진술은 작위적인 히스테리성 반응이었다. … 이곳에서 이뤄진 면밀한 조사 결과 헤스는 여전히 일정 부분 실제로 기억상실이 있다. 이따금씩 특정 사건들이 기억나지 않으며 수년간 이런 증상이 나타났다가 없어지곤 한다고 그는 인정한다. 헤스의 편집증적 반응은 … 의식과 무의식의 경계에 있다. 음식에 독이 들었을지 모른다는 생각이 합리적이지 않다는 인식을 할 정도의 충분한 통찰은 있다. 그런데도 이런 생각은 자꾸만 떠오른다. … 기억상실이 재발할 수도 있고 최종 처분을 앞두고 모종의 히스테리적 제스처를 보일 가능성도 매우 높다.[46]

한편 헤스의 냉담한 태도는 켈리에게도 한탄스러웠던 모양이다. "내가 떠날 때 그들의 안부를 신경 써주는 것에 대해 고마움을 표하지 않은 수 감자는 그뿐이었다. 헤스 같은 성격—일생일대의 시도를 실패했고 히스테리 증상이 심각한, 편집증적이고 의심으로 가득 찬 인물—에서 볼 수 있는

악의 얼굴들

전형적인 사례다. … 그는 자신을 나치당의 정신을 계승하는 마지막 유일한 지도자로 여기고 있으며, 끝까지 청년기의 이상에 충실할 것이다. 물론, 불안정한 심리로 인한 정신병적 발현이 다시는 없다는 전제 하에서다."[47]

헤스에 관해 켈리가 적은 수감자 기록은 좀 더 절제되어 있다. 1945년 12월 13일에 적은 짧막한 메모에는 오늘날 정신과 검사에서 흔히 볼 수 있는 흐름이 읽힌다. "헤스는 주로 냉담한 태도로 일관하다 가끔씩 협조적으로 굴었다. 정신운동 반응은 느려졌고 감정 기복은 없다. 뚜렷한 히스테리적 성향과 경미한 편집증적 반응 … 독살당하고 있다는 생각들, 이는 대체로 그가 영국에 있을 때 나타냈던 것과 유사했다." 켈리는 진단 당시 헤스의 기억력은 문제가 없었으나, "현재로서는"이라는 단서를 덧붙여 놓았다.[48]

"경미한 편집증적 반응"은 일종의 유물 같은 1940년대 진단 용어다. 1968년 DSM(『정신장애 진단 및 통계 편람』) 제2권이 나오기 전까지 모든 정신장애는 "반응"으로 지칭했다. 장애증상들은 실체라기보다는 환경에 대한 대응이라는 믿음을 반영하고 있는 것이다. "경미한"이라는 표현 역시 멈칫하게 만든다. 켈리는 헤스를 응급실이나 정신병원에서 볼 법한 심각한 수준의 편집증 환자와는 명백히 분리해서 보고 있다. 하지만 어쨌든 켈리가 "편집증적"이라는 표현을 사용했다는 사실은 헤스가 '의심' 수준의 단계는 넘어섰다고 평가하고 있음을 보여준다. "히스테리적"이라고 한 것은 무슨 뜻이었을까? 이는 훨씬 더 까다로운 문제다. 1945년 당시 히스테리[hysteria]란 표현은 지나치게 요란하게 한다든가 연극처럼 극적이라는 의미였을 것이다.

다른 글들에서 켈리는 전혀 다른 평가를 하며 헤스를 "제 정신이 아니며 … 내향적이고 소심하며 수줍은 성격으로, 자신에 관한 모든 것을 의심하며 자기 안에서 만들어낸 생각을 환경에 투사했다"라고 적었다. 이어

"정서적으로 미성숙한 인물로서, 본인이 처한 현실을 인식하지 못하고 …
나치즘의 참패를 인정하지 못했던 유일한 수감자 … 하고자 했던 모든 일
에서 늘 실패했던 그는 표현이 거칠고 히스테리적이며, 편집증적이고 유치
한 인물이었다. … 이후 자신이 교수형에 처해지지 않으리라는 것을 알게
되면서 긴장을 풀고 호전된 것 같다. … 그러나 헤스는 정신이상의 경계
언저리에서 늘 살아갈 것"이라면서 켈리답게 이렇게 결론을 맺었다. "도식
적으로 비유해 온전한 정신을 도로로, 광기는 인도로 친다면, 헤스가 인
생의 대부분을 소비한 곳은 연석<sup>緣石</sup> 위였다."<sup>49</sup>

## 길 버 트 의   기 억 력   검 사

헤스에 관해서라면 길버트가 켈리보다 좀 더 성과가 좋은 편이었다. 하
지만 길버트 역시 헤스가 "부정적이고 속내를 숨기는데다 기억상실까지
있어서 직접 얻을 수 있는 정보는 거의 없었다"고 인정했다.<sup>50</sup> 길버트가 헤
스에게 공소장을 전달하자, 헤스는 공소장에 이렇게 적어 되돌려줬다. "기
억이 안 납니다. 루돌프 헤스."<sup>51</sup> 길버트는 헤스의 무심하고 멍한 상태에
대해 언급하기는 하나 헤스의 기억상실에는 연극적인 요소가 있으며,
그가 "흐릿한 정신 틈바구니로 가물거리는 기억마저 고의로 억제하고 있
다"고 생각했다.<sup>52</sup>

길버트는 1945년 12월부터 1946년 6월까지 여러 차례 검사를 반복한
뒤 헤스의 기억 문제를 기록했던 신중한 방법론자였다《〈그림 20〉). 접근방
법 역시 과학적이었다. 길버트는 헤스에게 살면서 겪었던 다양한 사건들
을 기억하는지 계속해서 질문을 던졌다. 이를테면 어린 시절이나 나치당

원 시절을 기억하는지 묻는 것이다. 재판 중 몇몇 핵심적인 사건이 있은 뒤에는 헤스에게 해당 증언이 기억나는지도 물었다. 숫자폭<sup>digit span</sup>(빠르게 제시된 일련의 숫자들 중 기억해낼 수 있는 숫자의 자릿수로, 사람들은 평균 7자리 정도를 기억한다고 한다. 이를 활용한 다양한 검사를 통해 주로 작업기억을 테스트한다_옮긴이) 과제를 이용한 기억력 검사도 진행했다.

1945년 12월에 한 검사에서 헤스는 살면서 경험한 사건들을 정상적으로 기억했고 숫자폭 검사에서는 뛰어난 기억력을 보여줬다. 이후 그의 기억력은 쇠퇴했다. 어린 시절의 일들, 나치 입당이나 영국으로의 비행 등을 기억하지 못했다. 재판에서 진행되는 증언에 대해서도 기억하지 못했다. 가끔씩 길버트에게 기억상실이 꾸며낸 것인 양 말했다가, 또 어떤 때는 사고력과 집중력이 말끔해지고 있다고 말하기도 했다.[53]

헤스는 끊임없이 음식에 신경을 곤두세웠다. 두통, 설사, 정신착란 등의 증세가 독이 든 비스킷 때문이라며 온갖 사람들—켈리, 길버트, 심지어는 동료 수감자들까지—에게 자기 비스킷을 먹어보라고 부탁했다. 그 사람들도 똑같은 반응이 나타났을까, 아니면 이 비스킷들은 "안전한" 것이었을까? 헤스의 동료 수감자들은 이미 나름의 결론에 도달한 상태였다. 샤흐트는 간단히 말했다. "아무튼, 헤스는 미쳤습니다."[54] 길버트는 참을성 있게도 헤스의 비스킷 하나를 먹어본 뒤 조용히 말했다. "음, 비스킷 때문에 두통이나 어떤 이상한 증상이 나타나면 당신에게 알려주겠소."[55]

길버트는 지적으로나 정서적으로 헤스를 이해해보려 노력했다. 기억상실을 극복하고 체면을 세울 만한 다양한 방편도 제시해주고자 했던 그는 휴식을 취하거나 일기를 쓰면 집중력이 향상되고 기억력도 따라서 회복될 것이라는 조언을 하기도 했다. 기민한 임상적 개입이었지만 실제 효과가 있었는지는 알 수 없다. 헤스는 기억상실을 호소하다가는 또 집중력

| 사건 | 12/1 | 12/16 | 1/20 | 2/24 | 3/2 | 3/17 | 4/6 | 5/11 | 6/2 |
|---|---|---|---|---|---|---|---|---|---|
| 어린 시절 | + | + | | | | | | | |
| 나치당원 시절 | + | + | ± | | | | | | |
| 영국으로의 비행 | + | + | ± | | | | | | |
| 재판: 정신과 검사 | + | ± | | | | | | | |
| 증인 라호우젠 사령관(12/1) | | + | | | | | | | |
| 증인 폰 뎀 바흐-첼레프스키(1/7) | | | | | + | | | | |
| 증인 폰 파울루스 사령관(2/12) | | | | | + | | | | |
| 괴링의 변론(3/8-22) | | | | | | | | | |
| 헤스의 직접 변론(3/25-26) | | | | | | | | | |
| 기억폭(대략) | 평생 | 평생 | 2개월 | 2주 | 2주 | 2일 | 1일 | 1일 | 1/2일 |
| 숫자폭(순행 및 역행 합계) | 12 | 15 | 9 | | 7 | 7 | | 8 | 7 |

그림 20. 헤스에 관해 길버트가 기록한 기억력 차트.
기호 설명:
+는 정상적 기억(통상적 망각 허용)
±는 불완전 기억(필수적인 세부내용 결여)
회색 음영은 약간 기억함(간신히 사건만 식별)
검정색은 전혀 기억 못함
흰색 칸은 자료 누락을 의미함 (찰스 길버트의 승인 하에 J. R. Rees, *The Case of Rudolf Hess: A Problem in Diagnosis and Forensic Psychiatry* [New York: W.W. Norton, 1948]에서 편집 인용함)

감퇴를 호소했으며, 또다시 계속 배가 아프다고 호소했다. 헤스는 '누군가가' 자신에게 이런 짓을 하고 있다고 확신했는데, 아마도 앤드러스 대령이었을까? 다른 수감자들 대부분이 복통, 두통, 두근거림, 불면증 등 신체적 증상—스트레스가 많은 상황에서라면 대부분 예상할 만한 증상—이 있었지만 헤스는 이런 문제에만 온통 정신이 팔려 있었다.

로 르 샤 흐   검 사

로르샤흐 검사 내용을 보자. 헤스에 대해 로르샤흐 검사를 실시한 켈리는 로르샤흐 2번 카드(10장 〈사진 22〉)에 대한 헤스의 반응에 주목했다. "범죄 사건에 관해 두 남자가 이야기를 나누고 있는데, 그들의 뇌리에 남은 것은 피다." 로르샤흐 검사를 수천 회 실시해봤던 켈리에게 혈액 반응이 그다지 드문 일은 아니었다. 하지만 이후 헤스는 태도를 바꾼다. 켈리는 이렇게 썼다. "피에 관한 생각에 사로잡혔다. … [이는] 피로 얼룩진 기억들이 투영[된 것이었다]."**56** 헤스는 다른 카드에 대한 반응들에서 기이한 요소들을 언급했고, 켈리는 이것이 불안과 비정상적 사고를 보여주는 것이라고 판단했다. 켈리는 로르샤흐 검사결과를 한 문장으로 요약했다. "이 사람은 법적 능력이 있으며 어떤 정신병리학적 징후도 보이지 않는다."**57** 아울러 로르샤흐 검사에 대한 헤스의 의심 반응은 활동성 편집증상으로 볼 만큼 포괄적으로 나타나지는 않았으나 향후 정신병 증상으로 발현될 수 있다고 켈리는 덧붙였다.**58**

다시 켈리의 기록을 보자. "헤스는 실제로 정신신경증을 앓고 있다. 기본적으로 편집증적인 성격에 무엇보다도 히스테리가 접목된 유형에 해당한다." 이어 켈리는 "색채나 농담濃淡에 대한 뚜렷한 충격반응, 검사 중 긴장, 조악한 색채 및 농담 활용, 형태질form quality(피검사자가 기술한 내용이 해당 반점에 적합한가 하는 판단기준_옮긴이)의 변화"와 같은 몇몇 기이한 반응들이 나타났다고. 썼다. "[헤스는] 히스테리적 기억상실 반응을 겪고 있으나, 전체 기억상실 중 상당부분은 고의로 꾸며냈다는 것 역시 명백하다."**59**

길버트는 헤스가 매우 조심스러운 태도로 로르샤흐 검사카드에 최소한의 반응만을 했다고 적었다. 보통 피검사자는 열 장의 카드 각각에 대해 두세 가지씩 다른 것을 본다고 한다. 하지만 헤스는 전체 카드에 대해 단 열다섯 개의 반응만을 드러냈다. 길버트는 이렇게 말한다. "제시된 도형들에 활기가 없는 것은 감정이입이나 정신세계 결여를 나타내고 … 낮은 색채 통제력으로 드러난 정서불안은 히스테리적 '혈액' 반응으로 직결된다."
피검사자들이 적어도 몇 개의 잉크반점에 대해 움직임이 있는 것으로 말하는(가령, 날아가는 박쥐가 보인다는 식) 전형적인 로르샤흐 검사결과와는 대조적으로, 헤스의 검사기록에는 움직임이나 생기가 전혀 없었던 것이다.[60] 길버트는 헤스에게 로르샤흐 검사를 재실시했다고만 대충 적어놓으면서 이렇게 썼다. "인지적 창의-관념적 역량상의 결손은 재검시에도 하나도 개선되지 않았음."[61] 길버트는 헤스가 "극도로 위축된 감정과 조현증적 성격 특유의 정서적 접촉 결여"를 나타냈다고 결론지었다.

## 2 1 세 기 적   관 점 에 서   헤 스   평 가 하 기

1945년 헤스는 참관인들을 혼란스럽게 만들었다. 법정에 있던 대부분의 참관인들은 헤스가 제정신이 아니라고 생각했다. 길버트와 켈리는 각국의 전문가들과 마찬가지로 수많은 문제점을 발견했지만 법정에 설 능력은 있다고 판단했다. 헤스가 현실검증reality testing(자신의의 내적세계와 외부 현실세계를 구분하는 자아 기능_옮긴이)이 형편없다는 데는 모두가 동의했다. 스코틀랜드로 향했던 그의 요란한 비행은 그중에서도 가장 이상한 경우였다. 대체 어떻게 부총통이 권한 밖의 평화조약을 즉흥적으로 맺을 수 있다고 판단할 수 있었을까? 이 질문에 대답하기 위해서는 아직 통상적으로 채택되고 있지 않은 연구 도구들뿐 아니라 통상적 진료 시 이용 가능한 임상적 도구들을 사용해야 한다.

오늘날 통상적 진료는 구체화된 진단 기준 면에서 진일보했으나, 뉘른베르크 당시에는 여러 정신장애의 특징적 징후를 판단할 합의된 기준이 전혀 없었다. 실제로, 당대 이데올로기는 인간 경험의 연속성—수채화 속 물감들처럼 여러 증상들이 서로 섞여드는 것—을 강조했다. *DSM* 제3권이 발간된 1980년대 이후, 정신의학계와 심리학계에서는 정신장애를 식별하기 위한 좀 더 정확한 진단 지침을 사용하게 됐지만, 여전히 두 가지 중대한 문제가 있다.

첫째로 우리가 생각하는 것보다 훨씬 자주 문제점들은 각종 경계 부근에서 모호해진다. 현재 *DSM* 제5권 집필 작업에 동참하고 있으니 아마도 나는 *DSM* '실력자'라고 할 수 있을 것이다. 그러나 그런 나조차도 우리 기준은 그저 지침에 불과하다는 사실을 인정하지 않을 수 없다. 소위 교과서적 사례는 그리 흔치 않으며, 환자들은 통상적으로 두 가지 이상의 진단에 걸쳐 있고 우리는 그런 환자들을 진단하고 치료하기 위해 임상적 판단에 의존해야만 한다.

또 다른 문제—진실성에 대한 가정—는 좀 더 문제의 소지가 많다. 의사는 환자가 진실을 이야기하고 있다고 가정하지만, 환자는 과거 이력과 각종 증상을 위장하고 왜곡한다. 이는 의료 분야의 모든 과에 해당하는 문제지만, 정신의학은 왜곡된 과거 이력에 특히 취약하다. 진단상의 결정 지침이 될 신체적 사항이나 실험 결과 같은 것이 거의 없기 때문이다. 법의학적 맥락에서는 특히나 환자가 솔직하게 임하고 있지 않다는 의심 수준을 높이지만, 대체로 우리는 환자의 구술과 증상의 정확도에 대한 의사의 판단에 의존한다. 데이비드 로젠한의 연구팀이 만일 건강하고 정상적인 대조군 피험자들이 정신병원에 와서 불규칙한 환청을 들은 적이 있었다고 거짓으로 지어내 말한다면 의사는 환자의 말을 인정하고 도우려 들 것임을 입증해 보인 것은 유명한 일화다.[62] 즉, 환자를 의심할 만한 충분한 이유가 있는 경우가 아니라면 환자가 있는 그대로 사실을 말하고 있다는 것을 기본 가정으로 한다. 그렇지 않고서야 대체 어느 누가 수고, 비용, 시간을 들이면서까지 군이 우리 의사들을 만나러 오겠는가? 그러나 법의학적 상황에서는 거짓말이 곧 "원칙"이다. 폭력사건의 형사피고인 중 20~30퍼센트가량은 본인이 저지른 범죄가 기억나지 않는다고 주장한다. 물론 이들의 기억상실의 본질이 무엇인지 파악하는 데 유용한 도구들이 있다.

임상적 관점에서는 헤스를 여러 진단 범주에 '맞추는' 것이 가능하겠지만, 꼭 들어맞게 하기 위해서는 어느 정도 밀치고 욱여넣는 것이 필요하다. 헤스는 분명 꾀병으로 진단이 가능했을 것이다. 아니면, 해리장애, 신체적 장애증상, 조현병, 망상장애 등이 있다고 볼 수도 있다. 지금이야 헤스에게 발현된 증상이 정확히 어떤 기준에 해당하는지 구체적으로 특정할 수 있을 테니 1945년의 정신과의사들보다는 좀 더 유리하다고 할 수 있다. 실제로 헤스는 다중 정신질환을 앓고 있었던 것으로 보인다. 셰익스피어가 썼듯, "슬픔이 올 때는 밀정처럼 혼자 오는 것이 아니라/ 대부대로 몰려온다."[63]

의사들이 헤스의 각 증상을 좀 더 정확하게 짚어낸다 하더라도 그의 편집증이 악화와 호전을 거듭한 탓에 지금의 우리도 혼란을 겪었을 것이다. 오늘날 경험으로 볼 때 헤스 같은 환자가 여러 가지 망상이 급증해 나타난다고 할 경우 가장 먼저 의심해 봐야 할 것은 환자가 투약을 중단했을 가능성이다. 70년 전, 조현병 치료약이 전무했던 당시 의사들은 정신적 증상의 기복이 반복되는 것에 익숙했지만, 지금은 항정신병 약물을 한 번도 투약한 적 없는 환자의 임상 경과가 비교적 낯설게 느껴진다.

지금은 조현병 진단을 확정하는 데 도움이 될 만한 몇몇 연구 도구들

악의 얼굴들

(가령, 유전적 표지나 자극에 대한 신경반응 측정 등)이 있으므로 연구자들은 이 점에서 어느 정도 수월해졌다.[64] 하지만 연구 도구는 연구 도구일 뿐 여전히 임상 실무 속에 편입되지는 않은 상태다. 여러 형태의 거짓말 탐지 장치도 있다. 하지만 다원 기록기, 사건 관련 전위電位, 뇌 영상, 동공 반응 등으로 거짓말을 탐지하는 것은 그저 조금 도움이 될 뿐이다. 거짓 양성 및 거짓 음성 때문이다.

인지 검사는 1945년 이래 연구자들이 장족의 발전을 이뤄낸 분야 중 하나다. 오늘날 어느 법의학적 신경심리학자가 헤스를 마주하게 된다면 그가 자기 증상을 과장하고 있는지 확실히 분간해낼 수 있을 것이다.[65] 그러나 일단 과장이 감지된 다음에는 해리와 꾀병 간의 구분이 쉽지 않다. 이에 대한 구분은 동기와 의도 추측을 통해 이루어진다(물론 절대 쉬운 작업이 아니다).[66] 유감스럽게도, 오늘날 임상의와 연구자들이 1941년부터 1946년까지 헤스를 만났던 정신과의사들보다 훨씬 더 진단을 잘할 것이라는 확신은 들지 않는다.


## 헤 스 의    최 후


연합국 측의 부당한 대우로 인해 헤스가 "모든 것을 거짓으로 지어내며" 정신과의사들과 재판부를 모두 눈속임했다고 믿는 이들이 있다.[67] 평화조약을 논의하기 위해 스코틀랜드로 날아갔다가 감금당한 헤스는 관계당국과 논의해볼 기회가 한 번도 없었다. 기억상실을 가장했던 것은 그래야 심문에서 빠져나올 수 있기 때문이었다. 또한 음식 일부를 떼어 두었다가 종이로 덮어 밀랍으로 봉인한 것은 달리 할 일이 없었기 때문이기도 했다. 헤스는 자기 음식에 독이 들었을까봐 걱정했지만, 사실 정보기관으로서도 약물이나 세뇌 문제에 상당한 관심이 있을 법한 상황이었다.[68] 내가 보기에 그런 주장들이 일관되게 비정상적이었던 헤스의 행동과 배치되는 것은 아니다. 헤스의 비정상적 행동은 수년간 지속됐던 것으로, 재판 이전은 물론이고 재판 도중 그리고 이후에도 계속되었다.

1946년, 전문가들은 헤스가 명확한 하나의 진단 범주에 들어맞지 않다는 입장을 분명히 했다. 건강 문제에 집착했던 헤스는 *DSM* 제4권에 따르면 심기증 혹은 신체화 장애로, 제5권에 따르면 신체적 증상 장애로 진단을 받았을 것이다. 발진 증상도 있었고 일관성 없는 기억상실도 있었다. 이 기억상실 증상 중 일부는 본인의 의지로 통제할 수 있는 영역 밖에 있는 것으로 보였고, 오늘날 기준에서라면 해리성 기억상실로 간주될 법했다. 또 어떤 때는 심문 제한을 유도하기 위해 기억상실을 고의적으로 과장하는 듯도 보였는데, 이는 꾀병이지 정신장애로 볼 수 없을 것이다. 마지막으로, 매우 의심이 많았던 헤스는 자신이 서서히 독살당하는 중이라고 확신하면서, 평생 동안 음식, 오염, 첨가물 등과 관련하여 괴상한 상상을 하며 살았다. 오늘날 정신과의사들이라면 대부분 그를 편집성 조현병으로 진단했을 것으로 예상된다.

1946년 8월 31일 헤스는 법정 최후진술을 한다. 헤스는 이렇게 말했다. "제 인생의 수많은 시간 동안, 지난 천 년의 역사를 통해 우리 민족이 배출한 가장 위대한 후예 아돌프 히틀러 휘하에 복무할 수 있었습니다. … 나는 아무것도 후회하지 않습니다."[69] 편집증적 망상들과 히틀러에 대한 거침없는 충성을 병치시킨 이 기이한 증언에 판사들도 충격을 받았을 것이다.

레베카 웨스트는 선고일을 이렇게 묘사했다. "헤스의 어두워진 마음은 무시무시한 위기를 통과했다. 마치 거미줄을 걷어내기라도 하려는 듯 양손으로 눈썹을 자꾸 쳐냈지만, 어둠이 그를 덮었다. 모든 인간다움은 얼굴에서 사라졌고, 이것은 곧 고통스런 재갈이 됐다. 헤스는 앉은 자리에서 추처럼 일정하게 앞뒤로 왔다 갔다 하기 시작했다. … 그는 곧 죽었지만, 지옥의 문은 진즉에 활짝 열려 있었던 것 같았다."[70]

재판소는 헤스에게 종신형을 선고하고 베를린 슈판다우 교도소에 수감시켰다. 여섯 명의 다른 전범들과 같이 수감되었으나 1966년 이후로는 이 엄혹하고 큰 건물에 유일한 수감자로 남았다. 헤스는 끊임없이 깊이 의심하며 복통을 호소했다. 밤새도록 울부짖고 수년간 아내와 아들의 접견도 거부했다. 1987년 8월 17일, 93세의 루돌프 헤스는 슈판다우 교도소에서 스스로 목을 맸다. 41년 전 뉘른베르크에서 교수형을 피했던 남자의 결말치고는 모순되고 난감한 것이었다. 슈판다우 교도소는 신나치주의자들의 성지가 되는 것을 막기 위해 철거됐다. 그 자리에는 현대적인 쇼핑센터가 들어서 있다.

제4부

전범들의 심리분석

ANATOMY
of MALICE

# 최악의 협력
## 켈리와 길버트

정신이상으로는 나치를 설명할 수 없다. 모든 인간이 그렇듯, 그들은 단지 환경의 산물이었으며, 동시에—보통의 인간보다는 훨씬 더—환경의 조성자이기도 했다.

더글러스 켈리, 『뉘른베르크의 22개의 방』, 1947년

대체 어떤 종의 동물이 무수한 자기 동족에 대해 분별 없고 잔혹하고 조직적인 방식의 살해를 계획하고 실행하는가…?

구스타브 길버트, "살인로봇 나치 친위대의 심리", 1963년

## 초 기   협 력 관 계

뉘른베르크에서의 임무를 마친 켈리와 길버트에게 무슨 일이 있었던

205                                            전범들의 심리분석

것일까? 그토록 가까이서 악을 마주하는 경험은 대체 어떤 것일까? 켈리와 길버트는 매일같이 전범들과 바싹 붙어 앉아 있었다. 작은 침상 위에 스트라이허와 동료 사이에 끼어 앉아 있다 보면 혐오스러운 행동에도 불편하리만치 바싹 붙을 수밖에 없었고, 그러면서 악의 부스러기도 그들에게 묻었을 것이다.

눅눅한 냄새가 나고 거리에는 전쟁의 잔해가 늘 널려 있던, 압력솥처럼 숨 막히는 그곳의 환경은 숨 쉴 틈조차 주지 않았다. 그런 환경에서라면 누구나 신경이 곤두설 것이다. 친한 친구나 사랑하는 사람이라도 곁에 있다면 그 상황을 어떻게든 헤쳐 나오겠지만, 아마 녹초가 돼버릴 것이다. 안타깝게도, 켈리와 길버트는 단 둘이었고, 서로 그다지 친한 사이가 아니었다.

심지어 좋은 협력자들도 못 됐다. 내가 제자들에게 늘 하는 말이 있다. "협력자를 선택할 때는 신중해야 합니다." 좋은 협력관계는 좋은 결혼관계와도 같다. 물론, 나쁜 협력관계는—미행과 법적 공방으로 얼룩진—나쁜 결혼관계만큼이나 나쁘다. 켈리와 길버트의 관계는 후자였다. 상황이 상황인 만큼 어쩔 수 없이 함께 있게 된 이 두 사람은 역할과 책임도 명확하지가 않았으며, 세계관도 확연히 달랐다. 재능이나 야망, 나치 간부들을 이해하고자 하는 동기 등 어느 모로나 공통분모가 거의 없었다.

느긋하고 수다스러운 성격이었던 켈리는 전범들부터 신문기자들에 이르기까지 다양한 사람들의 마음을 사로잡았다. 길버트의 장점은 진중하고 세세한 것까지 주의를 기울이는 성격이었다. 켈리와 길버트 둘 다 수감자들에게 상당히 많은 시간을 할애하여 엄청난 양의 메모, 관찰기록, 로르샤흐 검사결과 등을 축적했다. 그곳에 먼저 도착했던 켈리는 1945년 8월 4일 아쉬칸으로 갔고, 1946년 1월 뉘른베르크를 떠났다. 길버트는

1945년 10월 23일부터 1946년 10월까지 좀 더 장기간 복무했다. 예상이 가능하겠지만, 그곳에서의 시간표야말로 경쟁의 근원이었다. "내가 거기 먼저 갔다"와 "내가 거기 더 오래 있었다"의 대결.

뉘른베르크와 관련하여 이들이 공동으로 집필 작업을 한다는 것은 공공연한 비밀이었다. 켈리는 기자들을 만나 이야기하는 것을 좋아했고, 과묵한 길버트도 자기들이 책을 한 권 쓰고 있는 중이라고 〈프라우다〉 특파원에게 밝히기도 했다. 결국 이런 이야기는 앤드러스 교도소장에게 흘러들어가 그의 심기를 불편하게 했다.

## 균 열

켈리는 뉘른베르크를 떠날 때 본인의 메모를 모두 들고 갔는데, 길버트의 주장에 따르면 길버트 자신의 메모까지도 가져갔다. 켈리는 나치 수감자들에 관한 공저 집필 작업에는 더 이상 관심이 없으며, 앞으로 인종적 편견에 관한 책을 쓸 것이라고 말했다고 한다.[1] 사실, 켈리는 이미 뉘른베르크에서 일했던 경험을 다룬 책 계약을 협상하는 중이었다.[2] 뉘른베르크를 떠나 미국으로 간 켈리는 몇 주 후 길버트에게 편지를 써 추가적인 면담 기록 및 재판 녹취록 사본을 요청했다. 길버트는 거절로 답했다.[3]

켈리는 쏟아져 들어오는 언론 인터뷰에 무분별하게 응하기 시작했다. 세간의 이목의 한가운데 있는 것을 즐겼던 켈리가 쏟아낸 뉘른베르크에 관한 온갖 이야기들은 타블로이트판 신문들에서 큰 인기를 끌었다. 1946년 8월 〈선데이 익스프레스〉는 "괴링과 일당들은 감방에서 무슨 이야기를 하나"라는 제목으로 켈리와 하워드 휘트먼의 인터뷰 기사를 실었다.[4]

전범들의 심리분석

이 정도로는 성이 차지 않는다는 듯 휘트먼은 몇 주 뒤 《콜리어스<sup>Collier's</sup>》에 "밀고, 나치, 밀고"라는 표제로 훨씬 긴 버전의 켈리의 인터뷰를 실었다.[5]

뉘른베르크 법정의 법조인들은 달가워하지 않았다. 뉘른베르크 재판소의 재판장이었던 제프리 로렌스 경은 앤드러스 교도소장에게 불만을 토로했으며, 앤드러스 역시 고소장을 제출했다. 나는 이 고소장을 펜실베이니아 칼라일 소재 미육군역사연구소에 보관된 앤드러스의 서류 속에서 우연히 발견할 수 있었다.[6] 켈리는 이미 여러 달 전에 군을 떠난 상태인데다 앤드러스 역시 켈리의 경솔한 행동에 대해 조치를 취할 수 있으리라 희망을 품었던 것은 아니지만, 늘 정확하고 꼼꼼했던 앤드러스가 고소장을 제출한 것은 "기록으로 남기기 위해서"였을 것으로 혹자는 보기도 한다.

문제는 단지 시시한 타블로이드 신문 정도로 끝나지 않았다는 데 있었다. 일련의 여러 기사를 통해 켈리는 전범들에 관한 자기만의 독특한 관점을 피력하기 시작했다. 1946년 4월 뉴욕에서 열린 어느 회의에서는 나치의 로르샤흐 검사결과에 관한 예비논문을 공개했고 그 이후 《로르샤흐 리서치 익스체인지<sup>Rorschach Research Exchange</sup>》에 정식 게재했다. 이 논문에 제시된 켈리의 견해는 대략 다음과 같다. "[나치는] 분명 정신이 온전[했다] … [그리고] 무자비한 통치 기간 중 자신들이 무엇을 하고 있었는지 정확히 알고 있었다. … 그런 인물들이 이 나라에도 존재하고 있음을 우리는 깨달아야 한다. 그자들은 미 국민 절반에 대한 통제권을 손에 넣을 수만 있다면 나머지 절반의 시신을 타고 넘는 일이라도 기꺼이 할 사람들이다."[7]

이후 《뉴요커》와의 인터뷰에서 켈리는 같은 맥락에서 이야기를 이어갔다. "레이 박사만 예외일 뿐, 그중에 정신이상은 한 명도 없었다. … 스스로 그토록 순수하고 티 없이 깨끗하다고 생각하는 사람들을 스물한 명이나 만난 것은 처음이었다."⁸《뉴요커》기사는 대략적인 켈리의 생각들과 그가 사람들의 특징을 파악하는 데 얼마나 놀라운 소질이 있었는지 잘 보여준다. "[괴링은] 해적이다. … 옛날 같으면 해변에 근사한 집을 한 채 가지고는 아내와 아이들을 아끼고, 성대한 파티를 열기도 하다가, 저녁때가 되면 슬쩍 빠져나가서 배 한 척과 그 배에 탄 모든 이들을 수장시킨 다음 다시 파티에 돌아와 즐거운 시간을 보냈을 것이다."

헤스에 대해서는 이렇게 묘사해 놓았다. "[헤스는] 때늦은 사춘기가 찾아와 마시멜로를 굽거나 캠프파이어를 함께하고 입을 벌린 채 퍼레이드를 구경할 법한 인물이다."

한편, 뉘른베르크에서는 길버트가 안절부절못하고 있었다. 켈리가 세상의 이목을 독차지하고 있었으니까.


## 출 판 전 쟁


수많은 언론 인터뷰와 발언을 하는 틈틈이 켈리는 『뉘른베르크의 22개의 방』을 썼고 사이먼 앤 슈스터와 출간 협상에 들어갔다. 한편 길버트는 뉘른베르크에서 『뉘른베르크 다이어리』를 쓰면서 FSG출판사 측과 계약을 논의하기 시작했다. 출간 경쟁에서는 분량 면에서 길버트보다 적었던 켈리가 한 발 앞서 나갔다. 길버트의 책은 아직 미완성 원고였다.⁹ 출판 경쟁의 구도를 잘 알고 있었던 출판사들은 각자 자신의 저자들에게 원고를 독촉했으나, 이런 식의 원고 경쟁은 결국 서로의 가능성을 동시에 갉아 먹었다.

결국 켈리의 책은 1947년 슈스터 출판사가 아니라 작은 출판사인 그린

전범들의 심리분석

버그에서 출간되었다. 평은 다양하게 엇갈렸다. 어느 평론가는 이렇게 썼다. "너무도 흥미진진해서 한 페이지도 대충 넘겨 읽을 수가 없었다. … 이 책의 가장 매력적인 요소 중 하나는 비전문적인 언어다." 이어 이런 통찰을 덧붙이기도 했다. "인간 본성이나 사회과학을 공부하는 학생들에게 나는 이 책의 뛰어난 객관성을 칭찬하지만, 바로 이런 객관성이 일반 대중에게는 나치의 사고방식에 지나치게 호의적인 서술로 오해받기 쉬울 것 같다."[10] 이 책에 그리 공감하지 않았던 다른 평론가들은 켈리의 태평한 문체에 불쾌감을 느꼈다. 어느 저명한 정신분석학자는 그린버그 출판사에 혹평을 쏟아냈다. "아주 쓰레기더군요. 귀사가 이런 책을 내다니 실로 유감입니다. 보고서로서도 형편없지만, 정신의학적 관점에서는 더 엉망입니다."[11] 문체는 차치하더라도, 다음과 같은 표현은 독자들의 심기를 건드렸다. "나치 혁명은 … 정신병동에서 튀어나온 이상하게 뒤틀린 정신들이 날조한 것이 아니라, 평범한 사람들이 만들어낸 것이었다. 그들은 미국에서 … 우리가 매일 스쳐지나가는 수많은 사람들과 별반 다르지 않다."[12]

마침내 길버트도 『뉘른베르크 다이어리』를 출간했다.[13] 예상한 대로 두 책은 서로 문체도 전혀 달랐으며, 두 사람 사이의 감정이 적대적이었던 만큼, 그들(과 그 추종세력)은 수많은 유사점 대신 차이점을 부각시켰다. 화제가 된 이 두 권 모두 로르샤흐 검사를 그저 지나가듯 언급하기만 하고 사실상 다루지 않았다는 점이 매우 인상적이다. 대신, 두 권 모두 자신들이 관찰한 내용과 전범들과 대화한 기억, 그리고 이러한 상호작용이 가지는 의미에 대한 주장으로 가득 차 있었다.

켈리의 책은 얇은데다 참고문헌이나 각주도 없었다. 켈리는 전문가가 아닌 일반 독자를 겨냥한 책이라는 점을 분명히 했다. 책표지의 문구부터 저돌적이고 도발적이었다. "나치의 거물들은 어떤 종류의 인간이었나?

어쩌다 그들은 광분했나? 그런 일이 또 다시 일어날 수도 있는가? 그들을 검사하고 그들의 가장 깊숙한 비밀을 알게 된, 담당 정신과의사였던 미국인이 그려낸 희대의 범인들의 초상."

켈리는 자신이 5개월간 뉘른베르크에서 정신과 진료를 했고 수감자들을 매일 면담했다면서 과거 이력을 자랑하고 다녔다. 길버트에 대해서도 언급했는데, 그가 지능검사를 적절히 정리해주었다면서 "통역사로서 내 사무실에 발령이 났으며, 내 지침에 따라 내가 수감자들과 나눴던 대화의 상당부분을 기록해주었다. 그 내용은 이 책에 수록돼 있다"고 적었다. 켈리는 피고들 대부분이 "꽤 괜찮은 영어"를 구사했지만 간혹 "오해를 방지하기 위해" 통역사의 도움을 받기도 했다고 썼다. 전부 깍듯한 예의를 갖춘 언급이었지만 동시에 켈리 본인의 영역을 명확히 하고 길버트를 자신의 조수 역할로 강등시킨 것이기도 했다.¹⁴

길버트는 (역시 주석이나 참고문헌은 없는) 저서에서 "내가 모든 수감자들과 자유로이 만나 직무를 수행하는 데 첫 두 달간 도움을 주었던 교도소 내 정신과의사" 켈리에게 감사를 표했다.¹⁵ "첫 두 달간"은 분명 불필요한 구절이었지만, 켈리의 역할을 한정하고, 또 뉘른베르크에서 재직한 기간이 짧았음을 부각시키기 위한 방편이었다. 그렇다면, 가장 많은 것을 알았던 사람은 누구였을까. 아쉬칸에도 있었고 1945년 8월부터 1946년 1월까지 뉘른베르크에 있었던 켈리였을까, 아니면 1945년 10월부터 1946년 10월까지 뉘른베르크에 있었던 길버트였을까?

출판 전쟁은 유럽으로까지 번졌다. 켈리의 책을 담당했던 그린버그의 편집자는 미국에서 먼저 책을 내게 되었으니 유리한 고지를 점했다는 서신을 켈리에게 보냈지만, 유감스럽게도 길버트가 이미 영국 독자들을 만난 뒤였다.¹⁶

전범들의 심리분석

# 같은 대상, 다른 해석

켈리와 길버트는 피고들—아마도 헤스는 제외—이 법적으로 정신이 온전치 못한 것도 아니고 정신병을 앓는 것도 아니라는 데 동의했다. 만약 정신병자가 아니었다면, '당시' 피고인들은 대체 무엇이었을까? 조금이라도 정신이 병들었던 것일까? 그리고 어쨌든 켈리와 길버트가 말한 "정신질환"은 무슨 의미였을까?

원래 전공 분야가 사회심리학이었던 길버트가 피고들에 대해 병든 독일 문화에 의해 삶이 일그러진 자아도취적 사이코패스들이라고 진단했다는 사실은 아이러니였다. 반면, 정신병리학 및 법신경의학 분야의 전문가였던 켈리는 모든 상황을 사회심리학적 관점에서 파악했으며, 피고들을 허위와 관료주의의 영향을 받은 환경의 산물일 뿐, 본디 평범한 사람들이라고 간주했다. 그런 사람들은 어디에서든 볼 수 있다고 말함으로써 이런 주장을 더욱 명확히 했다. 1947년 당시, 많은 이들은 이런 주장을 굉장한 모욕으로 느꼈다.

켈리와 길버트는 문체나 어조 면에서도 확연히 달랐다. 켈리는 늘 냉소적이고 무덤덤했던 반면, 길버트는 건조하고 진지했다. 아래 인용 부분들을 보면 둘의 차이점이 확연히 드러난다.

켈리: 나치즘은 사회문화적으로 배양된 질병이다. … 뉘른베르크에 있을 때 내게는 연구해야 할, 그 유명한 나치 바이러스 순수배양물—말하자면 22개의 플라스크—이 있었다. … 강인하고 지배적이며 공격적이고 자기중심적인 … [거기에다] 양심도 없는 성격은 드물지 않다. 나라 곳곳 어디에서든—중대한 사건들을 결정하는 책상 너머에서—볼 수 있

는 이들이다.[17]

> 길버트: [그들은] 거침없이 공격적이며, 철저히 상냥한 겉모습[으로 포장된] 정서적 둔감성[을 보였다]."[18]

그렇다면 1947년 정신의학과 심리학은 정신질환을 어떻게 정의했을까? 길버트는 당시 지배적이던 관점을 옹호했다. 나치는 완전히 "다른 존재"였다는 것이다. 당시 쏟아져 나오던 정신병질에 관한 글들을 바탕으로 이해하려 했던 길버트는 사이코패스들의 세계관은 일반인들과 완전히 다른 것이었기 때문에 "멀쩡한 정신의 가면"(12장 참고)을 쓰고 있었던 것이라 결론지었다. 반면, 켈리의 관점은 1947년 당시 분위기와는 전혀 맞지 않았다. 사회심리학이라는 한창 발전하고 있던 분야에 기대를 걸었던 그는 잘못된 조건 하에서는 괜찮은 사람들도 끔찍한 선택을 할 수 있다고 적었다(11장 참고).

켈리와 길버트는 진단의 본질에 대한 견해가 근본적으로 달랐다. 길버트는 나치가 정신병리학에서 독특한 '범주'를 대표한다고 생각했다. 켈리는 나치에게 전혀 다른 어떤 것이 있었던 것이 아니며, 나치의 행동은 어떤 '연속체'의 한쪽 극단에 있는 것이라고 판단했다. 영국의 저명한 정치인 에드먼드 버크는 범주와 연속체의 차이를 또 다른 맥락에서 조명한 바 있다. "낮과 밤 사이의 경계를 선으로 그을 수 있는 사람은 없지만, 빛과 어둠은 대체로 어느 정도 구분이 가능하다."[19] 다시 말해, 낮은 점점 밤 속으로 사그라지지만, 그럼에도 불구하고 낮과 밤은 구분이 가능하다. 길버트가 본질적으로 낮과 밤의 대조에 초점을 맞췄다고 한다면, 켈리는 그 사이의 여러 지대—동틀 무렵과 해 질 무렵—를 더 흥미로운 연구 대상으

전범들의 심리분석

로 여겼던 셈이다.[20]

나치 지도자들의 행동을 정신장애(가령, 길버트가 말한 "자아도취적 사이코패스들") 혹은 "심각한 도덕적 결함"의 사례(켈리의 견해)라는 딱지를 붙여 분류하는 것이 대체 어디에 도움이 될까? 현실적으로 이 둘은 양자택일의 선택지라기보다는 오히려 별개의 질문이다(12장 참고). 대체로 정신장애는 해가 되는 괴로운 생각, 느낌, 행동을 특징으로 하는데, 그렇다면 불쾌한 행동은 전부 "장애"인가?

법 제도는 결국 이 문제를 두 개의 분리된 질문—"현재 장애가 있는가?" '그리고' "이 개인은 자신의 행위에 책임이 있는가?"—으로 갈라놓는다. 일종의 사고실험(단순화된 장치 및 조건을 상정하고 가상의 시나리오를 이용해 추론하는 실험 방식_옮긴이)으로서, 다음 네 가지 법정 시나리오를 생각해보자. 이 주제는 오늘날 법정에서 흔히 다음과 같은 방식으로 전개된다.

1. 망상과 환영에 사로잡힌, 정신병을 앓는 개인은 절대 재판에 회부될 수 없다. 재판을 이해하거나 변론을 조력할 능력이 없기 때문이다.
2. 편집성 조현병에 차도가 있는 환자의 경우, 환영의 영향으로 저지른 범죄에 대해 감형을 받을 수도 있다.
3. 암페타민(주로 각성제로 사용되는 약물_옮긴이)에 의한 망상의 영향으로 범죄를 저지른 자는 더 중한 형을 선고받을 수 있다. 애초에 복용 약물 선택 시 의지의 요소가 있기 때문이다.
4. 충동적 폭력 및 낮은 대인민감도의 이력이 오래된 성격장애자에게 재판부는 가장 무거운 형을 선고할 가능성이 높다.

이런 네 가지 경우는 정신장애의 범위와 다양성, 그리고 가해자의 책임에 대한 우리 사회의 판단에 정신장애가 어떤 식으로 영향을 미치는가를 보여주고 있다. 불행히도, 켈리와 길버트 간의 격렬한 논쟁에서는 그런 뉘앙스가 드러나지 않았다. 정신질환의 범위에 늘 민감했던 켈리는 "자아도취적 사이코패스들"을 우울증이나 조현병 환자들과 한 배에 태워봤자 좋을 것이 없다고 생각했다. 실제로, 뉘른베르크를 떠난 이후 켈리는 정부기관들이 공직에서 충동적이고 공격적인 성향의 사람들을 솎아내는 작업을 돕는 데 많은 힘을 쏟았다. 켈리가 보기에 사이코패스들은 정신질환을 앓는 것이 아니었고, 단지 공직에 부적합한 것이었다. 길버트에게 사이코패스들은 카인의 낙인을 지닌 자들이었다.

## 중재자 몰리 해로워

그렇다면 켈리와 길버트는 자신들의 가설을 뒷받침하기 위해 로르샤흐 검사를 어떻게 활용했을까? 이상한 것은 둘 다 저서에서 로르샤흐 검사에 대해 제대로 언급하지 않았다는 사실이다. 켈리는 로르샤흐 검사결과를 공개하기에 앞서 다른 로르샤흐 전문가들에게 확인을 받고 싶어 했고, 길버트는 로르샤흐 검사결과에 대한 학문적 분석을 제시하면서, 지적으로 아슬아슬한 살얼음판 위에 자신이 서 있음을 깨달았다.

켈리와 길버트 둘 다 공통으로 신뢰했던 사람은 단 한 명, 몰리 해로워였다. 몰리는 남아프리카에서 어린 시절을 보내고 무용가, 화가, 시인 등 다양한 예술 분야에서도 활발히 활동했던 로르샤흐 전문가였다(〈사진 21〉). 훗날 미국에 정착하여 심리학 박사학위를 취득했고 록펠러대학에서 박사후 과정을 이수한 뒤, 몬트리올 신경학 연구소에서 저명한 신경외과

전범들의 심리분석

의사 와일더 펜필드와 함께 뇌와 감정을 연구했다. 제2차 세계대전이 발발하자 그는 로르샤흐 검사를 신병 선발에 활용하기 시작했고, 이를 통해 다양한 유형의 피험자들로부터 막대한 양의 로르샤흐 반응 데이터세트를 구축할 수 있었다. 친근한 성격 덕에 비협조적인 집단들도 공공의 이익을 위해 협력할 수 있게 잘 설득해내곤 했다. 심지어 켈리와 길버트마저도 싸움을 중단하도록 설득했다. 아주 가느다란 실로 간신히 봉합한 형태의 화합이기는 했지만 말이다.

1947년, 런던에서 국제정신보건회의를 기획한 해로워는 이 회의에서 뉘른베르크의 로르샤흐 검사결과를 함께 살펴보며 토론하고자 했다. 찰스 토머스에서 출간할 새로운 총서의 책임 편집을 맡게 되면서 해로워는 로르샤흐 관련 연구결과를 회의 및 저서를 통해 널리 알릴 수 있는 위치에 있게 된 것이다.

한편, 켈리와 길버트는 상대방이 자신의 기록을 훔쳐갔다고 비난하며 논쟁하고 있었다. 심각한 문제였고 판단이 사실 쉽지 않았다. 가령 켈리가 면담을 수행하고 길버트가 통역한 뒤 면담 내용을 요약 정리했다고 한다면, '소유권'은 누구의 것일까? 켈리는 상황의 복잡성에 대해 출판사 측에 다음과 같이 설명했다.

> 당시 우리 둘 다 그 자리에 있었으므로 여기 실린 면담들은—엄밀히는 서너 개 면담에만 해당한다고 생각하지만—둘 모두 해당 내용을 사용할 수 있어야 합리적일 것 같습니다. 그러나 혹여 길버트가 시비를 걸려고 한다면, 면담 내용의 소유권은 제게 있고 그의 공식 직무는 통역사 겸 비서였을 뿐이라는 사실은 자명합니다. 제가 직접 지시를 한 것이라도, 길버트가 독자적으로 발견해낸 정보에 대해서는 이 책에 사용하지

사진 21. 말년의 몰리 해로워. (플로리다대학 디지털자료 제공)

않고자 만전을 기했습니다. 결론적으로, 마음만 먹으면 우리는 얼마든지 저쪽에 압박을 가할 수 있는 위치에 있음이 명백하지만, 저는 그쪽에서 문제를 제기한다 해도 전혀 걱정하지 않습니다.[21]

양측 모두 로르샤흐 검사에 초점을 맞춘 후속 저서를 계획했고 상대편보다 먼저 출간하고자 했다. 켈리는 길버트에게 자신의 로르샤흐 검사 자료를 사용하면 고소하겠다고 으름장을 놓았다. 해로워는 켈리와 길버트에게 몇 장씩 나눠서 각자 로르샤흐 검사 소견을 논하고 별도의 로르샤흐 전문가들의 해설 몇 장을 덧붙일 것을 제안했다. 나름 합리적인 제안이었

전범들의 심리분석

지만, 어느 정도는 실패가 예견된 절충안이었다. 그러면서도 길버트에 대해 걱정했던 그는 1947년 10월 한 동료에게 서신을 보내 길버트가 켈리와의 갈등에 신경을 많이 쓰는 탓에 본인 자신이나 작업에 불리하게 작용하고 있다는 우려를 털어놓기도 했다.[22]

아주 잠깐 동안은 이 협상이 효과가 있는 듯 보였다. 하지만 현재 기록 자료들 속에 묻혀 있는 해로워의 서신을 보면, 시간이 흘러갈수록 협상이 깨져가는 과정이 고스란히 적혀 있다.[23] 이론적인 영역 분할은 그다지 논란의 여지가 없었다. 또 누가 어느 장을 쓸 것인지에 대해서도 합의가 가능했다. 하지만 길버트는 켈리의 진실성을 믿지 못하겠다며 공격을 시작했고, 기록도 조작돼 있을 것이라 의심했다. 그러면서 자신이 제1저자가 되어야 하고 켈리를 "골든손과 켈리의 도움으로" 정도로, 격하시킬 것을 주장했다.[24] 세 명의 공동 저자 중 하나가 아니라 그저 "도움"을 준 사람이라고 그 역할을 축소시키려 했던 것이다. 문제는 길버트가 자신의 저작에 로르샤흐 전문가들의 견해를 덧붙이기를 원치 않는다는 입장을 정하고, 몰리와 주고받은 서신에서는 해당 전문가들을 언급할 때(따옴표 인용 부호를 붙여) "전문가들"이라며 그들의 전문성에 넌지시 의문을 표했다는 데 있었다. "전문가들"을 공동저자로 인정하는 것도 내키지 않았던 것이다.

그럼에도 불구하고, 해로워와 길버트는 로르샤흐 전문가들을 찾아내어 서신 초안을 작성했다. 몰리가 레터헤드를 건네면 길버트가 대신 초대의 글을 써서 발송했다. 하지만 마감시한을 아주 촉박하게 지정해버렸다. 로르샤흐 검사내용을 받아본 거의 '모든' 전문가들은 제안을 거절했다.[25] 상상해보라. 세계적으로 널리 알려져 있고 평판이 좋은 몰리 해로워 측으로부터 편지가 와서 보니, 당대에 가장 골치 아픈 문제—나치 전범들의 심리—를 다루는 실험 기록을 살펴봐 줄 수 있느냐고 묻는 것이다. 그리고 해로워가 당신의 연구 결과를 가지고 함께 논의할 것을 요청하고 자신이 편집 중인 총서에 그 내용을 게재하자고 제안한 것이다. 당신이라면 거절할 수 있겠는가?

어쩌면 촉박한 마감기한이 마음에 안 들었을 수도 있다. 이에 대해 해로워가 내놓은 해석은 두 가지다. 당시 해당 분야의 사람들은 다들 켈리와 길버트 간의 불화를 알고 있었고, 법적 대응 운운하는 논쟁의 구렁텅이에 빠져들고 싶지 않았다. 켈리가 해로워에게 보낸 편지를 보자.

> 제 뜻은 확고합니다. 이사회 및 법률자문단을 통해 이 자료가 공개될 경우 길버트를 상대로 법원의 명령을 전달하고 고소장을 제출할 것입니다. 저는 모든 것을 한꺼번에 법률자문단에 맡겼습니다. 저작권 보호를 받는 자료가 아닌지라 그런 비윤리적인 출판물에 대한 영구 제재는 어려울 것이라고 지적해주었습니다. 하지만 법원 명령이 있으면 미정신의학회의 윤리위원회에서 … 공식 청문회를 열어야 한다는 여론을 충분히 조성하고 대중의 눈앞에서 전부 매도해버릴 수 있다고 보더군요. … 출판사 측에서는 길버트가 내용을 훔쳐 쓰려고 한다는 사실을 인지하지 못하고 있는 것이 분명합니다.[26]

한편 해로워는 학계 동료들이 로르샤흐 검사에 관한 소견 밝히기를 거절한 데는 법적 대응의 위협 외에 다른 이유도 있다고 생각했다. 전문가들이 묘한 불안감을 느꼈다는 것이다.

> 우리가 예상하기로 로르샤흐 검사는 … 독특한 정신병리, 즉 특히 혐오스런 유형에 해당하는 특이한 성격 구조를 밝혀낼 것입니다. 양과 염소

를 이분법적으로 다루는 악의 개념을 우리는 지지합니다. … 우리가 생각하는 악의 개념은 분명 심리검사를 통해 구체적으로 점수 매길 수 있는 요소입니다.[27]

[해당 기록은]우리가 보게 되리라 기대했던 내용 그리고 우리가 응당 보아야 한다고 여론이 압박한 내용—전갈은 강아지와 다른 동물이듯이, 이들은 정상적인 사람들과는 다른 정신이상자들이라는 것—을 제시하지 못했습니다.[28]

이 같은 온갖 이유들로 인해 전문가들은 "너무 바쁘다"며 이 프로젝트에 참여하지 않았다.

가끔씩은 켈리와 길버트가 마지못해 싸움을 중단한 듯 보일 때도 있었지만, 곧 비열한 다툼이 다시 이어졌다. 1947년 9월 켈리가 길버트에 대해 쓴 글을 보자. "그가 대놓고 기본 윤리를 무시하는 모습 때문에 나는 계속해서 놀라는 중이다. … 우리가 함께할 수 있을지 의문이 드는 것은 바로 이러한 이유에서다."[29] 여러 통의 서신을 통해 반격에 나선 길버트는 켈리의 헛소리를 더 이상은 참아주지 않겠다며 광분했고 켈리의 작업물을 "불쌍한" 수준이라며 깎아내렸다.[30]

이런 난타전 이후 켈리와 길버트는 서로 로르샤흐 검사에 관한 내용을 출간하면 법적 대응을 하겠다며 으름장을 놓았다. 책이 상호 분쟁의 볼모로 잡힌 것이었지만 소용없었다. 길버트는 출판사에 여러 통의 편지를 보내 책을 하루빨리 인쇄해야 하며, 이 과정에 제동이 걸린 것에 매우 분개하고 있다는 의사를 전달했다. 아울러 자신의 두 번째 책이 언제 나오는지에 대한 질문을 해로워와 찰스 토머스 출판사 측에 퍼붓고는 해로워와 찰스 토머스 측에는 알리지도 않은 채 사실상 동일한 원고를 또 다른 출판사 W.W.노튼에 보내는, 학자로서는 중대한 과오를 범했다. 이 일은 어쩌다 드러났을까? W.W.노튼은 해당 저서의 출간에 앞서, 길버트의 원고를 한 전문가에게 읽힌 뒤 출간 여부에 관한 조언을 얻고 싶어 했다. 그런데 그 익명의 검토자가 바로 몰리 해로워였던 것이다. 정말로 난감한 우연의 일치였다![31]

해로워는 격분했다. 중재자 역할을 자처한 대가가 이런 것이었다니. 편지가 이리저리—해로워, 길버트, W.W.노튼, 찰스 C. 토머스—오갔고, 결국 양 출판사 모두 길버트의 책 출간을 거절했다. 마침내 자신의 두 번째 저서 『독재의 심리학』을 로널드 프레스를 통해 출간하면서 길버트는 또 다시 로르샤흐 데이터를 제외시켰다. 켈리의 법적 대응 경고 때문이었을 수도 있지만, 로르샤흐 검사에 관한 자신의 전문성 부족 때문이었을 수도 있다.[32] 에릭 질머와 공동 저자들은 마치 "길버트는 얼결에 고액의 외화를 손에 넣었지만 환전하는 법을 몰랐던 것" 같았다고 재치 있게 요약하기도 했다.[33]

이런 소모적인 싸움이 벌어지는 동안 많은 이들이 이미 타격을 입은 상황이었다. 제안을 받았던 로르샤흐 전문가 가운데 한 명은 1948년 1월 해로워에게 보내는 편지에 이렇게 적었다. "켈리-길버트 논쟁과 관련하여, 심리학자 역시 인간이라는 사실을 잊으시면 안 됩니다. 간단히 말하자면, 사실 인간은 그저 인간일 뿐이라는 데 모든 문제가 있습니다. 다행스럽게도 저는 철학적으로 좀 신중한 편입니다. 제 생존과 연관될 수 있다는 생각이 드네요."[34]

수십 년 뒤, 역사학자 이언 커쇼는 홀로코스트 연구에 관한 신랄한 논쟁들을 언급하며 이렇게 주장했다. "그 동기가 무엇이든, 종종 정서적 측면이

전범들의 심리분석

이성적 측면을 일찌감치 압도해버렸던 것 같다. … 주제의 성격을 감안할 때, 이해는 가지만 그럼에도 불구하고 유감스러운 것은 어쩔 수가 없다."[35]


## 비 극 적  죽 음


1946년 유럽을 떠난 켈리는 처음에는 바우먼 그레이 의과대학(현 웨이크 포레스트 의과대학)에 자리를 잡은 뒤 뉘른베르크에서의 경험 전반에 대한 강연을 하고 수많은 언론 인터뷰에도 응했다. 이후 버클리대학 범죄학과 교수 자리를 맡아 결국 캘리포니아로 돌아간다. 버클리 외곽에 근사한 저택으로 이사한 그는 서재를 뉘른베르크의 기념품들—사진, 헤스가 독살시도의 증거라며 챙겨뒀던 음식 꾸러미, 괴링에게서 온 편지, 로베르트 레이의 뇌 슬라이드, 녹취기록 등—로 가득 채웠다.

켈리는 버클리에서 승승장구했다. 그의 법의학 연구는 탄력을 받아 경찰 각 부서 및 원자력위원회의 인사 선발에까지 영향을 미쳤다. 당시 로르샤흐 검사는 핵심 도구로 활용됐다.[36] KQED에서 TV과학쇼 연출도 했고, 영화 〈이유 없는 반항〉에 정신의학 관련 자문을 하기도 했다. 놀라울 만큼 많은 책의 서평을 썼고 그러고도 마술을 할 시간까지 있어서 미국 마술협회 부회장까지 역임했다.

한마디로, 이 남자는 정력가였다. 하지만 삶의 수레바퀴는 분명 너무 빨리 돌고 있었다. 루이스 터먼은 켈리에게 보내는 서신에서 속도를 좀 늦출 것을 조심스레 조언할 정도였다. "당신이 참여하고 있는 활동의 가짓수에 놀라고 있습니다만, 너무 많아서 장기적으로는 당신의 전문성에 방해가 되지 않을까 하는 걱정을 안 할 수가 없군요."[37] 켈리는 더욱 예민해지면서 음주량도 늘었다. 수년 뒤 켈리의 아들은 이렇게 언급했다. "아버지는 마치 술고래와 날뛰는 황소의 이종교배 같았다. 폭주하는 르네상스적 교양인이었다."[38]

안타깝게도, 1958년 1월 1일 모든 것이 끝이 났다. 아내에게 화가 나 있던 켈리는 계단을 뛰어올라 서재에 갔다가 다시 거실로 내려와서는 부모님과 아내 그리고 아이들이 보는 앞에서 자살하고 만다. 그의 자살은 어느 명석하고도 파란만장했던 인물의 결말치고 너무 충격적이기도 했지만, 그 자살 방법—청산가리—역시 이목을 끌었다.

다들 기다렸다는 듯이 켈리의 자살을 뉘른베르크와 괴링에 결부시켰다. 매우 가까웠던 이 두 인물이 동일한 결말—청산가리로 자살—을 택했기 때문이었다. 켈리가 어디서 청산가리를 구했는지를 두고 의뭉스러운 질문과 추측들이 쏟아졌다. 《샌프란시스코 크로니클》은 켈리가 가지고 있던 독극물은 "전범재판에서 반출된 것이었다"고 보도했다.[39] 《뉴욕타임스》는 한술 더 떠 이 청산가리는 "켈리 박사가 뉘른베르크에서 집까지 들고 온 여러 개의 캡슐 중 하나였다. 이 캡슐들은 헤르만 괴링에게서도 발견됐다"고 못 박았다.[40] 그리고 몰리 해로워는 여기서 더 나아가, 괴링이 면회 당시 켈리에게 주었던 것이라고 주장했다.[41] 이 가운데 어떤 내용도 입증된 바는 없었으나, 한 가지 사실은 분명했다. 45세의 나이에 이 명석하고도 복잡한 남자의 삶이 끝났다는 것이다.

사람들은 켈리가 소지하고 있던 파일들을 들춰보거나 그의 가족을 괴롭히는 것을 원치 않았다. 파일들은 분명 존재했지만, 사람들의 관심에서 멀어진 채 통째로 낡아가며 잊혀 갔다. 때문에 이를 발굴해내는 데는 상당한 추적이 필요했다. 일부 파일들은 산타크루즈 캘리포니아대학의 자료부로 보내진 상태였다. 자료들이 거기로 보내진 특별한 이유 같은 것은 없

　　　　　　　　　　　전범들의 심리분석

었다. 나머지 파일들은 켈리의 가족이 보관했고, 켈리와 괴링을 다룬 잭 엘하이의 명저에 그 내용이 기록되어 있다.[42] 몰리 해로워 역시 일부 파일들을 가지고 있었는데 현재 이는 아크론대학에 보관돼 있으며, 켈리의 담당 출판사였던 그린버그의 자료는 컬럼비아대학에서 소장하고 있다.

구스타브 길버트는 1946년 뉘른베르크를 떠나 프린스턴대학으로 간 뒤 미시간 주로 이주했으며, 마지막에는 뉴욕으로 돌아가 롱아일랜드대학 심리학과의 교수이자 학과장으로 재직했다. 강의 과목 중 뉘른베르크 관련 강의는 학생들로부터 흥미진진하다는 평가를 받았으나, 다른 강의는 이렇다 할 내용도 없고 그중 일부 견해는 조리가 없다는 인상을 주었다. 그저 자신에게 유리한 방향으로 켈리를 이용해 본인을 부각시키기에 급급할 뿐이었다.[43]

1961년 예루살렘에서 아돌프 아이히만 재판이 열리면서 나치 전문가였던 길버트는 다시 한 번 관련 내용을 증언하게 된다. 재판부가 증언을 요청한 것은 수년 전 길버트가 아우슈비츠의 사령관을 면담한 적이 있었기 때문이다. 이 사령관은 대량학살을 기획하는 데 아이히만이 핵심적인 역할을 했다고 폭로했다. 게다가 검찰 측은 길버트에게 살인자들의 심리에 관한 전문가 소견도 요청했다. 그러나 길버트로서는 유감스럽게도, 마지막 질문은 아이히만의 유죄와 무관하다는 판결에 따라 길버트의 증언 중 해당 소견은 각하됐다.[44]

## 삭 아 버 린 로 르 샤 흐 검 사 결 과 들

한편 로르샤흐 검사결과들은 파일 캐비닛 안에서 잠자고 있었다. 마치 세상이 계속 흘러가는 동안 잠들어 있던 립 밴 윙클처럼 말이다. 길버트가 실시했던 로르샤흐 검사는 수십 년이 지난 1975년에야 마침내 플로렌스 미에일과 마이클 셀저의 공저 『뉘른베르크 마인드』를 통해 그 내용이 공개됐다. 이들의 주장은 지금껏 내가 본 것들 중에서 가장 비열하고 인신공격적인 것으로, 켈리의 로르샤흐 해석을 "명백한 오류"로 일축하며 "당사자가 어떻게 죽었는지를 보더라도 나치 간부들에 대한 그만의 특이한 인식을 알 수 있다"라고 썼다. 당시 길버트가 기록한 내용은 이처럼 고인에 대한 불필요한 공격과 함께 공개됐다.[45]

그러나 켈리의 로르샤흐 검사결과들은 여전히 오리무중이었다. 질머와 공동저자들은 켈리의 기록이 어떻게 계속해서 분실되었고, 1992년에야 다시 발견되었는지에 관한 흥미진진한 대장정을 자세히 다룬 바 있다.[46] 켈리는 자신의 기록물들을 로르샤흐 전문가인 새뮤얼 벡에게 맡겨 두었으나, 켈리와 길버트 사이의 악감정과 켈리의 갑작스런 죽음으로 인해 벡은 이 기록들을 내놓는 것을 망설였다. 몇 년 뒤, 벡은 관련된 글을 쓰기 시작했지만 그 역시 죽고 말았다. 저주받은 로르샤흐 검사였던가! 기록들은 결국 시카고 정신분석연구소에 기탁됐지만 검토도 이루어지지 않은 채 방치됐고 심지어 제거될(즉, 폐기될) 예정이었다. 그러나 결국 1992년 엄청난 행운과 근성을 가진 르노 케네디가 이 기록들을 어둠에서 끌어내게 된다.[47]

1945년 켈리와 길버트 간의 바람 잘 날 없는 협력관계로부터 시작된 볼썽사나운 출판 전쟁이 50년에 걸친 격리로까지 이어졌던 것이다. 벡의 보관자료에는 분실된 켈리의 로르샤흐 기록 7개 중 6개는 물론이고 길버트의 로르샤흐 기록들 전부가 포함돼 있었다.[48] 1947년 이래 본 적 없었던 이 로르샤흐 검사결과들이 먼지와 거미줄 속에서 나왔을 때 몰리 해로워가 느꼈을 감정은 그저 짐작만 할 수 있을 뿐이다. 켈리는 떠난 지 오래였고, 길버트도 가고 없었다. 뉘른베르크의 로르샤흐 검사결과들을 연구하는 데 마침내 아무런 장애물도 없어진 것이다. 하지만 거기서 밝혀질 것들은 무엇이었을까?

# 10

# 로르샤흐 검사가 말하는 것

우리가 마음에 새겨야 할 원칙은 아는 것을 보는 대신, 보는 것을 아는 것이다.

A.J. 헤셸, 『예언자들』, 1962년


그렇다면, 이 범죄자들이 전부 미치광이였다고 내가 입증해보였다면 다들 더 만족하지 않았을까?

라울 힐베르크, "홀로코스트의 의미," 1980년


## 로 르 샤 흐   검 사   채 점

1945년, 존 밀레트 박사팀은 로르샤흐 검사를 이용해 나치 지도자들의 악에 대해 연구해야 한다고 주장했다. 결국 켈리와 길버트의 검사 기

**사진 22.** 로르샤흐 검사카드 2번.

록 모두 채택되어 연구할 수 있게 됐다. 그러나 몇 가지 문제가 있었다. 검사내용이 얇은 종잇장 위에서 삭아버렸거나 잉크가 날아가버렸기 때문이 아니라 정신의학이 계속 발전하면서 검사의 의미가 아무래도 퇴색됐기 때문이었다.

매사추세츠 종합병원에서 레지던트로 있던 당시, 나는 로르샤흐 검사를 연구했다. 호기심을 자극하는 작업이었다. 로르샤흐 검사는 매일 반복되는 환자와의 상호작용과는 전혀 다른 일이었던데다 마치 오래전 과거의 유물처럼 '케케묵은' 것처럼 보였기 때문이다. 1945년 뉘른베르크에서 이 검사는 '첨단'이었지만 이 모호하고 미덥지 않은 검사를 해독하는 작업은 결코 쉽지 않았다. 성서학자 에이브러햄 헤셸은 성서를 해석할 때 선입관으로 눈을 가리지 말라고 경고했다. 그런 그의 경고는 섬뜩하게도 뉘

228

른베르크의 로르샤흐 검사결과 해석이라는 난제에도 해당되었다.

뉘른베르크의 로르샤흐 검사결과들을 파고들기에 앞서, 이 검사의 채점 방식부터 살펴보면 도움이 될 것 같다. 열 장의 로르샤흐 검사카드가 있는데, 중요한 것은 모든 카드에 대한 종합적인 반응이다. 실제 2번 카드가 여기 있다(〈사진 22〉). 이 카드를 자세히 살펴보기 바란다. 표준 로르샤흐 문항은 다음과 같다. "카드에서 무엇이 보입니까? 카드 속에서 구술할 만한 어떤 것을 보았습니까?" 하지만 여기서 정식 로르샤흐 검사를 하는 것은 아니기 때문에, 좀 달리 질문해보자. 일단 무엇이 눈에 띄는가? 거기서 무엇이 호기심을 자극하는가? 잉크반점에서 무엇이 보이나? 보이는 것들이 마음을 불편하게 만드는가 아니면 반대로 기분 좋게 만드는가? 당신 스스로 생각하기에, 반점 전체에 대해 반응하고 있는가 아니면 단지 특정한 일부분—검은 부분, 회색 부분, 붉은 부분, 흰 부분 등—에 대해 반응하고 있는가? 더 읽어 내려가기에 앞서 독자 본인의 반응을 적어보기 바란다.

로르샤흐 반응을 해석하는 데는 근본적으로 다른 두 가지 방법이 있다. 하나는 환자가 말하는 내용이나 주제에 초점을 맞추는 것이고, 다른 하나는 그 주제들을 어떤 식으로 동일시하는가에 관한 기술적 측면을 살펴보는 것이다. 먼저 로르샤흐 검사결과 해석에 사용되는 다양한 코드를 익히는 것보다 로르샤흐 전문가들이 하는 일과 그들이 쓰는 기법의 위험 요소들에 대해 감을 잡는 것이 더 중요하다.

검사자는 통상적으로 속기를 하여 카드에 대한 피험자의 반응을 빠르게 요약한다. 이것이 바로 코드다. 가령, 문자 W는 피험자 개인이 카드에 대해 설명할 때 반점 전체를 이용한다는 속기 표시다. 그 밖에 카드 상의 큰 부분에 반응함을 뜻하는 D나 작은 부분에 반응함을 뜻하는 d 등의

전범들의 심리분석

기호도 있다. 검사 과정은 대체로 한 시간가량 소요된다.

상대적으로 W 반응을 많이 보이는 사람일수록 반점의 전체적인 느낌을 받아들이는 경향이 있고, 복잡한 데이터를 통합하는 능력도 더 뛰어난 편이다. 사람에 따라서는 반점의 음영이나 질감에 특히 더 신경 쓰는 반응을 보이기도 한다. 음영 반응(Y)은 불안하거나 우울한 피험자들에게 좀 더 흔히 나타난다. 이러한 상관관계에 뚜렷한 이유는 없으며, 일단 수십만 건의 기록을 보면 특정 반응 유형들은 임상 환경의 맥락이 제각각 다양할 가능성이 더 높다.

로르샤흐 검사카드 일부에는 색채가 포함돼 있는데, 색채에 기반한 반응은 정서적 요인이 피험자의 인지에 강하게 영향을 미칠 수 있음을 보여준다. 피험자가 반점에서 운동(M)을 인지할 경우에도 해당 반점들에 채점이 이루어진다. 가령, M 반응이 강한 피험자일수록 창의력과 지적 능력이 뛰어난 경향이 있다. 반점의 형태질—즉, 설명이 반점의 형태에 얼마나 일치하는가—측면에서도 채점이 이루어진다. 정신질환자들은 형태 부문의 점수가 매우 낮게 나오는 경우가 더 흔하다.

채점자는 설명 내용에도 주의를 기울인다. 이를테면, 이런 식이다. 피험자의 설명이 일반적인 해석인가(P)? 정신질환자들은 P 반응이 상대적으로 적고, 우울증 환자들은 인간 관련 반응이 적은 편이며, 식물이나 자연 관련 반응이 많은 사람들은 인간관계에서 좀 더 고립된 경향이 있다. 여러 속기 기호들에는 굉장히 복잡한 코드들이 있으며, 이 코드에는 엄청난 임상적 '기억'이 함축되어 있다. 중요한 것은 모든 카드를 포함한 종합 점수임을 잊지 말아야 한다.

물론 이 모든 요소가 매우 복잡한 것도 사실이다. 따라서 로르샤흐 전문가들은 검사결과를 설명하는 데 일부 난해한 전문용어를 동원한다. 로르샤흐 검사에 익숙한 사람들이야 복잡한 사안을 이야기하는 간단한 방법으로 전문용어가 익숙하겠지만, 그렇지 않은 사람들에게는 그저 암호처럼 보일 뿐이다.[1]

능숙한 검사자는 이 모든 변수와 그 이상의 것들도 살핀다. 1970년대에 존 엑스너는 로르샤흐 검사기록 채점 방식을 체계화했다. 이로 인해 형태, 음영, 색채, 운동, 기타 여러 요인들에 관한 다양한 반응에 점수를 매기는 데 있어 상당한 평가자 간 신뢰도 inter-rater reliability 가 생겼다. 그러나 환자 개인의 성격 측면에서 다양한 코드들이 의미하는 바를 임상의들이 판단하는 경우 신뢰도가 더 낮다.[2] 시간이 흐르면서 차츰 더 많은 검사들이 실시 및 평가됐고, 반응을 범주화하는 데 도움이 되는 규준들이 생겨났다. 그러나 "이 환자는 X집단에 속한다"라는 식으로 딱 잘라 말할 만큼의 깔끔한 기준 같은 것은 없다. 수천 회 이상의 검사를 한 다음에야 이상한 반응을 식별할 수 있는 것이 사실이다. 물론 그 평가 역시 검사가 실시되는 맥락에 좌우된다. 사형 집행을 앞두고 감옥에 갇힌 전직 각료에게 무엇이 이상한 반응에 해당하는지 대체 누가 알 수 있겠는가?

로르샤흐 채점 방식의 또 한 가지 문제점은 환자에 대한 정보가 검사자에게 편견이 생기도록 영향을 미칠 수 있다는 것이다. 소견서는 대개 이런 식으로 쓰일 것이다. "지속적인 복통을 호소하는 43세 여성입니다. 평가를 부탁합니다." 뿐만 아니라, 검사자와 환자 간 상호작용은—비록 까다로운 처방을 통해서이기는 하지만—잉크반점 반응에서 드러난 내용 이외에도 환자에 관한 다른 정보를 제공한다. 임상적 맥락에서 이는 전부 긍정적으로 작용한다. 그러나 과학적 맥락에서, 환자의 개인 정보는 객관성에 방해가 된다. 이 같은 평가의 익명성 문제는 뉘른베르크 시절부터 로르샤흐 검사자료를 끊임없이 따라다녔다. 당신이 본 잉크반점 기록이 괴

전범들의 심리분석

링의 것이었다는 사실을 알게 된 순간, 그 기록을 과연 어떻게 객관적으로 평가할 수 있겠는가?


## 카 드  한  장 에  대 한  전 범 들 의  반 응


뉘른베르크 전범들은 동일한 2번 카드(나머지 로르샤흐 검사카드 아홉 장도 물론 포함)를 각자 보았다. 여기서는 켈리와 길버트의 해석과 더불어 이 특정 카드에 대한 전범들의 반응을 살펴보고자 한다. 열 장의 카드 전부에 대한 분석이 끝나자, 거기서 실제로 드러난 내용을 두고 맹렬한 논쟁이 시작됐다.

헤르만 괴링은 켈리와 길버트 둘 다 검사했다. 켈리에 따르면 괴링은 이런 반응을 보였다고 한다. "춤추는 남자 두 명이요. 근사한 춤이군요. 두 남자인데, 여기 머리들이 있고, 손은 맞잡고 있습니다. 마치 빙글빙글 도는 데르비시 같군요. 여기가 몸이고, 저긴 발이네요." 이에 대해 켈리는 이렇게 평했다. "이 형상들을 굉장히 잘 파악하고 있다. 남자들의 의상 일부분일 수도 있다는 점을 제외하면, 색채는 사용하지 않았다."[3]

길버트의 메모도 유사한데, 괴링은 웃음을 터뜨리며 이렇게 말했다고 적혀 있다. "이건 춤을 추고 있는 사람 두 명이군요, 아주 뚜렷해요. 여긴 어깨고 저긴 얼굴이네요. 박수를 치고 있습니다. [붉은 색을 포함해, 손으로 아랫부분을 잘라낸다] 맨 위 붉은 부분이 머리와 모자예요, 얼굴은 약간 하얗고요."[4]

길버트는 자신의 로르샤흐 기록을 미에일과 셸저에게 맡겼고, 이들은 "춤추는 두 사람"은 본인의 우울증을 숨기려는 시도—즉, 경조증적 방어였음—를 반영하는 문구라고 단언하며 괴링의 반응에 흥분을 감추지 못했다. 그럴 수 있다. 그러나 이들은 괴링이 반점과 흰 여백 양쪽 모두에서 얼굴을 보았는데 "[이는] 자기 존재의 공허함을 뚜렷이 보여주는" 것이며, 모자가 빨간색이라고 말한 것은 "지위에 대한 정서적 집착을 나타낸다"라고 추측했다.[5]

로베르트 레이를 검사한 것은 켈리뿐이었다. 켈리는 2번 카드에 대해 레이가 보인 여러 가지 반응을 다음과 같이 기록했다(괄호 안의 표현은 켈리가 적은 것이다).

나비 한 마리네요. 여기 색채들이 보이고요. 재밌군요. 재밌는 나비예요. [그는 전체 그림에 대해 언급하면서 나비 모양인데 색채가 중요하다고 말하고 있다. 그의 눈에는 사실상 색채가 가장 먼저 들어왔던 것이다.] [이 지점에서 즉흥적으로 보인 또 다른 반응은 램프다. 실제로는 중앙 흰 여백의 형태일 뿐이다.] 검정과 빨강과 흰색. [그는 여러 번 이 말을 반복한 뒤 카드를 움직여 가까이 했다 멀리 했다 하며 거리에 따라 색채가 다르게 보인다고 한다. 이 시점에 그는 카드를 자기 앞쪽으로 가까이 당겨 나비 이야기를 다시 했다.] 황새 아니면 거위가 더 낫겠네요. 다리를 끌어당겨 기우뚱한 모습 같기도 하고요. 독특해 보여요. 여기 맨 위는 빨간색이군요. [형태는 모호하고, 당겨졌다는 것 말고는 움직임 이야기는 없다.] 살아있어요. 나비의 턱 부분이고요. [앞서 그가 나비의 입이라고 설명했던 상단의 붉은 부분이다.][6]

매우 흥미로운 로르샤흐 반응 가운데 하나라는 생각이 든다. 레이는 집요할 정도로 카드를 앞뒤로 움직이며 "검정과 빨강과 흰색"이라고 되풀

전범들의 심리분석

이하고 이례적이고 불안정한 형태 반응("나비의 턱")을 보인다. 분명 뭔가 문제가 있다.

레이의 경우와 마찬가지로, 율리우스 스트라이허를 검사한 것은 켈리 뿐이었다. 켈리에 따르면, 스트라이허는 카드에 대한 두 가지 해석을 내놓았는데, 아마추어 화가였던 그답게 예상대로 두 가지 해석 모두 디테일 표현이 풍부했다. 그러나 혁명 관련 주제들에 특이하리만치 집착을 보였다. 켈리가 기록한 내용은 다음과 같다.

> 카드를 살펴보더니, 예쁘다며 이야기를 시작한다. 자기 머리 근처에서 카드를 흔들다가 마침내 프랑스혁명 당시 자코뱅모자를 쓴 여자 두 명이라고 설명한다. 여자들이 붉은 양말을 신고 붉은 모자를 썼으며 춤을 추고 있다고 한다. 그러고는 혁명 시점은 1789년이라고 알려주더니 또 다시 카드를 관심 있게 들여다보며 프랑스혁명 전반에 걸친 토론을 시작하려 든다. 도자기 접시 위에 레드와인 잔이 있다. 중앙의 붉은색과 중앙의 여백 디테일. 질문 단계에서 그는 또 다른 흰 여백 반응을 나타내며 네덜란드 나막신 두 개를 언급한다. 위쪽의 흰 여백에서는 붉은색 유리잔을 보지만 형태에는 별로 신경을 쓰지 않는다. 흰 접시 설명에서는 색채가 주요 인자다.[7]

루돌프 헤스를 검사했을 때 켈리와 길버트는 유사한 관찰 기록을 남겼다. 켈리는 이렇게 썼다(여기서도 괄호 안의 내용은 켈리 본인의 표현이다). "현미경으로 본 단면 같기도 해요. 어떤 곤충의 부분들이랑 핏방울들이요. 파리 한 마리의 다리 단면과 붉은 핏방울들 모양이고, 중앙의 여백은 골수예요. 곤충 다리에 골수가 있는지는 잘 모르겠지만. 가면이군요. 피지 같은 섬에 사는 야만인의 가면이요. 그 사람들에 대해 잘 모르지만요. 열린 부분은 입이군요. 악마 같아요. 그래서 두 눈이랑 수염도 붉은색인 거예요. [한계를 시험하며] 여자들도 보이네요."[8]

길버트는 헤스가 이렇게 말한 것으로 기록했다. "현미경으로 본 단면 같기도 해요. 어떤 곤충의 부분들이랑 핏방울들이요. 가면이네요."[9]

물론 내용만 놓고 보자면, 헤스의 반응은 문제의 소지가 있었다. 노골적으로 불편한 이미지들과 해부학적 언급들을 많이 했는데, 이는 통상적으로 우울 관련 요소로 해석된다. 미에일과 셀저는 헤스의 색채 반응을 "폭력적이고 쉽게 흥분하는 잠재된 정서적 특성의 잔여 흔적으로, 강렬하기는 하나 모든 현실과의 접점에서는 떨어져 나온 상태"로 간주했다. 헤스가 통상적인 광대 모양을 찾아내는 대신 야만적이고 악마 같은 가면에 대해 묘사한 뒤 "그 사람들에 대해 잘 모른다"고 한 것에도 놀랐다. 미에일과 셀저는 이것이 책임을 거부하는 그의 사이코패스적 성향을 보여주는 것이라 해석했다. 아마 이들이 헤스의 표현들에 너무 많은 의미를 부여한 것일 수도 있다. 그러나 나 역시 헤스의 로르샤흐 검사결과에는 어쩐지 불길한 느낌이 있다는 것에 동의한다.[10]

내가 원본 그대로의 반응과 해석들을 가져온 것은 이를 통해 해당 기법과 그 해석이라는 엄청난 과제에 대해 어느 정도 감을 잡을 수 있기 때문이다. 이 로르샤흐 검사결과들에 대한 전혀 다른 두 가지 결론은 검사 시점으로부터 수십 년이 지난 뒤에야 나오게 된다.

전범들의 심리분석

## 검사 결과에 대한 미에일과 셀저의 해석

플로렌스 미에일은 저명한 로르샤흐 전문가였고 마이클 셸저는 역사심리학에 꾸준히 관심을 가져왔던 정치학자였다. 이들의 공저 『뉘른베르크 마인드』는 마치 모든 문화적 상대주의, 즉 나치는 완전한 '타자'에 해당하는 괴물들이라는 결론을 내지 못한 모든 주장에 대한 진심 어린 분노의 외침과도 같았다.[11] 특정한 일련의 환경 조건 하에서라면 우리 가운데 누구라도 나치의 일원이 될 수 있었다는 견해는 이들이 보기에 혐오스러운 것이었다. 이 저자들은 책머리 헌정사에 신명기의 "아말렉에게 당한 일을 잊지 마라"라는 구절을 인용하며 자신들의 믿음을 매우 분명히 명시했다. 리처드 루빈스타인은 서평에서 다음과 같은 견해를 밝혔다. "미에일과 셸저는 헌정사를 위해 성서의 모든 구절 가운데서도 후퇴 없는 성전을 부르짖는 이 구절을 선택했다. 이들 작업의 본질을 그보다 더 분명하게 밝힐 수는 없었을 것이다. 이들의 작업은 심리학이라는 학문과는 아무 상관이 없다."[12] 다시 말해, 미에일과 셸저에게는 나치가 곧 아말렉—가망 없이 저주받은 완전한 '타자'—이었던 것이다.

미에일과 셸저는 로르샤흐 검사결과를 해석하는 수단으로서의 과학적 방법에는 그다지 관심이 없었다. 이들은 다양한 지각 검사 방식이 있음을 인정하면서도 "[로르샤흐 검사로] 통계적 게임을 하는 것"이 유용한 방식이라고 생각하지는 않았다.[13] 그나마 논쟁의 여지가 적은 부분은, 이들이 로르샤흐 검사는 결과의 해석이 평가자의 숙련도에 너무 많이 좌우되기 때문에 그 유효성을 입증하기가 어렵다고 인정했다는 것이다.

미에일과 셸저는 형태, 질감, 운동 등을 정량화한, 선명하고 신중하게 구성된 엑스너 방식보다 잉크반점 속 내용 측면의 주제를 논하는 쪽을 선호했다. 문제는 이들의 주장이 검증 불가능하며 추론한 내용 역시 일관성이 없고 결과론적이라는 것이다. 가령, 미에일과 셀저는 전범들이 질감과 털에 대한 언급을 많이 한 것은 "실질적인 관계를 형성하기보다는 타인을 조종하고 기만"하고자 하는 성향을 보여주는 것이라 주장하면서도, 불과 두 단락 뒤에는 "대다수의 기록은 카드의 털에 관련된 특징에 대해서는 반응이 전혀 없었다. … [이는] 피험자들 삶의 본능적 측면이 변형보다는 파괴를 나타낸다"고 언급했다. 그러면서도 자신들의 주된 신념에는 흔들림이 없었다. "나치는 심리적으로 정상이거나 건강한 사람들이 아니었다."[14]

## 해 로 워 의     비 판

해로워는 플로렌스 미에일이 로르샤흐 분야에서 주목받기 시작한 이후로 특히 미에일과 셀저의 작업을 흥미롭게 지켜봐왔다. 해로워는 길버트의 로르샤흐 검사기록이 마침내 출간된다는 소식이 반가우면서도, 미에일과 셀저의 저서에 대한 평을 부탁받자 해묵은 감정싸움이 다시 불붙는 것을 지켜보는 듯해 마음이 편치 않았다. 이들의 저서가 길버트와 켈리의 해묵은 갈등에 또 한 차례 기습공격을 가해 헤집는 것이라 생각했던 것이다. 켈리가 죽은 지 20년이나 지났는데도 말이다.[15]

인신공격적 요소는 차치하더라도, 해로워는 미에일과 셀저의 견해에 갈수록 불편해 했다. 로르샤흐 검사를 통해 전범들은 우울증이 있는 사이코패스들이었음이 입증됐다는 길버트의 견해를 그대로 반영했던 것이다. 해로워는 회의적인 입장이었다. 그토록 제각각 다른 피험자들에게서 어찌 일관된 검사결과가 나올 수 있단 말인가? 전범들의 인생사만 놓고 보아도

전범들의 심리분석

결론은 의심스러웠다.

해로워의 회의론이 한층 설득력을 더했던 또 다른 이유는 바로 그녀가 편향에 관해 우려했다는 점이었다. 자신이 채점 중인 기록이 누구의 것인지 알고 있을 경우, 그 사실에 영향을 받거나 검사자 본인의 선입견을 그 카드에 '투사'하지 않을 수 있을까? 임상적 관점에서 볼 때, 환자의 임상 배경을 아는 것은 로르샤흐 검사기록 분석의 질을 향상시키지만, 연구의 관점에서 보면 환자의 정체성을 모르는 상태로 검사기록을 채점하는 편이 훨씬 더 신뢰도가 높아질 것이다.

해로워는 이 문제를 해결할 기발한 방법을 생각해냈다.[16] 무엇보다도 일단 비교집단이 필요했다. 해로워는 여러 해 동안 검사를 실시했으므로 무수히 많은 로르샤흐 검사 피험자들과 접촉할 수 있었다. 그의 검사기록은 놀랄 만큼 광범위해서 유니테리언 교파의 성직자 1,500명, 의대생 수백

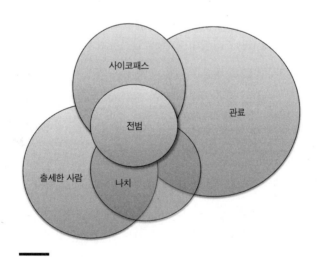

사진 23. 뉘른베르크 전범 및 다른 관련 집단들의 관계 (제럴드 L. 보로프스키 및 돈 J. 브랜드의 승인 하에 『생존자, 피해자, 가해자: 나치 홀로코스트에 관한 에세이집』 중 "뉘른베르크 전범들의 성격 구조 및 심리 기능: 로르샤흐 데이터"에서 편집 인용함)

명, 수많은 비행청소년, 싱싱 형무소(뉴욕주 오싱의 주립교도소_옮긴이)의 재소자, 심리학도, 간호사, 사업가들도 있었다. 그리고 실제로 진료했던 환자 1,600명도 포함됐으며, 그 가운데는 다양한 심리적 기능 범위의 환자들도 있었다.

심리학자 게리 보로프스키와 돈 브랜드는 벤다이어그램을 활용해 비교집단 선택의 문제를 설명했다(《그림 23》). 뉘른베르크 전범들은 모두 높은 지위까지 오른 사람이자 정치관료였으며 사형 집행을 받을 위기에 처한 나치 일원들이었다. 이 전범들이 어떻게 사이코패스, 관료, 수감자 등 더 광범위한 범주의 대표가 된 것일까?

해로워는 두 가지 다른 비교집단—정신과 외래환자들과 유니테리언교파 성직자들—을 선택하는 의외의 선택을 했다. 검사기록을 익명으로 했을 때 채점자가 나치와 이들 두 비교집단을 구분해내지 못한다면, 미에일과 셸저의 분석에는 무엇인가 심각한 오류가 있었던 것이 분명하지 않겠는가! 해로워는 각 집단 내에서 다양한 심리적 기능 범위의 기록을 선택했다. 여기서 집단 간 차이가 있다면, 이는 어느 특정 집단에 (다른 집단과 달리) 어쩌다 보니 심리적 기능 수준이 낮은 피험자들이 유독 많았기 때문은 아닐 것이다. 세 집단의 검사결과를 나란히 대조하여 각 집단을 식별할 만한 정보는 검사기록에서 제외시킨 다음, 열 명의 로르샤흐 전문가에게 이런 간단한 질문을 단도직입적으로 던졌다. "검사 과정에서 수집한 모든 정보를 동원해 로르샤흐 검사기록을 세 집단으로 분류한다면 아무 문제가 없을까요?" 이 전문가들은 검사결과를 심리적 기능 수준별로 금세 분류해냈다. 나치 전범, 유니테리언교파 성직자, 신체질환자들의 기록 가운데 모든 고기능 피험자들의 공통된 특징을 파악했다. 마찬가지로, 중기능 피험자들과 저기능 피험자들도 별개의 집단으로 정확히 분류해냈다. 분류작업에 들어가기 전부터 해로워는 특정 집단에 속하는 로르샤흐 검사결과를 쉽게 식별해낼 수 있을지 의문을 품고 있었다. 그리고 답이 나왔다. 나치당원들의 로르샤흐 검사결과들(혹은 유니테리언교과 성직자들의 검사결과들이어도 마찬가지)에 단일 집단으로서의 '특별한' 특징이 있다는 증거는 전혀 없었다.

이후 해로워는 전문가들에게 두 번째 과제를 제시했다. 해당 기록들이 "성직자, 중산층, 전범, 인권운동가" 등 다양한 집단에 의해 작성되었음을 알려주고 각각 어느 부류의 환자들이 작성했는지 맞혀보도록 요청한 것이다.[17] 이번에도 로르샤흐 전문 채점자들은 각 집단을 식별해내지 못했다. 각 집단마다 그럴싸한 식별 요소들이 있는데도 불구하고 말이다. 즉, 로르샤흐 검사로 나치 전범 특유의 사고방식을 특징짓기는 어렵다는 사실이 드러난 셈이다.

미에일과 셸저의 입장은 점점 더 난처해졌다. 배리 리츨러는 다른 채점 기법을 사용하여 길버트가 실시했던 로르샤흐 검사결과들과 다른 비교 집단의 검사결과들을 비교했다. 뉘른베르크의 로르샤흐 검사결과들이 정상은 아니었지만, 미에일과 셸저가 묘사한 것과는 달리 뉘른베르크의 피험자들이 괴물들은 분명 '아니었다.'[18] 일부는 엑스너 종합 채점 체계를 활용했음에도 불구하고, 여섯 차례의 후속 연구 역시 뉘른베르크 피고들에 한정된 특정한 정신이상을 밝혀내지 못했다.[19]

카멜레온에 관한 일은 이후에 일어났다. 피고 다섯 명은 8번 카드(293쪽 참조)에 대해 이례적인 반응을 보였다. 어느 반점의 일부를 카멜레온으로 지칭한 것이다. 카멜레온 이야기가 다섯 번이나 나온 것은 놀라운 일이었는데, 이것이 의미하는 바는 무엇이었을까? 한 연구자는 이렇게 평했다. "나치 엘리트 집단은 한 가지 측면에서 대부분의 보통 사람들과는 달랐으며, '내면의 나침반'에 따라 판단을 내리는 것이 아니라 당시 권력을 잡은 지도부의 신념과 목표라면 무조건 수용하는 '카멜레온 같은' 성격의 소유자들이었다."[20]

이 같은 카멜레온 반응은 얼마나 이례적인 것이었을까? 수천 명의 환자들이 검사를 받으므로 각 이미지마다 예상된 반응들과 예상치 못한 반응들이 다양하게 나온다. 따라서 우리는 카멜레온 반응 빈도에 관한 실제 자료를 봐야 한다. 가령, 568명의 존스 홉킨스 의대생들의 표본에서 카멜레온이 언급된 것은 1.7퍼센트에 불과했다. 이는 37퍼센트의 나치 피고들이 반응했던 것과는 대조적이다.[21] 카멜레온 반응은 이례적으로 전범들에게서 흔하게 나타나기는 했으나 사실 양호한 형태 반응(F+)에 해당하며, 따라서 적절한 현실 검증이 필요하다. 그러나 미에일과 셀저는 카멜레온 반응의 이례적인 빈도를 지적하는 데 그치지 않고 이를 더 확대해석했다. 카멜레온이 '기어오르는' 것으로 묘사됐으므로 전범들은 온통 기회주의에 매몰돼 있었음을 의미한다는 것이었다. 이 같은 해석에 확신이 없었던 보로프스키와 브랜드는 경력이 많은 여러 로르샤흐 검사자들에게 물어보았지만 어느 누구도 동물을 '기어내려간다'고 묘사하는 것을 본 기억이 없었다.[22] 기어오르는 것이 비정상적이고 기회주의적이었다는 추론이라니, 한심했다! 검사카드를 좀 더 면밀히, 특히 익명으로 검토하자, 비정상적인 괴물의 특징이라 지적됐던 많은 부분들은 사라지고 말았다.

마침내 뉘른베르크 로르샤흐 검사결과가 일반에 공개되었다. 그러나 대낮의 햇볕 아래 드러난 것은 계몽보다는 혼돈이었다. 헤르만 로르샤흐 사후 10년이 지나 나치의 통치가 시작되었고, 이들의 통치는 수백만 민중의 삶을 집어삼켰다. 그리고 헤르만 로르샤흐 사후 21년이 지난 시점에서, 그가 만든 잉크반점 검사는 어떤 종류의 사람들이 나치 독일을 통치했는지 진단하는 데 사용되었다.

뉘른베르크 재판이 있은 지 70년이 지난 지금, 우리는 여전히 이 로르샤흐 검사결과들이 의미하는 바를 두고 논쟁을 벌이는 중이다. 당신이 무엇을 보고 있는지 알았더라면, 수감자들의 반응 안에 도사린 위험을 인지할 수 있었을 것이다. 만일 미리 알지 못했다면, 아마 그저 또 다른 잉크반점 반응들에 불과했을 것이다. 검사가 실시된 지 70년이 지났는데도 여전히 의문은 남아 있다. 이 같은 로르샤흐 검사들이 악의 본성에 대해 우리에게 알려줄 수 있는 것이 있다면 그것은 무엇일까?

C H A P T E R

## 11

# 악은 곰팡이와 같은 것

홀로코스트는 결국 영웅은 너무 없고 가해자와 피해자는 너무 많은 한
편의 이야기다.

크리스토퍼 브라우닝, 『아주 평범한 사람들』, 1998

재판은 1946년 종료됐고, 켈리와 길버트의 갈등은 1958년 켈리의 자
살로 끝이 났다. 뉘른베르크에서의 심리검사에 대한 관심은 1961년 아이
히만 재판 전까지만 해도 점차 식어가는 듯 보였다. 하지만 이후 10여 년
에 걸쳐 더글러스 켈리의 학문적 자취를 잇는 일련의 놀라운 사회심리학
적 견해가 등장했다.

켈리의 관점은 명료했다. 나치 간부들은 비정상이 아니었다는 것이다.
이들은 그저 "과도한 야망, 낮은 윤리기준, 강한 민족주의"를 필요로 했을
뿐이었다.[1] 미국이 아직 인종주의에 찌들어 있던 1946년에 귀국한 켈리
는 나치 이데올로기가 새로운 토양에서 다시 자라날 것을 우려했다. 악은

전범들의 심리분석

어디서든 자라날 수 있다는 그의 확신은 악에 대한 다양한 사회심리학적 해석이 발전하는 토대가 되었다. 뉘른베르크 이후, 대단히 영향력 있는 연구 네 건이 이 사회심리학적 관점의 함의들을 파고들었다.


## 예루살렘의 아이히만

1960년 5월 11일, 게슈타포의 유대인 분과 책임자였던 아돌프 아이히만이 부에노스아이레스 외곽에서 이스라엘 정보요원들에게 체포되었다. 아이히만은 그곳에서 리카르도 클레멘트라는 가명으로 살고 있었다. 당시 그는 친위대 표시인 SS 문신을 지운 뒤 작은 세탁소를 운영하며 독일인 망명자 사회 속에 잘 녹아든 상태였다. 어느 날 저녁 버스에서 내리는 그를 이스라엘 요원들이 체포하여 약을 투여한 다음 며칠 뒤 공항으로 데려갔다. 요원들은 아이히만을 전날 밤 과음한 엘 알 항공사직원인 것처럼 위장시켜 아르헨티나 출입국 검사대를 통과시킨 뒤 이스라엘로 데려갔다.

아이히만에 대한 재판은 이듬해 4월 시작됐고, 1961년 12월 유죄선고가 내려졌다. 재판에 전 세계의 이목이 집중되었으며, 강제수용소를 둘러싸고 있던 침묵이 깨지기 시작했다. 뉘른베르크 판결로부터 15년이 지난 시점에 나치 간부 한 명을 면밀히 조사할 수 있는 새로운 기회가 온 것이다. 아이히만은 유대인을 체포해 수용소로 보내는 일을 철두철미하게 계획했던 인물이었고, 결과로 나타났듯 그의 조직력은 그야말로 치명적이었다.

사회철학자 한나 아렌트(《사진 24》)는 예루살렘 법정 방청석에 앉아 증언을 유심히 들으며 지켜보고 있었다. 줄담배를 피우던 이 열성적인 여성은 과거 게슈타포에 붙잡혀 감옥에 갇혔다가 미국으로 망명한 이력이 있

**사진 24.** 1966년의 한나 아렌트
(저작권은 프레드스타인 아카이브, fredstein.com)

었다. 나치의 몰락을 직접 겪어 알고 있던 인물인 그가 처음 《뉴요커》에
게재한 에세이는 파장을 일으켰다. 폭발적 메시지와 논조에 실린 견해들
이 독자의 가슴을 파고들었다. 아렌트는 도발적인 질문들을 거세게 퍼붓
는 집요하고 뛰어난 비판자였다. 수용소의 수감자들이 저항을 했더라면
사망자 수가 훨씬 줄어들었을까? 유대인 평의회<sup>Judenrat</sup>가 나치에 협력했던
것이 유대인들에게 더 나쁘게 작용했는가? 생존자 일부는 불명예스럽게
행동했는가? 아이히만의 재판은 적법하기는 했는가? 사람들이 수용소에
서의 경험에 대해 겨우 입을 열기 시작했던 시점에, 아렌트는 생존자들이
강제수용을 자초했던 것이며, 운이 더 나빴던 다른 수감자들의 희생을 대

전범들의 심리분석

가로 생존 자체가 가능했을 수 있다는 뉘앙스를 풍기는 듯한 글을 썼다.

아렌트가 『예루살렘의 아이히만』을 출간하자 거센 비난과 협박이 빗발쳤다. 당시 저명한 역사학자였던 바버라 터크만은 대중의 분노를 다음과 같은 유려한 표현 속에 담아냈다. "유대인들은 너무 쉽게 굴복했으며, 유대인 학살에 그들 자신도 어느 정도 책임이 있다는 주장이 있는데, 본인은 바깥에 안전하게 머무른 채 이런 주장에 어떻게든 편승해보려는 이들에게서는 특유의 삐걱거리는 소리가 난다. 이런 주장은 죄에 대한 책임을 피해자에게 전가함으로써 나머지 모든 이들에게 안도감을 준다는 점에서 유혹적이다."[2]

아렌트의 견해 가운데 특히 공분을 샀던 주장의 타래가 또 하나 있었다. 아렌트가 생각하기에 아이히만은 전혀 괴물이 아니었고 오히려 자기 직무의 형식적 측면들을 즐기고, 정서적으로나 도덕적으로는 전혀 관여하지 않았던 흔한 공무원에 불과했다. 법정의 유리부스 안에 앉은 아이히만은 재판 내내 힘도 없고 별다른 특색도 없는 초라한 모습이었다. 물론 괴물처럼 보이지도 않았다. 나치 전문 연구자였던 지몬 비젠탈에 따르면, "악마 같은 모습은 전혀 없었다. 마치 겁이 나서 급여 인상도 요구하지 못하는 회계사처럼 보였다."[3]

아이히만은 유대인 살해의 책임을 부인했고 자신은 전혀 결정권자 축에 들지 못했으며 추방 및 수송에 관련된 세부 업무를 처리하느라 정신이 없었음을 강조했다. 아렌트가 보기에, 이 시시하다 못해 거의 눈에도 들어오지 않는 이 남자야말로 악의 평범성을 대표하는 인물이었다.

많은 이들이 아이히만과 다르지 않았고, 그들 다수는 변태적이지도 가학적이지도 않았으므로, 결과적으로 그들은 예나 지금이나 끔찍하리만치 너무나도 정상이라는 것, 바로 이것이 아이히만과 관련된 문제였다. 우리의 법 제도나 도덕적 판단기준에서 볼 때, 이 같은 정상성은 모든 잔학행위를 한데 합한 것보다도 훨씬 끔찍했다. 왜냐하면 … 이런 새로운 유형의 범죄자는 … 자신이 잘못을 하고 있다고 인지하거나 느끼기가 거의 불가능한 상황에서 범죄를 저지른다는 의미를 내포하기 때문이다.[4]

아렌트는 아이히만이 비교적 정상일 뿐 아니라 자기 일에 굉장히 몰두했으며, 높은 직급으로 승진하면서 자신의 행위가 가져올 잔혹한 결과를 보지 못했던 것이라 판단했다.

개인적인 출세를 유독 열심히 추구했던 것 말고는 아무런 동기가 없었다. … 단지 … 자신이 '무엇을 하고 있는지 전혀 깨닫지 못했을 뿐이다.' … 그는 어리석었던 것이 아니라 그저 생각이 없었고 … 이로 인해 희대의 범죄자 가운데 한 명이 됐다. 그리고 이것이 "평범"한 것이라면 … 만일 … 아이히만에게서 그—흔하다고는 할 수 없는—심연의 악마를 끄집어내지는 못한다 하더라도 … 현실로부터 거리를 둔 채 아무런 생각 없이 있는 그런 상태야말로 모든 악한 본능을 한데 합한 것보다도 더 심각한 파멸을 초래할 수 있다는 것 … 사실 이것이야말로 예루살렘에서 우리가 얻을 수 있는 교훈이었다.[5]

아이히만을 담당했던 기드온 하우스너 검사는 아렌트의 설명에 전혀 동의하지 않았고, 도덕적 관점에서 아이히만은 괴물이자 야만적인 사이코패스라고 판단했다. 그러나 그런 하우스너조차도 규칙을 따르는 데 있어 아이히만이 로봇처럼 빈틈없이 움직이는 특징을 보였음은 인정했다. "어느 날 아침, 평소 아침식사로 두 조각씩 나오던 빵이 실수로 여섯 조각 주어졌다. 그는 여섯 조각을 전부 먹었다. 간수가 앞으로도 여섯 조각을 주면 좋겠냐고 묻자, 그는 이렇게 대답했다. '아, 아닙니다. 두 개면 충분해요. 그런데 당신이 여섯 개를 준다면 준 대로 먹어야죠.'"[6]

자기 직무에 관한 심문을 받자 아이히만은 이렇게 답했다. "흔히 맛볼 수 없는 기쁨이었어요. 이 일을 처리하는 게 너무 즐거웠습니다. … 백 퍼센트 열심히 일했어요. 복종하는 것은 지상 명령입니다. 복종은 제 인생의 이상이었죠."[7] 복종의 기쁨을 가장 중요하게 생각했던 그는 침울한 기색으로 이렇게 말하기도 했다. "[전쟁이 끝나면서] 이제 지도자도 없이 혼자서 힘들게 삶을 꾸려야 한다는 사실을 깨달았습니다. 어느 누구로부터 아무런 지시도 받지 못할 것이고, 그 어떤 명령이나 지침도 더 이상 내게 전달되지 않을 것이며, 찾아볼 그 어떤 적절한 법령도 없게 된 거죠."[8]

재판을 지켜보던 방청인들은 두서도 없고 논리도 없는 아이히만의 말에도 충격을 받았다. 그는 말할 때마다 얼굴을 움찔거렸고 증언은 자주 복잡하게 뒤엉켰다. 이스라엘 출신의 심문관 애브너 레스가 진행했던 다음 심문 내용이 대표적 사례다.

레스: 당신은 아우슈비츠로만 사람들을 보냈습니까?

아이히만: 아우슈비츠요. 수송 관련 회의가 한 번 있었습니다. 아, 물론, 저는 그런 회의에 한 번도 참석한 적이 없었고요. 다른 곳으로도 갔습니다. 제가 보기에 그렇다는 거예요. 그런 것 같습니다. 하지만 저는 잘 모르고요. 그게 트레블링카로 갔던가요. 어느 게토, 그러니까 큰 게토 중 어느 한곳으로요? 심문관님, 지금은 말할 수가 없습니다. 저는 경

제국과는 한 번도 연락한 적이 없었으니까요. 이건 귄터의 일이었고, 저는 수송 회의에는 참석한 적이 없습니다. 노바크 대위의 임무였고요, 몇 차례는, 제 생각에 귄터가 있었던 것 같습니다. 저는 한 번도 참석한 적이 없습니다.[9]

아렌트는 이처럼 복잡하게 뒤엉킨 증언이야말로 아이히만의 사고 자체를 여실히 반영하는 것이라 생각했다. "관공서 용어가 본인의 말투가 되어버린 것은 그가 상투적 표현 이외에는 단 한 문장도 실제로 내뱉을 줄 몰랐기 때문이다. … 제3자의 관점에서 보면 … 그의 언어적 무능은 그가 '생각' 자체를 할 줄 모르는 것과 밀접한 관련이 있다."[10]

긴 재판을 내내 지켜본 아렌트는 아이히만이 자기 행위에 담긴 도덕적 의미를 헤아려보기 위해 잠시라도 멈춰 생각해본 일 따위는 없는 기계와도 같은 인물이라는 결론에 도달했다. 광기 어린 증오를 엿볼 만한 아이히만의 반론도 있기는 했지만, 아렌트는 그런 증언은 대수롭지 않게 여겼다.[11] 아렌트는 아이히만이 무죄라고 말한 적은 없었다. 아이히만은 괴물이 아니었다고 주장했을 뿐이다. 아이히만은 철저히 악하고 타락한 악마라기보다는 공감 결여—단순한 생각 없음—의 결과라는 것이다. 아이히만은 아무런 도덕적 잣대가 없었다.

의사소통을 연구하는 학자 발레리 하르투니는 아렌트의 글에 내포된 의미에 대해 조심스럽게 논평했다. 아렌트가 아이히만이 직무에 헌신한 부분을 너무 가볍게 언급했음을 지적하면서도, 하르투니는 아이히만에 대한 아렌트의 평가—그는 생각 없이 행동했다—는 "진실 근처 어딘가에 근접"했다는 결론을 내렸다. 그녀는 아렌트와 기드온 하우스너 사이의 변증법적 대립을 다음과 같이 영리하게 요약했다. "아렌트가 … '완전한 평범성 속의 악'으로 묘사한 대상의 전형을 목도한 바로 그 지점에서, 검찰은 … 마치 악마처럼 사악하고 도덕적으로 끔찍한, 유대인에 대한 거침 없는 증오를 품은 어느 나치 간부의 모습을 찾고자 했다."[12]

뉘른베르크 재판이 진행되는 동안 아렌트는 독일의 철학자이자 정신과 의사였던 카를 야스퍼스와 서신을 통해 악의 본질에 관해 의견을 나눴고, 당시 주고받았던 내용은 이후 아이히만에 관한 그녀의 관점에 영향을 미쳤다. 아렌트는 뉘른베르크 문제로 매우 괴로워했으나, 야스퍼스는 그런 그녀에게 나치의 사탄 혹은 악마 같은 특성들을 지나치게 부각시키는 것은 경계해야 한다고 조언했다. 대신 "철저한 평범성, 일상적인 소소함의 관점에서 그들을 봐야 한다"고 주장하며, "박테리아는 여러 국가들을 모조리 쓸어버릴 만한 전염병을 일으킬 수도 있지만, 여전히 박테리아에 불과하다"고 했다. 즉, 사악한 의도가 해악을 초래하는 필수조건은 아니며, 단순한 생각 없음도 악의만큼이나 파괴적일 수 있다는 말이었다. 아이히만 이후의 논쟁(이번에는 유대인 학자 게르숌 숄렘과의 논쟁)에서, 아렌트는 야스퍼스의 유비를 떠올렸으나, 박테리아 이야기를 하는 대신 곰팡이 비유를 들었다. "악은 마치 … 주변을 폐허로 만들어버리는 곰팡이 같은 것이었다. 그것에 깊이나 악마적 차원은 없었다."[나는] 더 이상 '근본 악'을 논하지 않겠다. … 현재로서는 … 악은 … 어떤 깊이나 어떤 악마적 차원도 없다는 것이 내 견해다. 악이 온 세상을 뒤덮고 엉망으로 만들 수 있는 것은 악이 마치 곰팡이처럼 표면에서 번져나갈 뿐이기 때문이다. … 이것이 바로 악의 '평범성'이다."[13]

뉘른베르크 재판 결과 그리고 아이히만 재판에 대한 아렌트의 견해를 토대로 일련의 도발적인 사회심리학 실험들이 등장했다. 이들 실험의 학문적 혈통은 예일, 컬럼비아, 프린스턴, 스탠퍼드 등 흠잡을 데가 없었다.

아마 그 시작은 예일대의 젊은 교수 스탠리 밀그램의 연구실이었을 것이다. 밀그램의 연구를 비롯, 존 달리, 빕 라타네, 필립 짐바르도 등의 연구는 우리 누구나 할 수 있을 법한 어떤 일에 대한 파격적인 관점을 제시한다.

## 복 종

심리학자 스탠리 밀그램은 1961년 권위에 대한 복종에 관해 연구를 시작했다. 1961년은 아이히만의 재판이 있던 해였다. 아돌프 아이히만은 본인은 단지 명령에 따랐던 것뿐이므로 학살에 대한 책임이 없다고 주장했다. 밀그램은 의문이 들었다. "정상적인 사람들은 어느 정도까지 명령에 계속 따를까?" 1963년 처음 공개되어 여러 유사 후속 연구를 촉발한 밀그램의 연구는 학계와 대중의 인식 전반에 불을 지폈다.[14]

자원참가자를 모집하는 밀그램의 광고는 더없이 좋은 기회 같았다. "기억력 연구에 참여할 사람을 찾습니다. 참가자 1인당 4달러(교통비 50센트 별도)씩 지급되며 한 시간가량 소요됩니다. … 아래 신청서를 작성한 뒤 뉴헤이븐 소재 예일대 심리학과 스탠리 밀그램 교수에게 바로 보내주십시오."[15]

역시 세상에 공짜는 없는 법이다. 피험자들은 학습을 마치고 나면 다른 어떤 사람을 감전시키라는 요청을 받았다.

피험자가 실험실에 도착하면 교수가 나와 연구의 목적은 학습이 혐오적 자극—전기 충격—을 통해 촉진될 수 있는지 알아보기 위한 것이라고 설명했다. 피험자는 유선으로 연결된 옆방에 있는 학습자(또 다른 피험자)의 기억력을 검사하라는 지침을 받았다. 사실 다른 방의 학습자는 밀그램

전범들의 심리분석

의 동료 연구원이었다. 두 피험자는 구내전화로 연락을 주고받았다. 학습자가 실수로 틀릴 때마다, 피험자는 전기충격을 가하라는 지시를 받았다. 실수가 많아질수록, 전압은 높아졌다.

실제 충격이 가해지지는 않았으나, 피험자는 이 사실을 알 수 없었다. 대신 사전에 세세히 짜인 각본대로 유도했다. 피험자는 어디까지 갈 것인가? 아래의 응답 기록을 보면 연구결과를 짐작할 수 있다. 학습자가 실수를 하면 할수록 피험자는 점점 더 강도 높은 충격을 가했다.

90볼트: 아악!!!

120볼트: 아악!!! 저기요, '이번엔' 진짜 아프네요.

150볼트: 아악!!! 선생님! 됐습니다. 저 여기서 나가게 해주세요. 심장에 원래 문제가 있다고 말씀도 드렸잖아요. 이제 심장에 무리가 오기 시작한 것 같아요. 저 여기서 나가게 해주세요, 제발요. 심장에 이상이 오기 시작한다고요. 더는 안 하겠습니다. 나갈래요.

180볼트: (비명소리) 아악!!! 아파서 견딜 수가 없어요. 나가게 해주세요!

210볼트: 아악!!! 선생님! 내보내주세요. 더는 못 하겠습니다. 더 이상 실험 그만할래요.

270볼트: (고통스러워하는 비명소리) 내보내주세요. 나가게 해주세요. 내보내 달라고요. 나갈래요. 제 말 들려요? 여기서 나갈래요. …

300볼트: (고통스러워하는 비명소리) 더 이상 응답 않겠습니다. 나가게 해주세요. 당신이 나를 강제로 여기 붙잡아둘 수는 없잖아요. 보내줘요. 여기서 나가게 해달라고요.

330볼트: (고통스러워하는 격한 비명소리가 길게 들린다) 여기서 내보내주세요. 나 좀 내보내줘요. 심장이 이상해요. 나갈래요, 정말로요.

(극도의 흥분상태로) 제발 나가게 해줘요. 나 좀 내보내주세요. 당신이 저를 여기 붙잡아둘 권리는 없잖아요.[16]

만일 피험자가 차츰 더 심한 충격을 가하기를 망설이면, 교수는 이렇게 대응했다. "계속해주세요," 혹은 "실험규정상 계속하셔야 합니다," 혹은 "반드시 계속해주셔야만 합니다," 혹은 "다른 방법은 없습니다. 계속하셔야 합니다."

사람들은 어디까지 갈까? 피험자 '전원'은 최대 300볼트 지점까지 충격을 가했고 3분의 2는 최대 전압까지 실험을 계속했다. 밀그램은 다수의 피험자가 상당한 스트레스와 불안 증세를 보이기는 했지만 지극히 정상적인 사람들이 끔찍한 일을 행하도록 지시를 받으면, 실제로 지시에 '따른다'는 것이 중요한 부분임을 지적했다. 그만해 달라는 사람들의 비명소리가 크게 들리는 상황에서 고통스러운 충격을 가한다고 해서 반드시 그가 부도덕하거나 사악한 사람인 것은 아니었다. 정상적인 사람들은 실제로 "지시에 따랐다."[17]

밀그램은 계속해서 이를 수용소 내 대량학살과 결부시켰다. 실제로, 밀그램은 수용소에 굉장히 관심이 많았다. 인물 사진의 주변부는 뜻밖의 것들을 알려줄 때가 많은데, 밀그램의 사진 역시 그가 홀로코스트 문제에 얼마나 몰두해 있었는지를 보여준다(《사진 25》). 그의 연구실 책장 눈높이에는 라울 힐베르크의 『유럽 유대인의 파괴Destruction of the European Jews』, 알베르트 슈페어의 『제3제국의 내부에서Inside the Third Reich』, 한나 아렌트의 『예루살렘의 아이히만』, 브루노 베텔하임의 『알고 있는 심장The Informed Heart』 등이 꽂혀 있다. 밀그램이 대량학살의 공포에 굉장히 관심이 많았다는 추론이 가능한 대목이다. 그가 책상 앞에 앉을 때마다 매일같이 마주봤던 책들이기 때

**사진 25.** 스탠리 밀그램, 뉴욕시립대에서. 홀로코스트 문제에 대한 그의 관심은 책장 선반의 책들에서 짐작이 가능하다. 그의 눈높이에는 제3제국과 홀로코스트와 관련된 주요 저술들이 꽂혀 있다.(뉴욕시립대 대학원 제공)

문이다.

몇 년 후 자신의 연구에 대해 논하면서 밀그램이 내린 결론은 다음과 같았다. "우리가 실험실에서 연구해온 내용과 우리가 그토록 개탄했던 나치 시대의 복종 형태 사이에 일말의 연관이 있는가 하는 의문이 생긴다. … 복종의 본질은 한 개인이 스스로를 타인이 원하는 일을 수행하는 도구로 보게 되어, 더 이상 자기 자신을 행위의 책임 주체로 보지 않는다는 사실에 있다."[18]

## 방 관 자　무 관 심

　뉴욕 시에서 키티 제노비스라는 젊은 여자가 살해된, 널리 알려진 살인 사건은 이후 사회심리학이 악의 본질을 파고드는 동기가 됐다. 1964년 3월 13일, 퇴근길의 제노비스는 퀸스의 큐 가든스 거리를 걷던 중 뒤따라온 누군가에게 난도당했다. 이중으로 끔찍한 살인사건이었다. 현장에서 즉사하지 않은 그녀를 괴한은 계속 뒤쫓으며 여러 차례에 걸쳐 난도질했고, 이 같은 공격은 30분 넘게 계속됐다. 공포에 질린 그녀가 "도와주세요! 살려주세요!"라고 외쳤지만, 아무도 돕지 않았다.

　이런 살인사건이 아주 드물지는 않았지만, 제노비스 사건이 이례적이었던 것은 38명이 이 사건을 목격했지만 아무런 개입도 하지 않았다는 점이었다. 폭력을 중단시키려는 시도도 하지 않았고, 범인에게 소리를 지르거나 경찰에 신고도 하지 않았다.[19] 어느 목격자는 방어적인 태도로 이렇게 말했다. "끼어들고 싶지 않았어요." 목격자들의 명백한 무관심은 미국 전역에서 자기 성찰의 목소리가 나오는 계기가 됐고, 즉각 나치 독일과의 비교가 시작됐다. 무관심은 실제로 치명적이었다. 몇 년 뒤 이언 커쇼는 당시 나치 독일의 여론 형성에는 "역동적인 증오의 생성보다는 유대인 집단의 운명에 대한 치명적인 무관심"이 더 크게 작용했다고 지적했다.[20]

　존 달리와 빕 라타네, 이 두 연구자는 누군가의 생명이 위험한 상황에서조차 왜 사람들이 개입하지 않는가를 알아보기 위한 일련의 실험을 고안했다. 밀그램이 나치 독일을 염두에 두고 권위의 영향을 연구했다면, 달리와 라타네는 방관자 무관심의 원인을 알아보고자 했다. 제노비스의 목숨을 구하기 위해 왜 아무도 개입하지 않았을까? 왜 사람들은 그저 방관하면서 나치에 희생된 이들을 구하려 하지 않았을까? 이는 이미 한나 아

　　　　　　　　　　　　　전범들의 심리분석

렌트가 또 다른 맥락에서 고심했던 주제였다. "공포 상황에서 대부분의 사람들은 복종하겠지만 일부는 복종하지 않을 것이다. … 이 지구가 인류가 살기에 적합한 곳으로 계속 남아 있는 데는 그 이상의 불복종이 필요하지도 않고, 응당 요구할 수 있는 것도 아니기 때문이다."[21] 슬프게도, 복종을 거부하는 이들의 숫자는 극소수다.

공정하게 말하자면, 긴박한 상황은 대개 갑작스럽고 모호하게 나타나며, 목격자가 평범한 일상에서 겪을 수 있는 범주를 벗어난다. 그러나 달리와 라타네의 연구에서도 알 수 있듯, 한 인간이 긴급 상황에 대응하는 방식에 영향을 미치는 사회적 환경 그 자체에 중요한 부분이 있었다. 가장 먼저 컬럼비아대학과 뉴욕대학 연구팀이, 그 다음으로는 프린스턴대학 연구팀이 여러 실험을 진행하며 이 문제에 매달렸다.[22]

달리와 라타네는 피험자들이 위협을 느낄 만한 상황을 만든 후 이들이 어떻게 대응하는지 평가했다. 그런 다음, 기발하게 방향을 틀어, 피험자를 개인으로 혹은 소집단으로 나누어 연구했다. 주변의 다른 사람들이 현재 벌어지는 상황에 신경 쓰지 않는 듯 보일 때 피험자 개인은 긴급 상황에 어떻게 대응할까?

한 실험에서는 피험자들이 도시 생활의 여러 문제들에 대해 이야기하는 동안 실내 난방장치에서 연기가 뿜어져 나오게 했다. 연기가 그저 몇 차례 폭폭 나온 것이 아니라 하도 많이 뿜어져 나와서 세션이 끝날 무렵에는 "연기 양이 어쩌나 많았던지 방안의 시야가 흐릿할 정도"였다. 피험자가 혼자 기다린 경우 75퍼센트가 즉각 연기가 난다고 알렸지만, 방에 들어섰을 때 이미 다른 사람 두 명이 앉아서 일부러 연기를 모른 척하고 있었던 경우 피험자들의 행동은 확연히 달라졌다. "기침을 하고 눈을 비비고 창문을 열기는" 했어도 그중 단 10퍼센트의 피험자만이 연기가 난

다고 알렸다.[23]

또 다른 실험에서는 피험자들이 연구소에 도착하자 안내직원이 이들을 맞이했다. 안내직원은 일어서서 커튼을 치고 나서 요란한 소리를 내며 의자 위에 올라가 서류 폴더를 몇 개 잡으려 했다. 그런 다음 몰래 녹음 테이프를 틀어 크게 부딪치는 소리, 비명소리에 이어 다음과 같은 대사를 내보냈다. "아, 이런, 내 발 … 도저히 … 못 움직이겠어요. 아아 … 발목이, 이걸 … 밀어낼 … 수가 없어요." 테이프에서는 흐느끼며 신음하는 소리가 났다. 여기서도 질문은 단순했다. 직원의 상태를 확인하는 사람이 있을까, 그리고 그러기까지 시간은 얼마나 걸릴까? 혼자 대기하던 피험자들의 70퍼센트가 직원의 상태를 확인했다는 사실이 다행스러울 수도 있겠다. 그러나 직원이 곤경에 빠진 것을 신경 쓰지 않는 낯선 사람 한 명과 함께 대기하던 피험자들의 경우, 단 7퍼센트만이 개입했다는 사실을 알면 착잡할 것이다.[24]

세 번째 실험은 훨씬 더 심한 무관심에 대해 보여줬다. 이 실험에서 피험자들은 개별 부스 안에 들어가서 구내전화로 다른 피험자와 대학생활 중 경험한 문제들에 대해 이야기를 나누라는 요청을 받았다. 연구팀과 비밀리에 사전 모의가 된 한 명이 대학생활의 온갖 일상적인 스트레스 이야기에 이어 발작 장애 때문에 난처했다고 털어놓았다. 그런 다음 점점 횡설수설하기 시작했다. "나는, 음, 생각하기에, 필요한 게, 만약에, 만약에요, 누군가가, 음, 어, 어어, 어어어, 내게 조금만, 음, 좀, 여기서 도와준다면, 왜냐면, 어, 난, 음, 음, 저, 정말로 문제가, 어, 지, 지금 있어서 나는, 어, 누군가가 날 도와준다면 그럼 그건 그럼 부, 부, 분명, 분명히, 좋을 거예요. … 왜냐면, 음, 그러니까 나는, 어, 나는, 음 나는 그, 끄, 그, 그으런 일이 계속해서 있고, 그리고 또 그리고 난 정말로 어, 누구, 누군가가 조금만 도,

　　　　　　　　　　　　　전범들의 심리분석

도움을 준다면, 음, 어, 어어어(숨막히는 소리) ⋯ 죽을 것 같아요, 어어, 난 ⋯ 죽어, 가, 요, 아, 발작, 어(숨막히는 소리 난 뒤 침묵)."[25]

피험자가 부스 안에 혼자 있었던 경우에는 85퍼센트가 발작이 일어난 것으로 가장하고 있는 상대 피험자의 상태를 확인하기 위해 1분 안에 자리에서 일어났다. 그 다음으로는 동일한 부스 내에서 피험자들을 다른 이들과 함께 있게 하고 실험을 진행했다. 상황을 모른 척하도록 사전에 몰래 언질을 받은 사람 한 명을 피험자와 함께 있게 한 경우, 피험자 62퍼센트가 몸이 아픈 것으로 추정되는 학생의 상태를 확인하기 위해 자리에서 일어났다. 그러나 명백한 발작 증세에도 불구하고 이를 무시하는 네 명의 사람과 함께 있게 한 경우, 대처하는 피험자의 비율은 31퍼센트까지 떨어졌고, 이 경우 동료 학생의 상태를 확인하러 움직이기까지 평균 3분의 시간이 소요됐다.[26]

다양하게 변주된 수많은 실험들이 있었지만, 기본적인 메시지는 동일하다. 다양한 사회적 상황 속에서는 책임 분산이 일어난다는 것이다. 어느 목격자가 다른 목격자들이 아무것도 하지 않고 있는 것을 보면, 그 사람역시 아무것도 하지 않을 것이다. 이것이 바로 달리와 라타네가 "방관자무관심"이라며 신랄하게 지적한 현상이다.


## 스 탠 퍼 드   감 옥   실 험

지금까지는 정상적인 사람들이 끔찍한 일을 하라는 지시에 따른다거나 목격자들이 명백한 곤경에 처해 있는 사람을 보고도 걸음을 멈추고 돕는 일이 드물다는 사회심리학자들의 주장을 살펴봤다. 불행히도 이것이 다가 아니다.

1971년, 스탠퍼드대학의 필립 짐바르도 교수는 스탠퍼드 감옥 실험을 설계했다.[27] 참가자들에게는 스탠퍼드에서 감옥 내 행동 연구를 진행 중이며, 각 참가자는 가상의 감옥에서 수감자 또는 교도관 역할을 무작위로 지정 받게 된다고 설명했다. 몇 년 뒤, 짐바르도는 실험 시작일에 대해 이렇게 회상했다. "1971년 8월 14일, 일요일 오전 9시 55분. 화씨 70도(섭씨 21도)가 조금 넘었고, 습도는 평상시처럼 낮은 편이며, 시야는 더할 나위 없이 선명하다. 구름 한 점 없이 파란 하늘이 머리 위에 있다. 캘리포니아 팔로알토에서 한 폭의 그림 같은 여름날이 또 하루 시작된다."[28]

수감자가 된 자원자들은 갑자기 경찰차에 태워져 수갑이 채워지고 눈가리개를 한 채 임시 감옥으로 이송됐다. 실제로 이 감옥은 심리학과 건물 지하였다. 짐바르도는 실험을 좀 더 사실적으로 만들기 위해 연구의 세부사항들까지 심혈을 기울였다. 수감자들은 구금됐고 알몸 수색을 받았으며 범인 식별용 상반신 사진을 찍었다. 교도관이 된 자원자들에게는 제복과 짙은 선글라스, 수갑, 경찰봉이 지급됐으며, 신체적 위해는 가하지 않되 수감자들이 무력감을 느끼게 하라는 지침을 받았다.[29] 한편, 짐바르도는 2주간에 걸쳐 진행된 실험에서 나타나는 행동들을 관찰했다.

그러나 얼마 가지 않아 실험은 통제 불능 상태가 됐다. 교도관들이 수감자들을 인정사정없이 괴롭히기 시작했고, 수감자들이 소리를 치고, 비명을 지르거나 흐느껴 우는데도 괴롭힘을 멈추지 않았다. 한 주가 흐르는 동안 교도관들은 괴롭힘의 강도를 높였다. 명백한 규칙 위반에 대한 징벌로서 수감자들을 발가벗기고 음식을 빼앗았으며 화장실 사용을 제한했다. 그러자 수감자들은 점점 더 순종적으로 변해갔고, 일부는 평정심을 잃었다. 실험은 엿새 만에 중단됐다.

전범들의 심리분석

실험 종료 직후, 교도관 한 명은 자신이 어느 순간 수감자들을 소떼처럼 여기기 시작했다고 털어놓았다. 또 다른 실험참가자는 이렇게 말했다. "제 자신에게 깜짝 놀랐어요. 제가 그 사람들한테 … 맨손으로 변기 속을 깨끗이 청소하라고 했어요." 또 한 명은 이렇게 털어놓기도 했다. "권위적으로 구는 것은 재미있는 일일 수 있어요. 권력은 대단한 쾌락일 수 있죠." 교도관 한 명은 이렇게 요약했다. "돌이켜보니 저는 그 사람들에게 거의 감정이입을 못 했다는 생각이 드네요." 결론적으로, 교도관 역할을 한 3분의 1가량은 수감자들에게 고통을 가하면서 어둠의 세계로 넘어갔던 것이다.[30]

이 연구의 윤리성을 놓고 중요한 질문들이 있기는 하나, 짐바르도의 실험은 또 한 가지 심난한 결론을 안겨줬다. 사회적 맥락은 그 자체만으로 엄청난 저열함을 조장할 수 있다는 것이었다. 단지 감옥의 교도관 역할을 부여받았다는 사실이 한 사람으로 하여금 군림하려 들고 담당 수감자들을 학대까지 할 정도로 도취시킬 수 있었다. 이들은 반사회적 행동이나 정신의학적 문제 등의 이력이 전혀 없는 대학생이었지만, 무작위로 역할을 부여받자마자 그 역할에 따른 임무를 투사하여 행동이 달라졌다. 권력은 부패했고, 야만성이 고개를 들었다.

비판하는 쪽에서는 이 같은 연구들로 제3제국까지 일반화시킬 수는 없다고 주장했다. 짐바르도의 연구는 남학생 동아리의 변질돼버린 혹독한 신고식 같은 것이었으며 좀 더 시간이 흐른 뒤에는 당연히 이 젊은이들도 정신이 들었으리라는 얘기였다. 이는 물론 검증이 불가능한 주장이다. 하지만 살인자 나치들에 대한 이야기를 보면 오히려 그 반대인 것 같다. 학살이 오래 계속될수록, 학살은 더 쉽게 이뤄졌다.

짐바르도 연구의 흥미로운 결말은 달리와 라타네의 실험기록을 다시 떠올리게 만든다. 여러 차례 반복된 인터뷰에서 짐바르도는 동료인 크리스티나 매슬랙의 개입이 없었더라면, 잔인성을 마주하고도 연구를 계속 진행시켰을 거라고 인정했다.[31] 크리스티나가 개입했고 짐바르도가 그녀의 조언을 들었던 것이 이들의 신뢰도에 긍정적으로 작용했다. 그러나 많이 알려지지 않은 1997년의 한 인터뷰에서 짐바르도는 이미 50명 이상의 사람들이 연구의 진행을 지켜본 뒤였고 반대하는 사람은 한 명도 없었다고 말했다.[32]


## 악 은   선 의   부 재 ?

한나 아렌트는 실험주의자라기보다는 인간 본성의 관찰자였다. 넘치는 자신감으로 문제를 정면 돌파했던 그녀는 아이히만을 분석하는 과정에서 몇 가지 실수를 저질렀다. 아이히만의 증오를 감안하면 아렌트가 말한 '생각 없음'이라는 것은 과장된 측면이 있으나 악이 곰팡이 같다는 개념은 기발하다. 스스로 그럴 의도가 있는 것은 아니지만 곰팡이는 질척이며 스며 나와 번져나가면서 주변을 전부 망가뜨린다. 이런 관점에는 플라톤과 아우구스티누스의 유령이 존재한다. 악은 곧 선의 부재다. 아렌트가 보기에 아이히만과 그 동료들이 악한 것은 자기 행위의 산물들을 헤아려보지 않고 마치 뺑소니 운전자처럼 굴었기 때문이었다. 이런 '생각 없음'은 마치 곰팡이가 퍼지듯 걷잡을 수 없이 퍼져나간다.

실험주의자들은 '생각 없음'이 곰팡이처럼 번져나가는 것이 어떻게 일어났는지의 문제에 주목했다. 뉘른베르크와 그곳에서의 삶을 고찰했던 그들은 인간 본성 자체에 관한 우울한 결론에 도달했다. 밀그램은 사람들이 옳고 그른 행동에 대한 자기 나름의 판단을 너무 쉽게 보류해버린다는 점

　　　　　　　　　　　　전범들의 심리분석

을 지적했다. 권위를 가진 인물이 다른 한 인간을 고문하거나 때에 따라서는 죽여도 된다고 지시를 하면, 사실 대부분의 사람들은 즉각 지시에 따른다는 것이다. 라타네와 달리는 사회적 조건들 속에서는 선한 의도가 침묵을 강요당할 수 있다고 주장했다. 주변에 무관심한 사람들이 많아질수록 개개인의 책임감은 희석되어버리고 우리는 개입할 용기가 없어진다. 짐바르도는 생각 없는 악이라는 전혀 다른 차원의 개념을 도입했다. 한 사람을 어떤 역할 속에 집어넣으면 그 사람은 별 생각 없이 그 역할을 받아들이기 시작할 것이다. 그는 아마 책에서, 영화에서, 그리고 살아오면서 보았던 것들을 기억해내 그 행동들을 흉내 내기 시작할 것이며, 급기야는 잔인성이라는 외피마저도 두를 수 있다.

이 모든 연구들은 더글러스 켈리 측 주장의 전통을 따르고 있다. '알맞은' 사회적 환경만 주어지면 악은 얼마든지 쉽게 생겨날 수 있다는 것이다. 그러나 이 모든 연구 이면에 깔린 한 가지 대전제가 있다. 바로, 우리는 타불라 라사$^{tabula\ rasa}$, 즉 빈 서판으로 세상에 태어나 타자들과의 상호작용에 의해 형태를 갖추게 된다는 것이다. 그런데, 누군가는 빈 서판 자체를 가지고 있지 않다면? 몇몇 인간들은 기본값이 결코 중립이 아니라 훨씬 더 어두운 쪽에 치우쳐 있다면? 다음 장에서는 이 같은 불편한 질문들을 다룰 것이다.

# 사이코패스와 나쁜 뇌

인간은 대부분 나쁘다.

비아스, 그리스 철학자, 기원전 6세기

아무리 봐도 인간에게서 '좋은' 것은 발견하지 못했다. 대부분의 인간은
쓰레기다.

지그문트 프로이트가 오스카 파이스터와의 대담에서 한 말, 1918년 9월 10일

전선은 이미 그어졌다. 한쪽에는 누구에게나 일말의 악은 있으며 이를
결정짓는 것은 사회적 맥락이라고 생각하는 더글러스 켈리가 있었고, 반
대편에는 나치 간부들의 악은 특수한 악의 범주에 해당한다고 믿는 구스
타브 길버트가 있었다. 길버트의 관점은 놀라우리만치 다양한 분야—신
학, 정신병리학, 신경과학, 법학—에 그 뿌리를 두고 있다. 뉘른베르크 재
판이 오늘날 열렸다면, 검찰 측은 피고 측을 완전한 악으로 묘사할 것이

고 피고 측에서는 피고들의 정신병리적 성격장애 및 뇌손상을 이유로 감형이 필요하다고 주장할 것이다. 이런 주장들을 뒷받침하는 여러 유구한 전통과 오늘날 신경과학 연구를 기반으로 한 몇 가지 놀라운 통찰이 있다.

## 인 간 의  본 성 은  무 엇 인 가 ?

헤르만 괴링도 이 질문에 끌렸다. 어느 날 저녁, 어스름이 내려앉은 감방 안에서 괴링은 인간은 현존하는 가장 큰 맹수라며 길버트에게 속내를 털어놨다. "다른 맹수는 배고플 때 먹기 위해 다른 동물을 죽일 뿐이지만, 인간의 지능은 대규모 파멸도 감행할 수 있으니까요."[1]

어떤 면에서 보면, 인간 본성에 관한 질문들은 신정론神正論의 문제를 상정하고 있다. 도덕적으로 완벽하고 전능한 신이 나쁜 일들이 벌어지는 것을 허락한다는 개념이다. 수많은 종교적 전승들은 삶을 반짝이는 선과 칙칙한 악 사이의 전쟁터로 간주한다. 이런 맥락에서 악은 단지 죄(즉, 인간의 잘못)가 아니라 어떤 사악한 의도의 현현顯現이다. 가령, 누군가는 이런 관점의 흔적을 고대 북유럽 신화로 거슬러 올라가 찾기도 하는데, 물론 이런 시각은 조로아스터교 신앙에서도 잘 드러나 있다. 현대의 가톨릭 신앙도 선악의 이원론적 대결을 인정하는 3세기경 마니교의 유산과도 분투 중이다.

베드로는 우리에게 말한다. "여러분의 원수인 악마가 으르렁대는 사자처럼 먹이를 찾아 돌아다닙니다"(베드로전서 5:8). 바울 역시 이에 동의하며 이렇게 말한다. "우리가 대항하여 싸워야 할 원수들은 인간이 아니라

권세와 세력의 악신들과 암흑세계의 지배자들과 하늘의 악령들입니다"
(에베소서 6:12). 수많은 사제들이 우리에게 상기시켜 왔듯, "악마는 실재한
다." 아우구스티누스는 악은 스스로 존재하는 어떤 세력이라기보다는 선
의 부재라고 주장함으로써 마니교 신앙으로부터 미묘하게 비켜섰다.[2] 그
러나 아인슈타인 등 세속의 학자들은 악의 유형성有形性을 인정하며 이렇게
표현하기도 했다. "인간의 악한 영을 변화시키는 것보다는 차라리 플루토
늄을 변성시키는 것이 더 쉽다."[3]

　여러 해 전 내가 대학을 졸업하던 당시, 1960년대의 수많은 소요, 암
살, 전쟁에 낙담했던 연사는 졸업식 연설에서 16세기 철학자 비아스의 말
을 인용하며 우리 미래에 대해 암울한 전망을 제시했다. 비아스는 단 몇
개의 단어로 인간 본성에 대한 견해를 밝혔다. "인간은 대부분 나쁘다."
이는 내가 악과 조우할 때마다 늘 머릿속을 떠다녔던 단어들이었다. 그러
던 어느 날 나는 우연히 비아스와 마주쳤다. 바티칸 철학자의 전당에서
말 그대로 마주친 그의 흉상은 눈에 잘 띄는 곳에 전시돼 있었다.

　인류에 대해 암울하고 비관적인 견해를 지녔던 사람을 바티칸이 기린
다는 것이 이상하게 느껴지지만, 토머스 홉스는 인간 본성에 관한 비아스
의 비관주의에 공감했고 자신의 저작 『리바이어던』(1651)에서 인간의 삶
은 "초라하고 험난하고 야만적이며 덧없이 짧다"고 결론지었으며, 다른 사
람도 아니고 프로이트마저 그 견해("대부분의 인간은 쓰레기다")에 동조했
다. 이런 견해들은 사회심리학자들이 틀렸고 우리는 빈 서판을 가지고 태
어나는 것이 아님을 의미한다. 이 정도에 그치는 것이 아니라, 어떤 이들
의 기본값은 좋지도 않을뿐더러 중간도 아니며 유해하다는 얘기였다.

　오늘날 주류를 이루는 실증주의와 낙관주의는 악을 상징적이거나 내
면적인 것으로 여기도록 하기 때문에, 우리는 악을 손에 잡힐 만한 외면

　　　　　　　　　　　　　　　전범들의 심리분석

적인 것으로 여기는 사람들을 괴짜 취급한다.[4] 그러나 악을 특별한 별개의 존재로 간주하는 것은 비단 신학과 철학만이 아니다. 정신의학 및 심리학은 사이코패스들에게서 악의 전형성을 찾아내며, 길버트는 뉘른베르크 곳곳에서 그들을 보았다.

## 공 감 할  줄  모 르 는  사 이 코 패 스 들

전쟁이 끝나고 사람들이 나치 지도자들을 사이코패스라고 여겼을 당시 사람들이 생각했던 것은 폭력을 즐기는 괴물 같은 미치광이 사이코패스였다. 전범들은 다 가학적인 사이코패스일 것이라는 이런 전제가 뉘른베르크에서 끝없이 문제를 일으켰다. 훨씬 평범한, 다른 형태의 사이코패스들이 있었기 때문이다. 이들은 부패했지만, 때로는 매력적이기도 하고, 필요할 때만 악독해지는 유형이었다. 이런 사이코패스들은 이를 악물고 정상까지 기어오르며 가는 곳마다 엄청난 혼란을 일으키고 다니지만, 이는 이들이 전율이나 가학적 쾌감을 좇아서 그런 것이 아니라 단지 타자들이 "걸리적거렸기" 때문이었다. "모든 규범에 저항하고 권위를 거부하며 그저 맹목적인 이기심에서만 행동하는", 집집마다 볼 수 있는 골칫거리 유형의 사이코패스들은 훨씬 더 흔하다.[5] 이 모든 사이코패스들의 공통점은 바로 공감의 결여다.[6]

사이코패스들은 여러 세기에 걸쳐 다양한 이름으로 지칭돼 왔다. 정신과의사 도널드 블랙은 사이코패스를 지칭하는 용어가 어떻게 진화해 왔는지 잘 정리한 바 있다.[7] 1800년경 프랑스의 외과의사 필리프 피넬은 망상이나 정신착란이 아님에도 폭력성과 분노를 마구 쏟아내는 환자들을 관찰하고는 이것을 '섬망 없는 조병燥病'이라 지칭했다. 비슷한 시기에, 미국의 정신과의사 벤저민 러시는 만성적, 고의적으로 나쁜 행동을 하는 환자들은 대해 정신에 결함이 있기 때문이라고 보았다. 1850년, 이 진단은 도덕적 정신이상으로 바뀌었는데, 이것은 지적 능력은 아직 그대로이나 여러 습관과 행동이 걷잡을 수 없는 상태가 돼버렸다는 의미였다. 1890년 경에는 이런 행동이 만성적으로 나타나는 사람들을 '사이코패스'라 불렀다. 19세기 이탈리아의 범죄학자 체사레 롬브로조는 사이코패스들은 고약한 행동뿐 아니라 신체적 외양 면에서도 안면 비대칭 등 여러 이상이 특징적으로 나타난다고 생각했다. 그야말로 '타자'였던 것이다.

1941년, 미국의 정신과의사 하비 M. 클레클리가 펴낸 『멀쩡한 정신의 가면』에서는 심각한 정신장애는 정상적으로 보이는 사이코패스의 겉모습—즉, '정신 멀쩡한 가면'—뒤에 숨어 있는 것이라 주장했다.[8] 출간 일자를 감안할 때, 클레클리의 저서는 뉘른베르크 재판 당시 영향력을 발휘했을 것이다. 클레클리는 사이코패스들은 겉으로 정상적인 모습을 하고 있지만 실은 여러 감정이나 사람 간의 헌신 같은 것을 이해하는 능력이 심각하게 손상돼 있다고 주장했다. 그는 사이코패스들은 겉으로는 매력이 있을 수도 있지만 판단력이 형편없는, 전형적으로 신뢰할 수 없는 유형의 사람들임을 강조했다. 자기 자신에게만 정신이 팔려서 정서적 몰입은 거의 해본 적 없는 사람들이라는 것이었다. 이들은 수시로 규칙과 법을 어기면서도 가책이나 죄책감도 느끼지 않았다. 중요한 사실은, 클레클리는 이들을 정신이상이라 생각하지 않았다는 점이다. 옳고 그름을 분별할 줄 알았고, 의도를 가지고 행동했으며, 정신병은 없었기 때문이다. 하지만 그들은 매우 독특했다.

수많은 연구결과들이 클레클리의 소견을 뒷받침한다. 사이코패스들은 세상과 주변 사람들을 인식하는 방식에 미묘한 결함이 있다. 이들은 책임을 가볍게 벗어던진다. 언제나 다른 누군가의 잘못이기 때문이다. 이들의 사전에는 '가책'이라는 단어가 없다. 진실은 대체가능한 것이고 기만이 곧 규범이다.

클레클리는 사이코패스의 일탈은 단지 규칙을 깨는 수준 이상으로 두드러진다고 지적했다. 즉, 불법행위들과 규칙 위반은 흔한 일이지만, 사이코패스가 저지르는 죄들은 전혀 다르다는 얘기였다.[9] 첫째, 이들의 규칙 위반 기록은 평생에 걸쳐 이어진다. 어린 시절에 시작되어 좋을 때나 나쁠 때나 평화시에나 전시에나 뚜렷이 나타난다. 둘째, 사이코패스들은 죄책감, 수치, 공감이 전혀 없다. 우리도 많이들 규칙을 어기며 살지만, 타인의 입장에서 생각해보고 상처를 입힌 상대에게 공감할 줄도 안다. 기이하게도 사이코패스들은 전혀 그렇지 않다. 사이코패스에게 우리는 모두 한낱 크릴새우나 마찬가지인 것이다. 상어는 크릴새우를 집어삼킬 때 아무 감정이 없다. 그저 죽이고 먹을 뿐이다. 희생자는 사이코패스가 가는 길에 걸리적거리거나 사이코패스가 원하는 무엇인가—돈이나 섹스—를 가지고 있는 존재일 뿐이다. 다시 말하지만, 이는 단지 한두 번 일어나는 일이 아니다. 영속적인 포식 패턴이다.[10]

사이코패스들은 성급하고 충동적인 것으로도 악명이 높다. 대부분의 사이코패스 범죄자들이 자신의 무모함 때문에 붙잡힌다는 사실은 우리에게는 천만다행이다. 일부 굉장히 계산적인 사이코패스들도 있지만, 다행히도 그런 경우는 아주 드물다. 대신, 대부분의 사이코패스는 본인의 경험으로부터 아무것도 배우지 못한다. 그러다 보니 감옥은 범죄현장에 자기 휴대전화를 두고 나온 은행강도처럼 부주의한 사이코패스들로 넘쳐난다.

수많은 연구결과를 보면 사이코패스들은 스트레스 요인에 대한 대처

방식이 정말 '다른' 것으로 나타난다. 충동성 때문에 일을 그르치며, IQ는 대개 정상 범위에 드는데도 대다수는 머리가 나쁜 듯한 인상을 준다. 정상적인 사람들은 스트레스 요인에 반응할 때 교감신경계 활동이 활발해지고, 심박수가 증가하며, 땀을 흘리기 시작한다. 보통 사람들에게 스트레스는 해롭다. 사람들은 여기서 배운다. 그러나 사이코패스들은 스트레스에 '눈을 감고' 고집불통으로 혹은 둔감하게 반응하며, 자기 행동으로 인한 해로운 결과들을 생각하지 않는다. 이들은 스트레스가 가득한 상황 속에 들어가도 몸에서부터 그저 털어버린다. 심박수 증가도 없고 땀도 나지 않는다.[11] 유리한 점처럼 들리겠지만, 결론은 암울하다. 사이코패스들은 위험한 행동에 관해 신체적으로 자기제어가 되지 않는다. 일부 전문가들은 스트레스 반응 상의 이 같은 결함이 학습을 방해하며, 이 결함 때문에 죄책감의 결여나 충동성 같은 사이코패스들의 이해할 수 없는 행태가 생긴다고 본다.

시간이 흐르면서 정신과의사들은 다양한 유형의 사이코패스들을 점차 세분화하기 시작했다. 우선 '부적응' 유형—딱히 공격적이지는 않은 사기꾼이나 부랑자들—이 있고, 다음으로는 위험하고 폭력적인 성향의 '공격적' 사이코패스가 있다. 그런가 하면 '독창적' 사이코패스—사회 규범을 무시하는 괴짜들—도 있는데, 오늘날 이 범주는 자기애적 성격 장애에 들어간다.[12]

이렇게 볼 때 정신병질적psychopathic 성격의 진단범주는 끊임없이 변해왔다. 1952년 *DSM* 제1권이 발간될 당시에는 "사회병질적 성격장애sociopathic personality disturbance"라는 용어로 통칭했다. 당시 정신의학은 네 가지 변이형을 구분했다. "반사회적 반응" 환자들은 이렇게 묘사했다. "늘 말썽이며, 경험이나 처벌에서 아무것도 학습할 줄 모르고 실질적으로 충실한 어떤 관계도 지

진범들의 심리분석

속하지 못한다. … 자주 냉담하면서도 쾌락주의적이며, 책임감 결여와 판단력 부족 그리고 정서적 미성숙을 뚜렷이 드러낸다. 그러면서도 자기 행동이 정당하고 합리적이며 적절한 것처럼 보이기 위해 합리화 할 줄 안다."[13]

이 *DSM* 제1권은 반사회적 반응과 비사회적 반응을 구분한다. 후자에 속하는 이들은 통상적인 사회 규율을 무시하는 태도를 보인다. 비정상적인 도덕 환경에서 살기 때문이다. 이들이 포식자 행세를 하는 것도 당연하나, 충성심은 있다. 사회병질적 성격 장애의 세 번째 변이형인 성도착에는 사디즘, 동성애, 페티시즘, 소아성애가 포함됐다. 중독은 이 초기 *DSM*에 언급된 사회병질적 성격장애의 네 번째 변이형이었다.[14]

따라서 1945년, 증인들이 괴링의 빨강 매니큐어와 약물 중독에서 특별한 의미를 발견했던 것은 당연하다. 당시 정신의학계에서 보기에 이는 괴링이 사이코패스라는 진단을 뒷받침했다. 요즈음 기준에서 매니큐어를 칠한 남자는 특이하게 보이는 정도일 것이고, 약물 남용은 굉장히 흔해서 그 자체만으로는 정신병질적 성격(오늘날 전문용어로는 반사회적 성격장애)이라는 진단은 나오지 않을 것이다.

오늘날, '사이코패스'라는 용어는 중증의 반사회적 성격장애가 있는 사람들을 지칭하는 데 사용되는데, 대개 20개 항목으로 구성된 체크리스트를 바탕으로 진단이 이루어진다.[15] 1945년에는 체크리스트 방식이 아직 정립되지 않았으며, 로르샤흐 검사가 정신병질을 진단하는 탁월한 기법으로 여겨졌고, 전략사무국을 비롯해 켈리와 길버트도 당연히 그렇게 받아들이고 있었다.

사이코패스들은 냉담하고 정서적 깊이가 없지만, 말년에는 자신이 망쳐온 삶의 어두운 그림자에 계속 시달릴 수도 있다. 우울해질 수 있고 또 실제로 그런 경향이 있으며 약물이나 알코올에서 자꾸 위안을 얻으려 한다.

사이코패스들 이야기가 그들의 불행한 배우자들을 통해서나 재판 사건을 통해서 회자되는 탓에 사이코패스는 정신과의사들에게 매우 친숙한 존재들이다. 사이코패스는 집중적인 심리치료에 반응할 수는 있지만, 그 과정은 험난하다. 사이코패스를 치료하는 약은 없다. 다만 몇 가지 약물치료로 충동적 과민성을 줄일 수는 있다. 또한 이들이 법정에 서게 되면, 우리는 법 제도의 도움을 받아 그들을 천천히 감옥으로 몰아넣을 수 있을 것이다. 길버트의 관점에서 볼 때, 뉘른베르크의 사이코패스들을 위한 최상급 대우는 대마로 만든 교수형 올가미였다.


## '나쁜 뇌'에 대한 신경정신의학 탐구

정신의학과 심리학은 사이코패스에 대해 명확한 설명을 제시하지만 장애를 원인으로 보는 것에는 신중을 기한다. 단골 용의자들은 모두 정신병질—북적대는 빈민가, 바람직하지 않은 양육, 나쁜 유전자, 뇌 손상—에 원인이 있다. 수많은 연구결과가 이 각각의 경우를 뒷받침하지만, 궁극적으로는 뇌의 문제로 귀결된다.[16]

인류는 오래전부터 뇌 병리학과 폭력 및 범죄 행동을 연관시켜왔다. 일찍이 메리 셸리는 자신의 소설에서 프랑켄슈타인 박사와 그가 만들어낸 엉성한 피조물을 등장시켜 이를 다룬 바 있었다. 뇌에 결함이 있는 이 피조물은 형언할 수 없는 수많은 범죄를 저지른다. 그러나 허구 세계 바깥에는 수 세기에 걸친 의료 기록들도 존재한다. 예를 들면, 매독이나 수은 중독이 뇌에 미치는 영향과 그로 인한 과민성, 치매, 과대망상 등에 관한 기록이다. 뉘른베르크 재판을 지켜봤던 사람들이 전범들에게서 신경

271                                    전범들의 심리분석

병리학적 측면을 찾아내려 촉각을 곤두세웠던 것이 새삼스러운 일은 아니었다.

뇌는 그저 1.3킬로그램 무게의 젤리 모양 계산기가 아니다. 뇌는 지형학적으로 조직된 수많은 부분들로 이루어져 있다. 1930년대의 외과의사들은 뇌의 가장 안쪽 부분이 신체의 생명유지 핵심부—호흡, 심장박동, 소화—를 관장하는 반면, 뇌의 가장 바깥쪽 부분인 피질은 사고와 평가를 담당한다고 보았다. 이들 두 영역 사이에 끼어 있는 변연계는 세계에 반응하며 '느끼게' 해주는 부분이다. 변연계가 멋대로 움직인다면 우리는 그야말로 한 마리 티라노사우루스 렉스 공룡이나 다름없을 것이다. 다행히 변연계에서 일어나는 격분이나 열망은 전전두엽 피질에서 조절된다. 전전두엽 피질이라는 큰 부분이 전체를 관장한다. 사고와 감정 사이에서 교통순경 역할을 담당하는 것이다. 전전두엽 피질이 손상되면 뇌의 심층부가 더 큰 목소리를 얻는다. 행동의 특질이 변화하고, 점점 더 충동적이고 과민해지며 도덕적으로 방만해진다. 손상 원인이 무엇이든—자동차 사고, 운동 중 부상, 전투 등—충동성과 폭력에는 연관성이 있으며, 이는 뇌 손상 정도나 부위에 따라 달라진다.[17] 신경과학자들은 피질의 하향식 억제 작용이 약화되거나 변연계의 상향식 활동이 상승할 경우 폭력과 정신병질이 나타날 수 있다고 추론해왔다.[18]

뇌는 마치 정교한 오리가미 같은 구조로, 여러 층이 겹겹이 포개어져 있고 그 접힌 곳마다 깊은 크레바스가 있다. 접힌 주름들, 즉 수많은 고랑 sulci 은 뇌의 특징들을 좀 더 정확히 파악할 수 있는 일종의 기준이 된다. 그러나 어떤 면에서 보면 뇌는 수많은 뉴런이 마치 여러 진입차선과 출구가 엉망으로 뒤엉켜 있는, 이상하게 설계된 고속도로마냥 서로 엮이고 꼬인 마크라메macramé(매듭공예_옮긴이) 구조 같기도 하다.

1848년, 어느 미국인 철도노동자가 당한 사고는 뇌 손상 및 도덕적 행동에 관한 가장 영향력 있는 사례 보고 중 하나로 이어졌다. 지름 1.25인치에 43인치 길이의 쇠막대가 머리를 관통하는 폭발 사고가 일어났지만, 놀랍게도 이 사고를 당한 당사자 피니어스 게이지는 살아남았다. 그러나 '그'는 더 이상 과거의 그가 아니었다. 주치의가 밝힌 다음 소견은 널리 알려져 있다.

> 평형, 그러니까 지적 능력과 동물적 성향 사이의 균형이 파괴돼버린 것같다. 번덕스럽고 무례하며 가끔씩은 아주 저속하고 신성모독적인 것에 탐닉한다(예전에는 그런 습성이 아니었다). … 자기 욕망과 상충하는 제재나 조언은 견디지 못하며, 완강하게 고집을 부리다가도 번덕스럽게 굴거나 우왕좌왕 우유부단할 때도 있다. … 지적 능력이나 겉으로 드러나는 태도를 보면 어린아이 수준인데, 동물적 욕정은 힘센 남자의 수준이다. … 정신세계가 철저히 변해버린 탓에, 친구와 지인들은 "이제 그는 더 이상 게이지가 아니다"라고 단호하게 말한다.[19]

신경과학자들은 상해의 궤적을 복원한 뒤 당시 쇠막대가 게이지의 좌측 및 우측 전전두엽 피질(대략 이마 뒤 양쪽 측면에 위치)을 심각하게 손상시켰을 것으로 추정했다.[20] 이 같은 상해를 입은 환자들은 융통성을 요하는 복잡한 과업을 계획하거나 여러 일을 동시에 처리하는 데 어려움을 겪는다. 또한 정서 조절 기능이 손상된 상태로, 자신의 감정 분출로 인한 결과에 무관심한 모습을 보이는 동시에 기분이 수시로 달라지고 충동적으로 변한다. 사이코패스적 행동으로 여겨질 법한 지점이다.

전범들의 심리분석

1945년 당시에는 사이코패스들의 뇌를 연구하기가 쉽지는 않았다. 로베르트 레이 같은 환자들이 죽으면, 이들의 뇌를 생검용으로 보낼 수 있었지만 뇌손상 연구 도구는 오늘날에 비하면 아무래도 엉성한 편이었다. 뉘른베르크 재판 당시 생체 뇌를 검사하는 데 사용가능한 도구는 별로 없었다. 환자를 면밀히 관찰하거나 아니면 최종 부검을 기다리는 방법뿐이었다. 사실상 그 중간은 없었다. 때문에 레이의 뇌를 검사했던 신경병리학자들에 대해 추측하고자 할 때는 1945년 당시 알 수 있었던 범위를 염두에 두어야 한다. 오늘날, 우리는 신경영상을 사용해 신경회로를 살펴볼 수 있다. 사이코패스의 뇌를 연구하는 연구자들이 이런 연구 도구를 발빠르게 활용한 것은 당연했다.[21]

뇌손상 환자 연구를 통해 우리는 의사결정 및 감정 표현에 관여하는 뇌 영역들을 알아볼 수 있다. 여기서 의문이 생긴다. 사이코패스의 경우 이런 영역들이 파괴된 것인가? 최근 여러 연구에서는 사이코패스들이 전전두엽 피질에 결함이 있으며, 이 때문에 판단력이 부족하고 계획 세우는 것을 힘들어 하며 충동성이 강해진다고 주장한다. 또한 공포, 정서성, 위협 인식 등을 조절하는 영역인 측두엽의 내측면(정확히 말하자면, 편도체)이 축소돼 있는 경우도 있다.[22] 이런 결론을 뒷받침하는 연구는 많이 있지만, 그중에서도 마티나 라이 팀의 연구는 전반적인 접근방식에 대해 알려준다.[23] 연구진은 구조적 자기공명영상을 이용해 사이코패스 수감자들과 나머지 수감자들의 뇌를 비교했는데, 사이코패스들은 대뇌 피질이 현저하게 얇아져 있음을 발견했다. 계획 수립 및 정서적 측면을 관장하는 뇌 영역에서 특히 두드러졌다(《사진 26》). 사이코패스들의 경우 피질이 얇아진

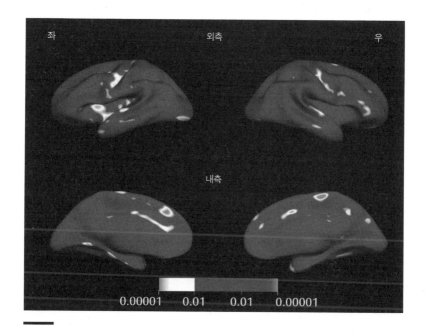

**사진 26.** 사이코패스와 정상인의 뇌 제어 구조 비교. 밝게 표시된 영역은 두 집단 간 현격한 차이를 나타낸다. 사이코패스의 경우, 좌측 섬엽 및 배측 전대상 피질, 좌우의 중심전이랑, 좌우의 전측두 피질, 우측 하전두이랑 부위의 피질이 더 얇았다. 색상 눈금막대 그래프는 유의성 정도를 나타낸다.(마티나 라이 연구팀의 동의하에 "정신병질의 경우 피질이 얇아지는 현상," *American Journal of Psychiatry* 169 [2012]: 743~749에서 재게재)

부분을 통해 파충류의 뇌<sup>reptilian brain</sup>(진화의 역사에서 가장 오래된, 가장 안쪽의 뇌 부위로, 주로 생식과 생존 기능을 관장한다_옮긴이)가 타버린 듯한 모습을 하고 있는 것을 확인할 수 있다.

기능적 영상은 구조적 영상에 비해 이해하기가 좀 더 복잡하다. 구조적 자기공명영상에서는 뇌의 각기 다른 영역들이 특정 과업에 어떻게 기능 혹은 반응하는지 검사한다. 과업 선택은 중요하다. 만일 눈을 뜨는 것을 감는 것과 대조시킨다면, 이 같은 대조는 사이코패스들을 이해하는 데 그리 중요한 정보가 되지 못할 것이다. 그러나 충동성을 검사하는 과업을 활용한다면, 좀 더 유용한 정보를 얻을 수 있다. 충동성을 검사하기 위해서는 피검사자에게 특정 과업—'X'를 볼 때마다 버튼 누르기—을 수행하게 시킨 다음, 화면상에 'X'가 나타나지도 않았는데 피검사자가 부주의하게 버튼을 누르는 빈도에 주시하면 된다. 마찬가지로, 정서적 판단(감정이입)을 요하는 과업에 뇌가 반응하는 방식을 면밀히 조사하는 것도 유용한 정보가 될 수 있다. 이런 실험에 선택할 수 있는 과업들은 분명 넘쳐나며, 정밀검사가 필요한 뇌의 영역들도 수없이 많다. 그러나 정서 조절, 의사결정, 감정이입 등을 담당하는 뇌의 여러 영역들에 대한 연구는 사이코패스들의 사고방식을 이해하는 데 매우 유익할 것이다.

한 연구에서는 수감자 70명을 정신병질 점수 수준에 따라 몇 개의 집단으로 나눈 다음, 사람들이 고의적인 상해—때리고, 찌르고, (차 문으로 손가락을) 짓이기는 등—를 입는 영화의 장면들을 보여주었다. 사이코패스들은 일말의 공감 반응을 보일까? 이보다 중요한 것은 사이코패스의 경우 정서 조절에 관여하는 뇌 영역이 정상적으로 반응하는가 하는 것이다. 사실, 정신병질 척도에서 높은 점수를 받은 이들은 확연히 달랐다. 이들의 공감 결여는 단지 피상적으로 나타나는 수준이 아니라, 뇌의 심층부에서 타인의 고통을 전혀 보지 못했다.[24] 그 밖에 다른 연구들도 사이코패스들은 타인의 정서적 단서를 잘 읽어내지 못하며, 위와 같은 과업과 관련해 통상적으로 활성화되는 뇌의 영역 역시 활성화되지 않는다는 사실을 보여주고 있다.[25]

이처럼 신경영상 기록은 훌륭한 도구이기도 하지만, 연구하다 보면 특유의 난점들이 존재한다. 뇌 주사[註]는 비용이 굉장히 많이 들기 때문에 다수의 환자들을 연구하기에는 힘들다. 소규모 표본 연구에서는, 무작위 소음이나 약물남용 같은 교란 변수로 인해 추론 과정이 복잡해질 수 있다. 과학자들은 찾아낸 결과가 재현 가능하지 않다면 의심해볼 수밖에 없는데, 주사 유형, 과업 유형, 뇌 영역 측면에서의 정밀한 재현은 여전히 너무도 어렵다. 과업에 미묘한 변화만 생겨도 결과에 중대한 영향을 미칠 수 있다. 가령, 환자에게 버튼을 왼손으로 누르게 하는 경우와 오른손으로 누르게 하는 경우 역시 결과에 영향을 미칠 수 있고, 따라서 해석에 혼란을 초래한다.

어떤 관찰 결과가 우연일 가능성은 얼마나 될까? 뇌의 수많은 관심영역을 검사할 경우, 단순한 우연의 일치를 유의미한 결과로 오인할 가능성이 있다. 한 가지 해결책은 특수 메타분석을 이용해 설계상의 미묘한 차이들을 제어하는 동시에 다수의 연구 결과를 개괄하는 것이다. 연구자들이 사이코패스들에 관한 신경영상 기록을 이해하는 데 이 같은 기법들을 활용하기 시작한 지는 얼마 되지 않았다.[26]

기능적 영상 실험에서 유용한 데이터를 얻는 것은 고성능 망원렌즈로 사진을 찍는 것과도 흡사하다. 삼각대가 없다면, 사진은 흐릿하게 찍힐 것이다. 신경영상에서는 정밀한 연구 설계가 곧 삼각대에 해당한다. 그런 정밀함이 없이는 이 같은 연구들을 통해 우리가 얻게 되는 사진이나 통찰이 무엇이든 모두 불명확해질 것이다. 이 분야의 주요 연구자 중 한 명인 메이레드 돌란은 이 문제를 이렇게 요약했다. "확정적인 결론을 내리기에는 반사회적 폭력에 가담한 이들에 대한, 방법론적으로 견실한 뇌 영상 연구가 너무 부족하다."[27]


## 신 경 내 분 비  생 리 학

신경내분비계 연구는 뉴런들이 서로 어떻게 연락을 주고받는지 알고자

전범들의 심리분석

하는 것인데, 최근의 연구들은 사이코패스의 뉴런 전달 신호가 보통 사람과 다르다고 주장한다. 사이코패스들의 경우 조절 양상이 특이하게 나났던 탓에 두 가지 신경전달물질―세로토닌과 옥시토신―이 상당한 관심의 대상이 되었다.

세로토닌은 기분 조절, 공격성, 충동성에 관여한다.[28] 가령, 살인자들은 신경계 내 세로토닌 수치가 상대적으로 낮은 편이다.[29] 그런 점에서 세로토닌의 생체이용률을 높이는 플루옥세틴 같은 약물이 과민성 및 충동성 치료에 비공식적으로 이용돼 왔다는 점은 흥미롭다.[30]

세로토닌 대사 장애가 사이코패스들의 충동성과 과민성의 원인일 수도 있으나, 이런 교란 상태가 타인에 대한 냉담한 무관심까지 설명하지는 못한다. 전혀 다른 화합물―옥시토신―과 연관이 있을 수 있다. 옥시토신의 주된 역할은 자궁 수축성 강화라 여겨져 왔지만, 과거 30여 년에 걸친 연구 결과를 살펴보면 옥시토신의 역할은 훨씬 광범위하다. 옥시토신을 생성하는 시상하부 내 지점들은 뇌의 정서조절 중추 및 뇌하수체와 신경으로 연결돼 있으며, 뇌하수체는 신체의 스트레스 반응 상당부분을 조절한다.

옥시토신 및 정서에 관한 초기 연구는 흑쥐라 불리는, 몸집이 7인치가량 되는 작은 설치류를 이용해 이루어졌다. 대초원에 사는 수컷 흑쥐들은 철저히 한 상대하고만 짝짓기를 하고, 새끼들을 돌보며, 무리와 잘 어울리지만, 목초지의 흑쥐들은 외톨이인 것으로 나타났다. 그러나 목초지 흑쥐들에게 옥시토신 치료를 하면 행동이 극적으로 변하여 대초원의 흑쥐들과 비슷한 행동양식을 보이기 시작한다.[31]

물론 흑쥐와 인간은 서로 다르다. 하지만 사람들 역시 타인과 가까이 있는 상태에서 여러 활동을 할 때 옥시토신이 분비된다(가깝다는 것은 기도, 성적 접촉, 팀 스포츠 경기 등 다양한 상황을 포함한다). 그러나 간혹 그런 조건에서도 옥시토신이 분비되지 않는 사람들도 일부 있다. 뿐만 아니라, 이들에게는 사이코패스의 여러 가지 특성이 공통적으로 나타난다. 타인의 감정에 대해 냉담하고 무관심하다는 것이다.[32] 옥시토신 등의 호르몬은 수용체와 결합하여 작용하는데, 수용체에 유전적 변형이 일어나서 옥시토신 결합이 상대적으로 취약한 사람들도 있다. 이들은 어려서부터 냉담한 행동이 두드러진다.[33] 이를 뒷받침하듯 여러 연구에서 옥시토신 수치가 낮거나 수용체와의 결합이 취약한 경우 냉담한 행동이 나타난다는 것이 밝혀지고 있다. 자연히 다음 수순은 옥시토신 수치를 조절하는 것이다.

옥시토신이 투여되면 사회적 행동에 직접 영향을 미치게 되어 사람들은 좀 더 타인을 잘 믿게 되고 너그러워진다.[34] 이것은 게임이론 모델을 채택한 기발한 실험들을 통해 입증된 사실이다.[35] 가령 피험자 두 명이 인접한 방에서 연구에 참여하며, 컴퓨터를 이용해 서로 연락을 주고받을 수 있다고 가정하자. 각각 10달러가 주어진다. 피험자 A는 피험자 B에게 돈을 기부할 수 있으며 B의 계좌로 입금되는 순간 금액은 3배가 될 것이라는 말을 듣는다. 한편, B는 돈을 그대로 가지고 있거나 일부를 다시 A에게 돌려줄 수 있다는 말을 듣는다. 이 경우, 금액의 3배 증가는 일어나지 않는다. 즉, A가 2달러를 B에게 준다면 B는 16달러를 보유하게 되고, B가 그중 3달러를 A에게 돌려준다면, 두 명 모두 이득을 보게 된다(A는 11달러, B는 13달러를 가지게 된다).

A는 B에게(또는 B는 A에게) 돈을 얼마나 줄까? 이 질문은 신뢰와 관용 문제로 연결된다. 옥시토신이 투여된 뒤, 피험자 A들은 80퍼센트 더 관대해졌다.[36] 피험자 B들 가운데 소수는 상대 피험자를 불신했고 무관심했으며, 돈은 전부 혼자만 가지고 있었다. 흥미로운 사실은 이들의 옥시토신

수용체가 비정상인 것으로 나타났다는 점이다.[37]

이러한 실험결과가 나오자 연구자들은 사이코패스들과 기타 성격장애 환자들에게 옥시토신 투여가 도움이 될 수 있을 것이라고 생각했다. 옥시토신이 있으면 타인에 대한 무관심도 개선될 수 있을까? 한 연구에서는 건강한 대조군과 성격장애 환자들을 정서적 자극에 대한 반응 측면에서 비교를 해보았다. 화난 얼굴을 보여주면, 성격장애 환자들은 좀 더 빨리 화난 얼굴에 시선을 고정했는데, 이러한 뚜렷한 집중은 편도체의 활성화와 연관돼 있었다. 그러나 이 환자들에게 옥시토신 치료를 하자 이 같은 반응 패턴의 차이는 사라졌다.[38]

사이코패스를 희한한 뇌 구조 및 기능으로 확실히 진단할 수 있다 한들, 그리고 이들에게 신경내분비 생리학적으로 특이한 점들이 있다 한들, 이것이 대체 사이코패스들의 법적 책임을 규정하는 데 어떤 도움이 될까? 오늘날의 법정에서라면 현대판 율리우스 스트라이허는 어떻게 평가됐을까?

**법 의 학 이   보 는   악**

아이스킬로스의 『오레스테이아Oresteia』는 법의 진화에 초점을 맞추고 있다. 법이 없는 상태에서는, 복수의 세 여신이 끝없이 되풀이되는 보복과 징벌을 조장하며, 관련 당사자들이 모두 죽을 때까지는 빠져나갈 구멍이 없다. 법이 있으면 관점이 바뀐다. 사회는 공명정대한 재판관처럼 움직이며 조정 또는 처벌 조건을 제시한다. 그렇다면 이런 재판에서 피고의 정신질환을 고려해야만 할까? 정신질환자가 범죄를 저지를 경우, 법정은 범죄

시점 피고의 정신상태에 관심을 가지고 피고가 재판에 유의미한 방식으로 참석이 가능한지 판단한다. 하지만 여기에는 서로 다른 두 가지 문제가 있으며, 이러한 문제들을 판단하는 기준은 사법 주체에 따라 천차만별이다. 뉘른베르크 재판소는 이 문제, 특히 루돌프 헤스의 경우 때문에 골머리를 앓았는데, 사실 이 쟁점에 관해서는 훨씬 오래된 판례들이 있다.

대니얼 맥노튼은 1843년 에드먼드 드럼몬드를 총으로 쏴 죽이기 이전 수년 전부터 망상에 시달렸다. 우리는 이 사건을 드럼몬드가 영국 총리 로버트 필의 보좌관이었으며 둘 중에 어느 쪽이 맥노튼의 실제 표적이었는지는 불분명하다고만 기억할 것이다. 19세기 당시만 하더라도 법정은 맥노튼이 정신질환을 앓고 있음을 밝힐 수 있다면 형을 면제해줄 수 있었다. 하지만 이를 위해서는 맥노튼이 심각하게 미쳐 있고 충동적이며 일반적인 대화가 도저히 불가능함을 입증해야 했다. 그러나 맥노튼은 얌전한 정신병자였고 불특정 다수가 자신을 감시하며 괴롭히고 있다고 굳게 믿을 뿐이었다. 맥노튼은 어쩌다 보니 잘못된 시간에 잘못된 장소에 있던 드럼몬드에게 달려들었던 것이다.

재판부는 맥노튼의 "부분적 정신이상"의 증거가 설득력이 있다고 판단하여, 유죄판결을 내리고 교수형에 처하는 대신 정신병동으로 보냈다. 맥노튼은 그곳에 구금되어 여생을 보냈다. 재판부는 맥노튼 사건에 대해 이렇게 판결했다. "이성이 자리에서 쫓겨나지는 않지만 정신착란이 이성을 깔고 앉기도 합니다. … [특정한] 망상에 휩쓸린 그는 … 망상과 관련된 행위들을 스스로 제어할 수 있는 범위를 벗어나버렸던 겁니다."[39] 이 같은 판결에 분노한 빅토리아 여왕은 친구에게 보내는 서신에 이렇게 적었다. "재판부에서 무죄라고 하다니 대체 무슨 뜻인가? 보수당 출신 총리를 살해하려 했던 사람이 '무죄'일 수 있다니 도저히 믿을 수가 없군!"[40]

　　　　　　　　　　　　　　　전범들의 심리분석

격랑은 잦아들었고, 이후 백여 년간 맥노튼 규칙은 수많은 법정에서 약간씩 변형된 형태로 받아들여졌다. "정신이상"이란 한 개인이 정신질환으로 인해 자기 행위의 본질을 제대로 이해하지 못했으며, 따라서 피고는 "정신이상이므로 유죄가 아님"을 의미했다. 오늘날 수많은 사법부에서는 정신질환 항변을 감경으로 한정하고 있다. "정신이상이므로 유죄가 아니다"라는 판결 대신 "유죄이자 정신이상"이라는 판결을 받게 되는 것이다. 좀 더 낮은 형량이 선고될 수도 있으며, 혹은 피고를 정신이상 상태에서 범죄를 저지른 사람들을 대상으로 한 특수 수감시설로 보낼 수 있는데 이 경우에도 피고에 대한 유죄평결 및 격리가 이루어진다.

앞서 4장에서 로버트 잭슨 대법관은 전범들에 대한 심리검사에 대해 유보적 태도를 보였음을 언급한 바 있다. 그는 심리검사가 논란의 판도라 상자를 여는 것이 되거나 정신의학 전문가들과 맞서다 재판이 궤도를 이탈할 것을 우려했다. 선견지명이었다. 지금까지도 수년간 법정은 특히 심각한 성격장애의 경우들을 비롯하여 이런 문제들과 씨름을 계속하고 있다. 또한 뉘른베르크 재판의 피고 몇몇은 분명히 이 범주에 해당됐던 것 같다. 정신병질 및 뇌 사이의 다양한 연관성을 고려할 때, 피고 측에서 정확히 어떤 주장이 가능했을지 예상할 수 있다. 1962년, 저명한 법정신의학자 버나드 다이아몬드는 이렇게 주장했다. "겉으로 보이는 그들의 정상성, 자유의지대로 행할 능력, 선택 … 등은 그저 허울뿐이며, 자신들이 어느 정도까지 뇌 질환의 영향을 받고 있는지 감추고자 애쓴 작위적 결과에 지나지 않는다."[41]

미국의 연쇄살인범 존 웨인 게이시가 1980년 재판에 회부됐을 때, 피고 측에서는 다수의 정신과의사들을 증인으로 소환하여 그의 정신장애 및 아동기 학대 경험에 대해 증언하게 했다. 이들은 게이시가 "유사신경증적 편집성 조현병 환자"이거나 "편집성 조현병이라는 기저 조건에서 반복적 증상을 통해 발현된 반사회적 혹은 신경병질적 성격 유형에 해당하는 경계선 성격조직"이거나 또는 편집증적, 강박적, 자기애적, "다형 도착적polymorphously perverse"이며 자신의 성적 욕망을 두려워했던 사람이라고 주장했다. 즉, "자신의 걷잡을 수 없는 질병에 집어삼켜져버렸다"는 것이었다. 검찰 측의 주장은 더 간단했다. 게이시는 악마였다. 재판부는 검찰 측에 손을 들어주었다.[42]

신경영상, 뇌 호르몬, 정신병질에 관한 오늘날의 연구들은 불가피하게 법정 안으로 들어서고 있고, 형사 사건 내에서 "신경법학"이라는 새로운 분야로 이어져왔다. 사이코패스인 피고의 뇌가 평범하지 않다는 사실이 형사책임, 유책성, 처벌에 관해 심리하는 데 중요한 정보가 될까? 《사이언스》에 실린 한 연구에서는 '나쁜 뇌' 변론이 선고 형량에 미치는 영향을 조사했다. 판사들 일부에게는 폭력적인 사이코패스라 설명하고 또 다른 일부에게는 뇌 기능에 결함이 있는 사이코패스라고 설명한 뒤 이 가상의 범죄자에게 선고할 형량을 결정해 달라고 요청했다. 가책과 공감이 결여된 것이 주된 특성인 사이코패스라는 설명을 들은 경우 장기간의 징역형을 선고한 반면, '나쁜 뇌'를 가진 사이코패스라는 설명은 감경 요인으로 여겨졌다. 이들은 비교적 가벼운 형을 선고하며 그 이유를, 피고는 통제력이 없었으므로 전적으로 본인의 '잘못'이 아니기 때문이라고 설명했다. 즉, 피고는 '병든 뇌'를 가졌다는 것이다.[43]

신경법학은 기능적 자기공명영상 기기보다도 천 년 먼저 출현했다. 어쨌든, 플라톤은 『티마이오스』에서 이렇게 주장했으니 말이다. "본인 의지로 나쁜 사람은 없다. 나쁜 사람은 신체의 어떤 배치가 잘못돼서 나빠지는 것이다."[44] 플라톤을 재해석한 레베카 골드스타인의 적절한 표현을 빌리자

전범들의 심리분석

면, 21세기 신경법학의 주장은 아마 이렇게 될 것이다. "내 편도체가 내게 그러라고 시켰다."[45]

뉘른베르크에서는 악을 전혀 다른 어떤 것으로 간주하는 사람들과 악을 행동의 연속선상 어딘가에 있는 것으로 보는 사람들 사이에 이데올로기의 충돌이 있었다. 이 장에서는 악을 전혀 다른 것으로 간주하는 이론의 흐름을 간략히 살펴보았다. 이런 설명은 네 명의 전범들에게 얼마나 잘 적용될 수 있을까? 헤르만 괴링은 매력적이고 자기애가 강하며 사전에 계획된 대로 냉혹하게 행동하는 전형적인 사이코패스로 간주됐다. 율리우스 스트라이허는 다혈질에 충동성이 강하며 사실상 악마 같은 인물이었다. 로베르트 레이는 뇌에 명백한 손상이 있었으며 이 때문에 행동이 변했으나, 역설적이게도 뉘른베르크에서 가장 자책을 많이 느낀 피고이기도 했다. 루돌프 헤스는 수수께끼 같은 인물이었으나, 대부분의 참관인들은 그가 망상장애를 겪고 있다고 생각했다. 재판에 관한 한, 괴링과 스트라이허에 대한 진단은 형선고와는 무관했다. 재판 개시 전에 레이는 자살했으므로, 재판소는 사건에 대한 판결을 내리는 것이 불가능했다. 재판부는 헤스에 대해서만 정신의학적 상태를 감경 요인으로 고려했다.

뉘른베르크에서는 정신과의사들과 심리학자들이 피고를 검사해보면 '해답'이 있을 것이라는 순진한 믿음이 있었다. 하지만 사실은 '진단'결과들이 나왔음에도, 이 결과들이 악의 근원에 대해 알려주지는 못했다. 오늘날에는 헤이그 국제전범재판소가 있다. 내가 알기로 헤이그에는 신경법학의 주장들이 도입되지는 않았다. 이는 단지 시간문제일 뿐이다.

# 에필로그

여러분은 아마 내가 당신들을 잠 못 들게 했다고 하겠지요. 하지만 세상 사람들 속을 뒤집어 놓은 게 바로 이런 것들입니다.

로버트 잭슨 대법관, 국제군사재판 증언, 1945년 11월 21일


## 뒤 돌 아 보 다

40년 전, 나는 뉘른베르크의 사형집행인에게 나치 전범들을 연구하겠노라고 약속했다. 이후 여러 해 동안 나는 그 약속을 피해 다녔다. 물론 내겐 다른 많은 일들―환자 치료, 학생 지도, 연구, 가족 부양 등―이 있었다. 하지만 나는 끊임없이 악과 마주쳤고 내 환자들의 삶과 그날그날의 뉴스 속에서 괴로워했다. 그러다 우연히 그 모든 것들을 목격했던 특별한 사람들을 만나게 됐다. 그들이 가고 없는 지금, 내가 집필을 시작하지 않았더라면, 그들의 이야기는 나와 함께 사라져버렸으리라는 생각이 든다.

거의 평생 동안 연구를 업으로 삼고 살아온 나는 가장 먼저 자료들을 샅샅이 뒤지고 싶다는 충동이 들었다. 연구는 본질적으로 예측이 불가능하며, 기록연구는 특히나 그렇다. 자료들은 대개 정리되지도 않고, 탐사되지 않은 채로 통상적이지 않은 장소 곳곳에 흩어져 있는 경우가 많기 때

문이다. 물론, 미 의회도서관이나 국립문서보관소에는 나치 전범 관련 정보보관실이 있으나, 연구를 하다 보니 애크런대학이나 버클리의 다락들, 샌디에이고의 커피하우스들, 예루살렘의 거실들, 캘리포니아 론어트 파크, 메릴랜드 실버스프링 같은 예상치 못한 장소들도 찾게 됐다.

나는 1940년대 중반에 나온 자료들에 푹 빠져들었다. 제2차 세계대전이 임박하자, 전 세계는 불안에 떨었다. 문명국가가 대체 어떻게 그런 대량학살 계획에 착수할 수 있었던 것일까? 독일 입장에서 최상의 이익에 부합하지 않는데도 나치 간부들은 대체 어떻게 이 같은 치명적인 일을 계속 밀어붙일 수 있었을까? 미친 짓 같았다. 종전 이전부터 정신의학 및 심리학계에서는 나치 간부들의 심리를 연구하려는 움직임이 일었다. 루돌프 헤스의 행동은 너무도 기괴하여 심각한 정신질환의 가능성을 시사했다. 헤르만 괴링은 정신병동 입원 및 지속적인 약물남용 이력이 있었다. 율리우스 스트라이허의 악행 전과는 '매우' 길었고, 워낙 자기파괴적이어서 모든 사람을 적으로 만들 정도였다. 로베르트 레이는 알코올중독 및 뇌 손상 때문에 이상 행동을 했고, 우울증으로 폐인이 되다시피 했다. 이 모든 것이 모두에게 명백했지만, 어쨌든 전문적인 연구가 조금 더 많은 것을 밝혀내리라는 기대가 있었다.

뉘른베르크에서는 뛰어난 젊은—서로 전혀 다른—의사 두 명이 전범 연구를 시작했다. 연구에서 이 둘은 자신이 의도한 것에 정확히 들어맞는 것은 아니었지만, 어쨌든 자신이 원하던 대상을 찾았던 것으로 보인다. 더글러스 켈리는—행운이 세상 편이었더라면—정치 지도자가 아닌 일개 소시민으로 초라한 삶을 살았을, 도덕적으로 형편없는 불량배 집단을 발견했다. 행운은 우리 편이 아니었고, 그들은 대량학살을 조직하는 데 역량을 쏟았다. 구스타브 길버트가 발견한 것은 불량배들이 아닌, 카인(창세기

에 등장하는 아담과 이브의 아들이자, 동생 아벨을 죽인 인물로, 성서상 인류 최
초의 살인자_옮긴이)의 표식을 지닌 타락한 사이코패스들이었다.

켈리와 길버트는 엄청난 확신에 차서 주장했지만 자신들이 소규모 표
본을 근거로 추론하고 있다는 사실을 간과하고 있었다. 뉘른베르크 재판
의 피고들은 이데올로기적으로 매몰된 기회주의자들이자, 수백만 명의
죽음을 계획하고 선동하며 추진하면서도 매일매일의 작업에는 사실상 관
여하지 않는 상급 관리자들이었다. 로버트 잭슨 대법관의 소견대로, "이
피고인들은 신분과 지위가 높은 사람들로, 자기 손에는 피를 묻힐 필요가
없었다. 평범한 사람들을 도구로 활용하는 법을 알고 있었다." 방아쇠에 직
접 손가락을 얹었던 남자들—그리고 여자들—을 조사했더라면 켈리와 길
버트는 다른 것을 발견했을지도 모른다. 그러나 이는 완전히 별개의 문제다.[2]

켈리도 길버트도 눅눅한 감방에서 이루어진 심리검사가 자신들의 소견
에 영향을 미쳤을 수도 있다는 점은 고려하지 않았다. 수감자들은 자신들
의 체제 그리고 희망이 산산이 깨졌음을 이미 목격한 뒤였다. 이들은 수
개월간 독방에 갇혀 있었고 사형 집행 가능성이 코앞에 있었다. 그런 상
황에서 실시된 로르샤흐 검사를 과연 우리는 얼마나 신뢰할 수 있을까?
뉘른베르크에서 이루어진 검사결과들은 피고들이 권좌에 있는 동안 어떠
했는가에 관해 정말로 설명할 수 있을까? 잭슨 대법관은 개회사에서 이렇
게 엄중하게 지적했다. "피고석에는 스무 명 남짓의 망가진 사내들이 앉
아 있습니다. 자신들이 이끌던 사람들을 모욕했다는 이유 못지않게, 자신
들이 공격대상으로 삼던 사람들을 절멸시켰다는 이유로 지탄받는 이들에
게 악을 행할 능력은 이제 영원히 과거가 되어버렸습니다. 이제는 포로가
된 이 비참한 인간들에게서 한때 나치 간부들로서 세상의 많은 부분을
지배하며 공포에 떨게 했던 그 권력을 이제는 찾아보기가 힘듭니다."[3] 잭

에필로그

슨의 의견은 당시 뉘른베르크의 정신과의사들과 심리학자들이 맞닥뜨렸던 난관들을 지적한 것이었다. 이런 상황에서 켈리와 길버트의 소견은 얼마나 유효할 수 있었을까?

켈리와 길버트는 자신들의 검사 조건이 표준적이지 않다는 것을 분명히 알고 있으면서도, 나름대로 최선을 다해 검사를 계속했다. 물론 이것을 현대적인 과학 연구라고 보기는 어렵다. 말하자면 여기서는 무작위적인 임상시험이 아니었던 것이다. 그럼에도 이들의 연구는 옳은 방향으로 한 걸음 내디딘 것이었다. 각 문화권에서는 수천 년 동안 사람들이 비열한 짓을 왜 하는지에 대해 고민해왔다. 귀신에 씌었거나 광기에 사로잡혔다는 것이 전통적 해석 가운데 하나였다. 뉘른베르크에서는 전범들이 귀신에 '씌었다'라는 표현은 썩 믿을 만한 설명이 아니었고, '광기'라는 말은 전문가적 관점에서 볼 때 그리 정확한 기술어記述語가 아니었던 것 같다. 정신의학 및 심리학은 수감자들을 조사하는 새로운 방법을 제시했으며, 특히 로르샤흐 검사는 그들의 무의식을 들여다볼 수 있으리라는 기대를 부풀렸다. 그러나 검사 자체가 해석자의 판단에 너무 좌우되다 보니 나치 간부들에 대해 의견 일치를 보기가 전혀 불가능했다. 사람들은 악이 한 가지 색깔이기를 기대하고 있었다. 하지만 실제로 드러난 것은 악의 기저에 있는 여러 행동과 장애의 '스펙트럼'이었다. 이를 목도하고 놀란 이들은 견해차를 좁히지 못한 채 서로 헐뜯는 데 여념이 없었다.

## 악 의  스 펙 트 럼

전범은 균질한 하나의 악마적 집단이었다고 생각하는 편이 좀 더 마음

편할지 모르겠다. 그러나 그런 믿음은 환상에 불과하다. 영화 속 이야기 조차 그런 식으로 흘러가지 않는다. 우리가 떠올리는 영화나 문학작품 속 괴물의 상징적 이미지—『프랑켄슈타인』(1818), 『드라큘라』(1897), 『지킬과 하이드』(1886)—는 모두 '괴물'이라는 같은 이름으로 불릴지 모르나, 이들 은 모두 서로 다른 존재들이다.[4]

메리 셸리의 『프랑켄슈타인』 속 괴물은 인간이 만든 것이었다. 빅터 프 랑켄슈타인 박사의 실수이기는 했지만, 피조물의 행위에 대한 궁극적 책 임은 그에게 있었다. 비슷한 맥락에서, 뉘른베르크의 전범들은 수많은 살 인을 조장함으로써 대량학살이 실제로 일어나게 만들었으며, 연이은 살 육에 책임이 있었다.[5] 이것이 잭슨 대법관과 재판소의 관점이었다.

그러나 브램 스토커의 드라큘라는 전혀 다른 괴물로, 분명 외계의 '타 자'였다. 드라큘라는 사람이 만든 존재가 아니었으며, 태생은 결국 명확 히 알 수 없었으나 본질은 분명 악마적이었다. 이 같은 '타자'로서의 괴물 이라는 표상은 전범들을 사이코패스로 보았던 구스타브 길버트의 관점과 일치하며, 따라서 이 명백한 '타자'들은 평범한 우리와는 아무런 공통점 이 없는 것이 된다.

마지막으로, 로버트 루이스 스티븐슨의 『지킬과 하이드』 속 괴물은 인 간이 창조한 것도 아니고 외계의 존재도 아니다. 그저 자기 안에 있을 따 름이다. 이것이 아마도 가장 무서운 괴물일 것이다. 괴물 하이드가 지킬 안에 숨어 있을 수 있다고 한다면, 하이드는 '어느 누구' 안에도 도사리고 있을 수 있기 때문이다. 이것이 바로 더글러스 켈리가 제시했던 놀라운 결론이었다. 여러 가지 여건이 잘못 맞물린 상황에서라면, 누구든—'우리' 가운데 누구라도—전범이 될 수 있으리라는 것이다.

뉘른베르크에서 시작된 이런 논쟁은 악의 윤곽을 그려내는 데까지 이어졌다. 나는 현대의 전범재판에서 이러한 지점들이 어떻게 논의될 수 있을지 궁금했다. 2012년, 최근의 국제 전범재판들을 살펴본 법심리학자들은 지금까지 "전쟁범죄로 기소된 이들에 대한 경험주의적 심리학 연구는 전무하다"며 놀라워했다.[6]

오늘날, 우리는 1945년 당시 동료들에 비하면 훨씬 더 좋은 도구들을 가지고 있다. 구조화된 정신과 면담을 활용하여 피고의 정신과 진료 이력 및 진단의 본질을 좀 더 정확하게 규정할 수 있을 것이다. 이는 그저 단순한 변화처럼 들릴지 모르지만, 이런 표준화는 정신의학 및 심리학의 근본적인 진보를 뜻한다. 뿐만 아니라, 신경영상을 이용해 피고의 뇌 구조 그리고 충동성이나 공감을 유도하는 과업에 대한 반응의 특성을 파악할 수 있다. 물론 이 모든 정보는 증거로 제출될 것이다.

개인적 생각이긴 하지만, 재판소가 이 같은 새로운 증거를 확보했다 하더라도 판결은 1946년과 마찬가지였을 것 같다. 헤스는 슈판다우 같은 감옥 대신 정신병동에 평생 동안 구금됐을지 모른다. 괴링은 여전히 밀반입한 약물로 스스로 목숨을 끊었을 가능성이 있지만, 사형이나 종신형을 선고받았을 것이다. 스트라이허도 사형이나 종신형에 처해졌겠지만, 좌충우돌하는 그의 성격을 생각하면, 아마도 감옥에 오래 머무르지 못했을 것이다. 레이는 정말 수수께끼 같은 인물이다. 지금의 재판소라면 그의 운명을 두고 망설였을 것이다. 레이는 매우 깊이 후회했기 때문이다. 심각한 두부 손상을 겪었다는 기록에다 그 같은 후회까지 더해졌다면, 결국 경감된 징역형을 받았을 것이다.

이 같은 최근의 분석들은 분명 미래의 전범재판에 활용되겠지만, 문제는 과연 누가 굳이 이 연구를 하겠느냐는 것이다. 뉘른베르크는 독특한 요소들의 흔치 않은 집합이었다. 첫째, 재판이 필요하다는 국제적 차원의 합의가 있었다. 둘째, 정부 고위급 관료들뿐 아니라 내과의사들과 사회과학자들까지도 전범들에 관한 연구가 필수적이라는 데 모두 동의했다. 마지막으로, 이 연구를 주도했던 재능 있고 고집이 세며 논쟁을 좋아하는 두 사람(켈리와 길버트)의 우연한 조합이 없었더라면, 아무런 결실을 맺지 못했을 것이다. 과연 우리는 앞으로 있을지도 모르는 헤이그 전범재판에서 뉘른베르크와 같은 그런 우연한 조합을 다시 볼 수 있을까?

해답을 얻기 위해 나는 전혀 생각지도 않은 또 다른 여정 중에 있다. 이 주제는 대체 무엇이기에 꿈에도 생각하지 못했던 곳에 있는 자료들까지 이어지고야 마는 것일까? 캘리포니아의 집으로 돌아온 나는 UC 산타크루즈 도서관 주변에 보초들처럼 서 있는 붉은 삼나무들 사이를 걷고 있었다. 은은한 빛이 이른 아침의 촉촉한 공기 속으로 스며들었고, 숲은 붉은 삼나무 향과 스텔라 까마귀의 울음소리로 가득했다.

나는 악에 대해 좀 더 알아낼 수 있으리라는 희망을 안고 도서관으로 향했다. 어찌된 영문인지 정확히는 알 수 없지만, 그곳에는 더글러스 켈리의 기록도 있었다.[7] 켈리—마술사, 천문학자, TV 프로듀서, 이야기꾼—에 관한 더 자세한 정보를 밝히는 데 유용한 자료들이었지만, 뉘른베르크와 관련된 새로운 문서는 거의 없었다.

물론 실망스러웠다. 하지만 나는 곰곰이 생각해보았다. 악에 관한 내 질문에 답을 해줄 만한 자료라는 게 과연 있기는 했을까? 성서는 여기에 "땅의 구석구석이 폭력의 도가니"(시편 74:20)라는 날선 답변을 들려준다. 시인 파블로 네루다의 결론은 좀 더 희망적이다. "땅은 침상이다 / 사랑으로 피어나고 피로 물든."[8]

켈리는 모든 사람에게서 약간씩의 어둠을 찾아냈고, 길버트는 몇몇 사람에게서 보기 드문 어둠을 찾아냈다. 둘 다 옳았다.

# 본 문 에 나 오 는 로 르 샤 흐 검 사 카 드

로르샤흐 3번 카드

로르샤흐 4번 카드

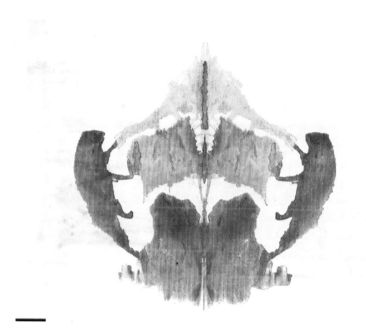

로르샤흐 8번 카드

본문에 나오는 로르샤흐 검사 카드

# 미주

## 프롤로그

1 하급 친위대원들을 다룬 존 스타이너의 뛰어난 저서를 참고할 만하다. 직접 가까이서 관찰하고 문답한 내용을 바탕으로 하고 있다.

2 아우슈비츠 수용소 지휘관이었던 루돌프 헤스가 사형당하기 전 아내에게 보낸 편지에서 바로 이 주장을 끌어다 쓴 것이 흥미롭다. "[나는]괴물 같은 독일의 파괴기계 속 톱니바퀴였고, 모든 명령에 맹목적으로 복종한 자동장치였소."

3 Douglas Kelley, *22 Cells in Nuremberg* (New York: Greenberg, 1947; reprint ed., New York: MacFadden, 1961), and G. M. Gilbert, *Nuremberg Diary* (New York: Farrar, Straus and Giroux, 1947; reprint ed., New York: Da Capo, 1995), are foundational. On the Rorschachs, Eric A. Zillmer, Molly Harrower, Barry A. Ritzler, and Robert P. Archer, *The Quest for the Nazi Personality: A Psychological Investigation of Nazi War Criminals* (Hillsdale, NJ: Lawrence Erlbaum, 1995), and Florence R. Miale and Michael Selzer, *The Nuremberg Mind: The Psychology of the Nazi Leaders* (New York: Quadrangle, 1995), are pivotal. Jack El-Hai, *The Nazi and the Psychiatrist: Hermann Göring*, Dr. Douglas M. Kelley, and a Fatal Meeting of Minds at the End of WWII (New York: Public Affairs, 2013), provides a much-needed insight into Kelley's life.

4 Special thanks to University of California, San Diego; University of California, Santa Cruz; National Museum of Health and Medicine; US Army Military History Institute; US Air Force Academy; McDermott Library; University of Akron Center for the History of Psychology; Columbia University archives; University of California, Berkeley; Yale University archives; Cornell University archives; Graduate Center of CUNY; New York University; University of Florida; Library of Congress; National Archives; and United States Holocaust Memorial Museum.

5 E. H. Carr, *What Is History?* (Cambridge: Cambridge University Press, 1961).

6 Joel E. Dimsdale, ed., *Survivors, Victims, and Perpetrators: Essays on the Nazi Holocaust* (Washington, DC: Hemisphere, 1980), 284287.

7 Rose Macauley, *The Towers of Trebizond* (New York: Farrar, Straus and Giroux, 1956), 226.

8 J. E. Exner, *The Rorschach Systems* (New York: Grune and Stratton, 1969).

9 Valerie Hartouni, *Visualizing Atrocity: Arendt, Evil, and the Optics of Thoughtlessness* (New York: New York University Press, 2012), 66.

## 1장

1 정신의학과 역사 사이의 경계는 늘 논쟁의 영역이었다. 한편으로, 정신의학과 심리학은 전

문용어로 가득한 역사심리학 분야들로까지 종종 확장되기도 한다. 가령, 영국의 정신과 의사 헨리 딕스는 나치를 전성기기期前性器期 혹은 미성숙한 성격구조를 지닌 사람들로, 이런 성격구조에서는 리비도 조직이 어머니와의 다정한 유대에 대한 억압을 바탕으로 한 가학-피학 변태성욕 패턴을 따르고 그 결과 대개 동성애적 편집증으로 귀결되며, 이는 애증의 모순된 감정의 대상인 엄한 아버지상과도 연관된다고 설명했다. Henry V. Dicks, "Personality Traits and the National Socialist Ideology: A War-Time Study of German Prisoners of War," *Human Relations* 3, no. 2 (1950): 113114. On the other hand, as Judith Hughes put it so succinctly, "Biography without psychology is not possible." Judith M. Hughes, *The Holocaust and the Revival of Psychological History* (New York: Cambridge University Press, 2015), 10.

2 Ian Kershaw, *Hitler, the Germans, and the Final Solution* (New Haven: Yale University Press, 2008), 363, 364.

3 Snyder, *Bloodlands*, 227.

4 인용문의 사실 여부에 대해서는 논란이 있다.

5 Charles Y. Glock, Gertrude J. Selznick, and Joe L. Spaeth, *The Apathetic Majority: A Study Based on Public Responses to the Eichmann Trial* (New York: Harper and Row, 1966), 26.

6 Raul Hilberg, "The Development of Holocaust Research," in *Holocaust Historiography in Context: Emergence, Challenges, Polemics, and Achievements*, ed. David Bankier and Dan Michman (Jerusalem: Yad Vashem, 2008), 33.

7 이런 동기들에 대한 심도 있는 논의는 Alon Confi no, *A World without Jews: The Nazi Imagination from Persecution to Genocide* (New Haven: Yale University Press, 2014) 참고.

8 Yitzhak Katzsnelson as quoted in Dan Michman, "Introduction," in Bankier and Michman, *Holocaust Historiography in Context*, 11.

9 Patrick Girard, "Historical Foundations of Anti-Semitism," in *Survivors, Victims, and Perpetrators: Essays on the Nazi Holocaust*, ed. Joel E. Dimsdale (Washington, DC: Hemisphere, 1980).

10 Robert H. Jackson, testimony, November 21, 1945, *Trial of the Major War Criminals before the International Military Tribunal, Nuremberg, 14 November 19451 October 1946*, 22 vols. (Nuremberg: International Military Tribunal, 1947), 2:104.

11 Kershaw, *Hitler, the Germans, and the Final Solution*.

12 Zygmunt Bauman, *Modernity and the Holocaust* (Ithaca, NY: Cornell University Press, 1989), 26.

13 Translation of document 20, *Documents of the Persecution of the Dutch Jewry, 1940-1945*, Joods Historisch Museum Amsterdam (Amsterdam: Athenaeum-Polak en Van Gennep, 1960), 139

14 Raul Hilberg, *The Destruction of the European Jews* (Chicago: Quadrangle Books, 1967), 152.

15 이 수많은 음악가들 가운데는 구스타프 말러의 조카인 알마 로제도 있었다. 강제로 아우슈비츠 내 악단에서 지휘를 해야 했던 그녀는 결국 수용소 안에서 죽었다.

16 트레블링카의 도로 표지판에 관해서는 Samuel Rajzman, testimony, February 27, 1946, *Trial of the Major War Criminals*, before the International Military Tribunal, February 27, 1946, volume viii: page 8:325; 가스실 입구 관련해서는 Snyder, *Bloodlands*, 270. 참고.

17 Snyder, *Bloodlands*, 271.

18 Gunther Schwarberg, *The Murders at Bullenhuser Damm: The SS Doctor and the Children* (Bloomington: Indiana University Press, 1984).

19 Major Elwyn Jones, testimony, August 8, 1946, *Trial of the Major War Criminals*, 20:519.

20 Hilberg, *Destruction of the European Jews*, 249.

21 Christopher R. Browning, *Ordinary Men: Reserve Police Battalion 101 and the Final Solution in Poland* (New York: Harper Perennial, 1998), 159

22 George M. Kren and Leon Rappoport, *The Holocaust and the Crisis of Human Behavior* (New York: Homes and Meier, 1994), 82.

23 David Bankier, *The Germans and the Final Solution: Public Opinion under Nazism* (Oxford: Blackwell, 1992).

24 Hilberg, *Destruction of the European Jews*, 216.

25 가스 자체는 1인당 0.5센트에 해당했으니 값이 쌌다. 관련 계산은 Irving Greenberg, "Cloud of Smoke, Pillar of Fire: Judaism, Christianity, and Modernity after the Holocaust," in *Auschwitz: Beginning of a New Era? Reflections on the Holocaust*, ed. Eva Fleischner (New York: KTAV, 1977), 11 참고.

26 Hilberg, *Destruction of the European Jews*, 645.

27 Fritz Sauckel, quoted in Joseph E. Persico, *Nuremberg: Infamy on Trial* (New York: Penguin, 1994), 164.

28 Snyder, *Bloodlands*, 257.

29 Hilberg, *Destruction of the European Jews*, 218.

30 Hans Frank quoted in Snyder, *Bloodlands*, 214.

31 Otto Ohlendorf, testimony, January 3, 1946, *Trial of the Major War Criminals*, 4:321323.

32 Browning, *Ordinary Men*, 25.

33 Hannah Arendt, *Eichmann in Jerusalem* (New York: Viking, 1964), 106.

34 Hilberg, *Destruction of the European Jews*, 595596.

35 이들 각 집단별 추정 사망자 수는 기록마다 차이가 있다.

36 샌디에이고에서 베를린까지의 직선거리는 5,837마일이다.

37 George Steiner, *In Bluebeard's Castle: Some Notes towards the Redefinition of Culture* (New Haven: Yale University Press, 1971), 30~31, 53~54.

2장

1 아쉬칸에는 이외에도 수많은 전범들이 수용돼 있었으나, 이 책에서는 다루지 않는다.

2 암호명은 다 멋대로다. 가령 프랑크푸르트 인근 영국 측 포로수용소의 암호명은 더스트빈 Dustbin(쓰레기통이라는 뜻_옮긴이)이었다.

3 John E. Dolibois, *Pattern of Circles: An Ambassador's Story* (Kent, OH: Kent State University Press, 1989), 85.

4 Biography, Burton C. Andrus Collection, US Army Military History Institute.

5 Joseph E. Persico, *Nuremberg: Infamy on Trial* (New York: Penguin, 1994), 49.

6 Burton C. Andrus, *The Infamous of Nuremberg* (London: Leslie Frewin, 1969), 22.

7 "Hermann Goering 'Too Heavy' for US Plane Transport after Capture," *Telegraph*, January 31, 2011.

8 Andrus, *Infamous of Nuremberg*, 29~30.

9 Eugene Davidson, *The Trial of the Germans: An Account of the Twenty-two Defendants before the International Military Tribunal at Nuremberg* (New York: Macmillan, 1966; reprint ed., Columbia: University of Missouri Press, 1997), 66.

10 Dolibois, *Pattern of Circles*, 86.

11 상동, 169.

12 Andrus, *Infamous of Nuremberg*, 29.

13 상동, 31.

14 상동, 34.

15 Jack El-Hai, *The Nazi and the Psychiatrist: Hermann Göring, Dr. Douglas M. Kelley, and a Fatal Meeting of Minds at the End of WWII* (New York: Public Affairs, 2013), 23.

16 더글러스 켈리의 개인기록.

17 Galbraith, "'Cure' at Mondorf Spa."

18 Dolibois, *Pattern of Circles*, 118.

19 Ronald Smelser, *Robert Ley: Hitler's Labor Front Leader* (Oxford: Berg, 1988), 2.

20 상동, 112.

21 상동, 113.

22 Judgment of the International Military Tribunal, "Judgement: Streicher," at http://avalon.law.yale.edu/imt/judstrei.asp.

23 Julius Streicher, personal statement (translated), June 16, 1945, Julius Streicher Collection, folder 1, Center for Jewish History, Leo Baeck Institute.

24 Andrus, *Infamous of Nuremberg*, 53.

25 상동, 39.

26 Dolibois, *Pattern of Circles*, 113.

27 상동, 116.

28 상동, 111.

29 상동

30 상동, 104.

31 Quoted in George Tucker, "Doomsday for the Guilty," Collier's, September 22, 1945.

32 Dolibois, *Pattern of Circles*, 123.

33 상동, 129.

34 Andrus, *Infamous of Nuremberg*, 39; El-Hai, *Nazi and Psychiatrist*, 63.

35 Associated Press, "Rolling Your Own Is RuggedJust Ask Herr Goering," *Maple Leaf*, August 1, 1945.

36 Galbraith, "'Cure' at Mondorf Spa."

37 아쉬칸 수용소에 관해서는 http://en.wikipedia.org/wiki/Camp_Ashcan. 참고.

38 George McDonald, *Frommer's Belgium, Holland and Luxembourg* (Hoboken, NJ: Wiley, 2011).

3장

1 Werner Maser, *Nuremberg: A Nation on Trial*, trans. Richard Barry (New York: Scribner's, 1979), 25.

2 Joseph E. Persico, *Nuremberg: Infamy on Trial* (New York: Penguin, 1994), 8.

3 Joseph Pulitzer, quoted in "Urges Executions of 1,500,000 Nazis," *New York Times*, May 23, 1945.

4 Seymour Peyser, quoted in Bruce M. Stave and Michele Palmer, *Witnesses to Nuremberg: An Oral History of American Participants at the War Crimes Trials* (New York: Twayne, 1998), 145.

5 A. N. Trainin, quoted in A. Neave, *Nuremberg: A Personal Record of the Trial of the Major Nazi War Criminals in 1945-6* (London: Hodder and Stoughton, 1978), 229.

6 Telford Taylor, *The Anatomy of the Nuremberg Trials: A Personal Memoir* (New York: Alfred A. Knopf, 1992), 43.

7 상동, 44, 45.

8 Robert H. Jackson, *Report to the President on Atrocities and War Crimes; June 7, 1945*, http://avalon. law.yale.edu/imt/imt_jack01.asp.

9 Taylor, *Anatomy of the Nuremberg Trials*, 64.

10 텔포드 테일러는 일부 통역사들이 얼마나 예민했는지 기술하고 있다. 어느 러시아인 통역사는 목욕물과 같이 아기도 버린다는 표현도 옮기지 않으려 해서, 얼굴을 붉히며 "이건 바람직하지가 않군요"라고 말하기도 했다. Taylor, *Anatomy of the Nuremberg Trials*, 101

11 Francis Biddle, quoted in Stave and Palmer, *Witnesses to Nuremberg*, 5.

12 Jackson, testimony, July 26, 1946, *Trial of the Major War Criminals*, 19:432.

13 Maser, *Nuremberg*, 273.

14 그는 세간에 와일드 빌Wild Bill 도노번으로 알려져 있다. 그가 컬럼비아대학 시절 미식축구를 할 때 썼던 별명에서 따온 것이다.

15 Christopher Dodd, *Letters from Nuremberg: My Father's Narrative of a Quest for Justice* (New York: Crown, 2007), 255.

16 도드는 훗날 상원의원이 됐다. Dodd, *Letters from Nuremberg*, 103.

17 Maser, *Nuremberg*, 253.

18 Iona Nikitchenko, quoted in Eugene Davidson, *The Trial of the Germans: An Account of the Twenty-Two Defendants before the International Military Tribunal at Nuremberg* (New York: Macmillan, 1966; reprint ed., Columbia: University of Missouri Press, 1997), 18.

19 Persico, *Nuremberg*, 204.

20 상동, 82~84; 더글러스 켈리의 개인기록.

21 Davidson, *Trial of the Germans*, 165.

22 G. M. Gilbert, *Nuremberg Diary* (New York: Farrar, Straus and Giroux, 1947; reprint ed., New York: Da Capo, 1995), 192, 193.

23 Joseph Maier, quoted in Stave and Palmer, *Witnesses to Nuremberg*, 115.

24 프리츠 자우켈은 튀링겐 관구장이자 노동배치 담당 대사였다. Gilbert, *Nuremberg Diary*, 75.

25 Dodd, *Letters from Nuremberg*, 229.

26 Hermann Göring, quoted in Gilbert, *Nuremberg Diary*, 113.

27 Douglas Kelley, *22 Cells in Nuremberg* (New York: Greenberg, 1947; reprint ed., New York: MacFadden, 1961), 56.

28 National Archives, Record Group 238: National Archives Collection of World War II War Crimes Records, 19331949, Series: Documents Primarily Relating to the Defendants at the International Military and Trials at the Military Tribunals at Nuremberg and Replevined from James P. Atwood, 19451947.

29 Ursula Sherman, quoted in Leslie Katz, "Nuremberg 50 Years after Trial of Nazi Horrors," *Jewish Bulletin of North Carolina*, November 17, 1995.

30 Brady Bryson, quoted in Hilary Gaskin, *Eyewitnesses at Nuremberg* (London: Arms and Armour, 1991), 172, 173.

31 이 장에는 얄궂은 결말이 숨어 있다. 미 국립문서보관소의 문서 대다수는 뉘른베르크 전범재판이 참석자들의 판단을 침식해 들어가는 과정을 증언하고 있다. 보관자료 가운데는 뉘른베르크에서 작성된 정신과기록이 포함된 중요한 파일이 하나 있었는데, '압류동산 회복 문서replevined documents'라는 이름표가 붙어 있었다. '압류동산 회복'이라니? 보관자료에는 특유의 분류 체계가 있을 수 있지만, 이건 좀 황당했다. 압류동산 회복이라는 것은 불법적으로 취득된 동산이 회복됐다는 뜻이다. 뉘른베르크 내부보안을 담당했던 어느 미국인이 이들 문서 수십 건을 허가 없이 멋대로 반출하여 기념품처럼 집으로 가져갔던 것이다. 통상적인 의미의 절도범은 아니었다. 실제로, 1950년 작성된 그의 장교 복무 평가기록에는 "양호한 군복무 태도 및 높은 도덕성을 갖춘 현역 장교"이며 "명석하고 의사표현이 명확하다. 정확하고 근면하며 적극적으로 책임을 수용한다"고 적혀 있다. 국립문서보관소, 기록 분류 238: 국제군사재판 및 뉘른베르크 군사재판소 재판 피고들 관련 기록으로, 제임스 P. 애트우드로부터 압류동산 회복 처리됨, 1945~1947. 말 그대로 회복된 압류동산이었으며 온갖 정보로 가득했다.

## 4장

1 루돌프 헤스의 미출간 문서, 더글러스 켈리의 개인기록.

2 Hess, quoted in *The Case of Rudolf Hess: A Problem in Diagnosis and Forensic Psychiatry*, ed. J. R. Rees (New York: W. W. Norton, 1948), ix.

3 J. Gibson Graham, 상동, 17.

4 Henry Dicks, 상동, 34.

5 Gibson Graham, 상동, 21.

6 상동, 25.

7 Dicks, 상동, 28, 29.

8 Ellis Jones, N. R. Phillips, and Dicks, 상동, 71.

9 Jones, Phillips, and Dicks, 상동, 72.

10 Hess, 상동, 82.

11 상동, 88.

12 상동, 16.

13 Winston Churchill, quoted in Stephen McGinty, *Camp Z: The Secret Life of Rudolf Hess* (London: Quercus, 2011), 149.

14 훗날 돌리보이스는 켄트주립대학의 감사 및 룩셈부르크 대사로 화려한 이력을 쌓았다.

15 John F. Dolibois, *Pattern of Circles: An Ambassador's Story* (Kent, OH: Kent State University Press, 1989), 187.

16 Eric A. Zillmer, Molly Harrower, Barry A. Ritzler, and Robert P. Archer, *The Quest for the Nazi Personality: A Psychological Investigation of Nazi War Criminals* (Hillsdale, NJ: Lawrence Erlbaum, 1995), 41.

17 Gustave Gilbert, quoted in Ian Bevan, "Finding How the Nazi Mind Works," *Sydney Morning Herald*, December 19, 1945.

18 Joseph E. Persico, *Nuremberg: Infamy on Trial* (New York: Penguin, 1994), 232.

19 The American Association on Mental Deficiency, the American branch of the International League against Epilepsy, the American Neurological Association, the American Orthopsychiatric Association, the American Psychiatric Association, the American Society for Research in Psychosomatic Problems, the National Committee for Mental Hygiene. 오늘날이라면, 이런 기관들이 '무슨 문제든' 어떤 공동의 성명서에 합의한다는 소식은 사실상 들을 수가 없었을 것이다. NIH(미 국립보건원) 기금 마련 문제 정도나 예외가 될 것이다.

20 Robert Houghwout Jackson Papers, box 107, Library of Congress (이하 Jackson Papers).

21 상동

22 로르샤흐 검사는 전혀 구조화되지 않은 듯 보이지만, 사실 검사자와 환자 사이에 치밀하게 계획된 상호작용이다. 검사자는 환자에게 10장의 카드를 제시하며 질문을 던진다. 이 카드를 보면 무엇이 연상됩니까? 그런 다음 다시 질문한다. 그렇게 이야기하는 부분들이 카드의 어느 부분인지 짚어낼 수 있습니까? 흑백인 카드도 있고 강렬한 색채로 가득한 카드도 있다. 환자들은 대개 각 장의 카드를 보고 다양한 해석을 내놓으며, 그러한 해석들의 가짓수는 면밀히 기록된다. 검사자는 환자가 잉크반점 그림을 보고 말하는 내용을 그대로 기록한다. 검사자가 환자의 해석 속에 들어 있는 주제들을 분석하는 반면, 채점scoring은 훨씬 더 광범위하다. 검사자는 환자가 답변하는 데 시간이 얼마나 걸리는지 그리고 환자가 반응하는 것이 카드 전체인지 아니면 일부분인지 기록한다. 피검사자는 반점의 색채에 주목하는가 아니면 농담濃淡에 주목하는가? 카드의 검은 잉크와 흰 여백 중에 어디에 집중하는가? 형태는 그럴듯한가? 검사자는 환자가 카드의 특정 부분에 대해 흡사하다고 말하는 것(가령, 춤추는 사람들)을 볼 수 있는가? 아니면 카드 속에서 그러한 형태를 보려면 상당한 비약적 상상이 필요한가?

23 Jackson to John Millet, June 23, 1945, Jackson Papers.

24 상동

25 Millet to Jackson, August 16, 1945, Jackson Papers.

26 Jackson to Millet, October 12, 1945, 상동

27 Memo to commanding officer, Internal Security Detachment, 상동

28 헤스의 과거 아미탈 관련 경험을 감안할 때, 추가적인 면담의 효용은 불분명했을 것이다.

29 Memo to Colonel Paul Schroeder, December 17, 1945, Jackson Papers.

30 Millet to Jackson, June 3, 1946, 상동

31 Erich Fromm, *Anatomy of Human Destructiveness* (New York: Holt, Rinehart and Winston, 1973), chapter 13.

32 전쟁과 관련하여 인류학의 역할에 관한 유익한 토론은 Peter Mandler, *Return from the*

*Natives: How Margaret Mead Won the Second World War and Lost the Cold War* (New Haven: Yale University Press, 2013) 참고.

33 영국도 심리학에 관심이 있어서, 특히 윌프레드 바이언과 존 보울비 같은 전문가들의 조언을 구했다. 이들은 종전 후 정신의학 및 심리학의 성장에 중요한 역할을 담당했다.

34 히틀러의 전기는 결국 1972년에 기밀에서 제외되어 공개됐다. W. Langer, *The Mind of Adolf Hitler: The Secret Wartime Report* (New York: Basic Books, 1972).

35 Daniel Pick's fine book *The Pursuit of the Nazi Mind: Hitler, Hess, and the Analysts* (Oxford: Oxford University Press, 2012) details some of Donovan's schemes; see esp. 117~120.

36 재활이 미국 내 대부분의 교도소에서 목표로부터 제외된 것은 유감스러운 일이다.

37 Burton Andrus, quoted in Ann Tusa and John Tusa, *The Nuremberg Trial* (New York: Skyhorse, 2010), 232.

38 Gustave Gilbert, transcript, The Trial of Adolf Eichmann, session 55, May 29, 1961, The Nizkor Project, http://www.nizkor.org/hweb/people/e/eichmann-adolf/transcripts/Sessions/Session-05501.html.

39 Persico, *Nuremberg*, 186, 189.

40 Kelley, *22 Cells in Nuremberg*, 17.

41 Kelley to Donovan, undated, Donovan Nuremberg Trials Collection, Cornell University Law Library.

42 David Irving, *Nuremberg: The Last Battle* (London: Focal Point, 1996), 212.

43 이들은 주제통각검사(Thematic Apperception Test)도 실시했으나 이 검사에 관해서는 별로 논하지 않았고, 훗날 기록에서 IQ와 로르샤흐 검사만을 중점적으로 다뤘다.

44 "Talk of the Town," *New Yorker*, June 1, 1946, 19.

45 루이스 터먼은 지능지수가 높은 캘리포니아 지역 아동들을 종단으로 추적 연구했던 스탠퍼드대학의 심리학자다.

46 D. M. Kelley, "Preliminary Studies of the Rorschach Records of the Nazi War Criminals," *Rorschach Research Exchange and Journal of Projective Techniques* 10(1946): 45~48.

47 다소 이례적인 경우다. 로르샤흐 검사는 환자들이 과거에 자극 카드를 본 적이 없을 경우 더 유효한 결과를 얻기 때문이다.

48 James Owen, *Nuremberg: Evil on Trial* (London: Headline Review, 2006), 115.

49 Jack El-Hai, *The Nazi and the Psychiatrist: Hermann Göring, Dr. Douglas M. Kelley, and a Fatal Meeting of Minds at the End of WWII* (New York: Public Affairs, 2013), 141.

50 Zillmer, Harrower, Ritzler, and Archer, *Quest for the Nazi Personality*, xvii.

51 L Davis, "Hitler Gang Just Ordinary Thugs, Psychiatrist Says," *Nashville Tennessean*, January 29, 1946.

52 Persico, *Nuremberg*, 170.

53 Howard Whitman, "What Goering & Co. Talk about in Their Cells as Told by Dr. Douglas M. Kelley," *Sunday Express*, August 25, 1946; Burton C. Andrus Collection, box 33, folder 91, US Army Military History Institute.

54 A. Rosenberg, cited in El-Hai, *Nazi and Psychiatrist*, 142.

5장

1 Robert Houghwout Jackson Papers, box 107, Library of Congress (hereafter cited as Jackson Papers).

2 과학적 관점에서는 한심한 소리지만, 전범들이 묻히면 그 무덤들은 네오나치에게는 성지가 될 것이라는 우려가 있었다.

3 Ronald Smelser, *Robert Ley: Hitler's Labor Front Leader* (Oxford: Berg, 1988), 18.

4 Robert Ley, 상동, 62.

5 상동, 19.

6 Associated Press, "German Criminal Makes Gallows of Towel and Pipe," Nuremberg, October 25, 1945.

7 Smelser, *Robert Ley*, 144.

8 상동, 2.

9 상동, 211.

10 Hermann Göring, 상동, 257.

11 Ian Kershaw, *The End: The Defi ance and Destruction of Hitler's Germany, 1944-1945* (New York: Penguin, 2011).

12 Smelser, *Robert Ley*, 18.

13 상동, 114.

14 AP, "German Criminal Makes Gallows."

15 Douglas Kelley, *22 Cells in Nuremberg* (New York: Macfadden, 1947), 125.

16 Robert Ley, quoted in Robert Overy, *Interrogations: The Nazi Elite in Allied Hands* (New York: Viking, 2001), 491, 498.

17 Interrogation of Robert Ley, National Archives, Record Group 238: National Archives Collection of World War II War Crimes Records, Microfilm Collection M1270: Interrogation Records Prepared for War Crimes Proceedings at Nuernberg, 19451947 (hereafter cited as Interrogation Records), roll 12.

18 Overy, *Interrogations*, 167.

19 John E. Dolibois, *Pattern of Circles: An Ambassador's Story* (Kent, OH: Kent State University Press, 1989), 118.

20 Kelley, *22 Cells in Nuremberg*, 114.

21 Interrogation of Ley, October 6, 1945, Interrogation Records, roll 12.

22 상동, October 11, 1945.

23 상동, October 18, 1945.

24 Burton Andrus, quoted in Dodd, *Letters from Nuremberg*, 181.

25 Quoted in Burton C. Andrus, *The Infamous of Nuremberg* (London: Leslie Frewin, 1969), 90.

26 Lieutenant Colonel Rene H. Juchli to Major General Donovan, November 2, 1945, Donovan Nuremberg Trials Collection, Cornell University Law Library.

27 Douglas Kelley, memo, October 26, 1945, 상동

28 D. M. Kelley, "Preliminary Studies of the Rorschach Records of the Nazi War Criminals," *Rorschach Research Exchange and Journal of Projective Techniques* 10 (1946): 46

29 Kelley, quoted in Dolibois, *Pattern of Circles*, 119.

30 Kelley, "Preliminary Studies of the Rorschach Records," 45~48.

31 Stefan Link, "Rethinking the Ford-Nazi Connection," *Bulletin of the GHI* 49 (2011): 135~150.

32 Kelley, "Preliminary Studies of the Rorschach Records," 4548.

33 Webb Haymaker Collection, box 10, Otis Historical Archives, National Museum of Health and Medicine, Armed Forces Institute of Pathology

34 "Doctors Find Brain of Ley, Nazi Suicide, Diseased for Years," *Evening Star* (Washington, DC), January 18, 1946.

35 "Dr. Robert Ley's Brain," *Medical Record* 159 (1946): 188.

36 Smelser, *Robert Ley*, 30.

37 Douglas Kelley, telex note, Webb Haymaker Collection, box 10.

38 "Dr. Robert Ley's Brain," Medical Record, 159:188., 1946

39 현미경 검사로 얇은 세포 슬라이드를 보는 것은 쉽지 않으므로, 대개 다양한 염료를 사용해 조직을 착색시킨다. 세포 유형이나 부분별로 각기 달리 착색이 되는 것도 염료 착색의 장점이다. 슬라이드 상에 끼워넣을 때 조직의 초박 절편이 찢어지거나 훼손될 위험은 상존한다.

40 Eric A. Zillmer, Molly Harrower, Barry A. Ritzler, and Robert P. Archer, *The Quest for the Nazi Personality: A Psychological Investigation of Nazi War Criminals* (Hillsdale, NJ: Lawrence Erlbaum, 1995), 32.

6장

1 Douglas Kelley, *22 Cells in Nuremberg* (New York: Greenberg, 1947; reprint ed., New York: MacFadden, 1961), 52.

2 John E. Dolibois, *Pattern of Circles: An Ambassador's Story* (Kent, OH: Kent State University Press, 1989), 130.

3 Kelley, *22 Cells in Nuremberg*, 51.

4 Eugene Davidson, *The Trial of the Germans: An Account of the Twenty-two Defendants before the International Military Tribunal at Nuremberg* (New York: Macmillan, 1966; reprint ed., Columbia: University of Missouri Press, 1997), 63.

5 Dolibois, *Pattern of Circles*, 129.

6 Interrogation of Herman Göring, National Archives, Record Group 238: National Archives Collection of World War II War Crimes Records, Microfi lm Collection M1270: Interrogation Records Prepared for War Crimes Proceedings at Nuernberg, 1945~1947 (hereafter cited as Interrogation Records), roll 5. 학술도서관에는 이용 수칙이 있다. 필기구와 서류가방 지참은 불가능하며, 소음을 내서도 안 된다. 내가 오래 잊혀 있던 이 녹취록을 읽는 도중에 마지막 수칙을 어기고 코웃음을 쳤던 것이 마음에 걸린다. 근처에 있던 연구자들이 나를 쏘아봤다.

7 Dolibois, *Pattern of Circles*, 130.

8 Interrogation of Göring, Interrogation Records, roll 5.

9 상동

10 Dolibois, *Pattern of Circles*, 130.

11 Leon Goldensohn, *The Nuremberg Interviews*, ed. Robert Gellately (New York: Alfred A. Knopf, 2004), 131.

12 상동, 131~132.

13 Joseph Maier, quoted in Bruce M. Stave and Michele Palmer, *Witnesses to Nuremberg: An Oral History of American Participants at the War Crimes Trials* (New York: Twayne, 1998), 115~116.

14 Werner Maser, *Nuremberg: A Nation on Trial*, trans. Richard Barry (New York: Scribner's, 1979), 91; Burton C. Andrus, *The Infamous of Nuremberg* (London: Leslie Frewin, 1969), 113~114.

15 Hermann Göring, quoted in Andrus, *Infamous of Nuremberg*, 136.

16 Göring, quoted in Gilbert, *Nuremberg Diary*, 114.

17 상동, 137.

18 Kelley, *22 Cells in Nuremberg*, 58.

19 Janet Flanner (aka Genet), "Letter from Nuremberg," *New Yorker*, March 23, 1946, 80.

20 Except for Albert Speer, who viewed Göring as lazy and corrupt, Gilbert, *Nuremberg Diary*, 201.

21 Schacht, 상동, 186.

22 Harold Burson, quoted in Stave and Palmer, *Witnesses to Nuremberg*, 185.

23 Göring, testimony, March 18, 1946, *Trial of the Major War Criminals before the International Military Tribunal, Nuremberg, 14 November 1945 1 October 1946*, 22 vols. (Nuremberg: International Military Tribunal, 1947), 9:454.

24 Davidson, *Trial of the Germans*, 61.

25 Göring, quoted in Gilbert, *Nuremberg Diary*, 208.

26 Göring, 상동, 12.

27 D. M. Kelley, "Preliminary Studies of the Rorschach Records of the Nazi War Criminals," *Rorschach Research Exchange and Journal of Projective Techniques* 10 (1946): 45~48.

28 Zillmer, Harrower, Ritzler, and Archer, *Quest for the Nazi Personality*, 81.

29 Kelley, *22 Cells in Nuremberg*, 44.

30 Göring, cited in Jack El-Hai, *The Nazi and the Psychiatrist: Hermann Göring, Dr. Douglas M. Kelley, and a Fatal Meeting of Minds at the End of WWII* (New York: Public Affairs, 2013), 78.

31 상동, 60~61.

32 Dukie Kelley, note, 더글러스 켈리의 개인기록.

33 Zillmer, Harrower, Ritzler, and Archer, *Quest for the Nazi Personality*, 82.

34 Kelley, *22 Cells in Nuremberg*, 44.

35 상동, 53.

36 August 8, 1945, 켈리의 개인기록..

37 Kelley, *22 Cells in Nuremberg*, 49. 켈리의 기록이 믿을 만한 가치가 있는가에 대해서는 이의를 제기하는 이들도 있다. 교도소의 음식이 아주 형편없었으며, 앤드러스 교도소장은 자신이 괴링에게 특정 식단을 지키도록 강제했던 것이라고 주장했다.

38 Kelley, *22 Cells in Nuremberg*, 49.

39 Kelley, cited in El-Hai, *Nazi and Psychiatrist*, 95.

40 National Archives, Record Group 238: National Archives Collection of World War II War Crimes Records, 19331949, Series: Documents Primarily Relating to the Defendants at the International Military and Trials at the Military Tribunals at Nuremberg and Replevined from James P. Atwood, 19451947.

41 상동, box 8.

42 G. M. Gilbert, *The Psychology of Dictatorship: Based on an Examination of the Leaders of Nazi Germany* (New York: Ronald Press, 1950), 96.

43 상동, 89.

44 Gilbert, *Nuremberg Diary*, 216.

45 Göring, 상동, 278.

46 상동, 312.

47 Gustave Gilbert, quoted in Andrus, *Infamous of Nuremberg*, 95.

48 Gilbert, *Psychology of Dictatorship*, 115.

49 Göring, as per Gustave Gilbert, Rorschach test report, December 9, 1949, The Center for the History of Psychology, University of Akron, Archives of the History of American Psychology, Molly Harrower Papers (hereafter cited as Harrower Papers), box M3100, folder 2.

50 Harrower Papers, box M3199, folder 2.

51 Gilbert, *Psychology of Dictatorship*, 108.

52 Gilbert, *Nuremberg Diary*, 435.

53 Harrower Papers, box M3199, folder 2.

54 Joseph E. Persico, *Nuremberg: Infamy on Trial* (New York: Penguin, 1994), 408~409.

55 Harrower Papers, box M3199, folder 2.

56 Gilbert, *Psychology of Dictatorship*, 109.

57 G. M. Gilbert, "Hermann Goering: Amiable Psychopath," *Journal of Abnormal Social Psychology* 43 (1948): 211229

58 William H. Dunn, quoted in Persico, *Nuremberg*, 412..

59 Göring, quoted in Dolibois, *Pattern of Circles*, 208.

60 Göring, quoted in Persico, *Nuremberg*, 419.

61 Kingsbury Smith, Associated Press, October 16, 1946, as quoted in Smith Obituary, *Los Angeles Times*, February 6, 1999

62 Kelley, *22 Cells in Nuremberg*, 61.

63 Gilbert, *Nuremberg Diary*, 435.

64 Christine Goeschel, *Suicide in Nazi Germany* (Oxford: Oxford University Press, 2009), 158.

65 Gitta Sereny, *Albert Speer: His Battle with Truth* (New York: Alfred A. Knopf, 1995), 543; Roger Forsgren, "The Architecture of Evil," New Atlantis, no. 36 (2012): 4462.

66 Bob Pool, "Former GI Claims Role in Goering's Death," *Los Angeles Times*, February 7, 2005.

미주

67 Petronella Wyatt, "The Quality of Mercy," *Spectator*, February 1, 2003, 48.

68 "War Crimes: Night without Dawn," *Time*, October 28, 1946, 35.

69 Andrus, *Infamous of Nuremberg*, 15.

70 Burton C. Andrus, quoted in Persico, *Nuremberg*, 449.


7장

1 Eugene Davidson, *The Trial of the Germans: An Account of the Twenty-two Defendants before the International Military Tribunal at Nuremberg* (New York: Macmillan, 1966; reprint ed., Columbia: University of Missouri Press, 1997), 43.

2 Julius Streicher, quoted in G. M. Gilbert, *Nuremberg Diary* (New York: Farrar, Straus and Giroux, 1947; reprint ed., New York: Da Capo, 1995), 36.

3 Burton C. Andrus, *The Infamous of Nuremberg* (London: Leslie Frewin, 1969), 103.

4 Douglas M. Kelley personal papers.

5 Davidson, *Trial of the Germans*, 54.

6 상동, 46.

7 Margaret Eastwood, *The Nuremberg Trial of Julius Streicher: The Crime of "Incitement to Genocide"* (Lewiston, NY: Edwin Mellen, 2011), 53.

8 Joseph E. Persico, *Nuremberg: Infamy on Trial* (New York: Penguin, 1994), 56.

9 Andrus, *Infamous of Nuremberg*, 105.

10 Airey Neave, *Nuremberg: A Personal Record of the Trial of the Major Nazi War Criminals in 1945-6* (London: Hodder and Stoughton, 1978), 86, 87, 93.

11 Joel Sayre, "Letter from Nuremberg," *New Yorker*, July 14, 1945, 5152.

12 Rebecca West, "Extraordinary Exile," *New Yorker*, September 7, 1946, 34.

13 율리우스 스트라이허에 대한 심문기록, 국립문서보관소, 기록분류 238: 2차대전 전범들 관련 기록, 뉘른베르크 전범재판절차 준비용 심문기록, 1945~1947 (이하 심문기록), 21 호.

14 Davidson, *Trial of the Germans*, 44, 45.

15 율리우스 스트라이허의 증언, 1945년 10월 17일. Office of United States Chief Counsel for Prosecution of Axis Criminality, *Nazi Conspiracy and Aggression: Supplement B* (Washington, DC: US Government Printing Office, 1948), 1428.

16 Julius Streicher, quoted in Dolibois, *Pattern of Circles*, 186.

17 흥미롭게도, 로베르트 레이는 유대인 변호사를 담당 변호사로 요청했다.

18 James Owen, *Nuremberg: Evil on Trial* (London: Headline Review, 2006), 220.

19 Eric A. Zillmer, Molly Harrower, Barry A. Ritzler, and Robert J. Archer, *The Quest for the Nazi Personality: A Psychological Investigation of Nazi War Criminals* (Hillsdale, NJ: Lawrence Erlbaum, 1995), 158.

20 Deputy Chief Prosecutor of USSR Pokrovsky, memo, November 16, 1945, *Trial of the Major War Criminals*, 1:151.

21 Jean Delay, Eugene Krasnushkin, and Paul Schroeder, psychiatric reports, 상동,

153.

22 Streicher, quoted in Eastwood, *Nuremberg Trial of Streicher*, 61.

23 Streicher, quoted in Davidson, *Trial of the Germans*, 50.

24 Streicher, testimony, April 29, 1946, *Trial of the Major War Criminals*, 12:328.

25 Hermann Göring, quoted in G. M. Gilbert, *Nuremberg Diary* (New York: Farrar, Straus and Giroux, 1947; reprint ed., New York: Da Capo, 1995), 118.. 재판 말미는 보복의 시간이었다. 스트라이허는 길버트에게 검찰을 도왔던 자들이 어쨌거나 혼쭐나는 것을 보니 굉장히 기분이 좋다고 말했다. Eastwood, *Nuremberg Trial of Streicher*, 217.

26 Streicher, quoted in Eastwood, *Nuremberg Trial of Streicher*, 176.

27 상동, 98.

28 Robert Jackson, closing argument, July 26, 1946, *Trial of the Major War Criminals*, 19:427.

29 Gustave Gilbert, quoted in Andrus, *Infamous of Nuremberg*, 104.

30 상동, 15.

31 상동, 41.

32 Gilbert, *Nuremberg Diary*, 125~126. 길버트가 안됐다는 생각이 든다. 이런 사내와 침상에 같이 앉아 있는 일은 엄청난 고역이었음에 틀림없다. 만일 뉘른베르크의 피고 중 한 사람과 시간을 보내야만 한다면, 나는 분명 스트라이허만큼은 끝까지 피하고 싶었을 것이다. 스트라이허와 한 시간을 보냈다면 난 아마 집에 가서 피소헥스(살균성분이 든 세정제_옮긴이)로 샤워를 했을 것이다.

33 상동, 411.

34 Persico, *Nuremberg*, 117.

35 Gilbert, *Nuremberg Diary*, 74.

36 Streicher, quoted in Persico, *Nuremberg*, 366

37 Douglas Kelley, *22 Cells in Nuremberg* (New York: Greenberg, 1947; reprint ed., New York: MacFadden, 1961), 106.

38 상동, 105.

39 Streicher, 상동, 111~112.

40 국립문서보관소, 기록분류 238: 제2차 세계대전 전범들 관련 기록, 1933~1949, 국제군사재판 및 뉘른베르크 군사재판소 재판 피고들 관련 기록으로, 제임스 P. 애트우드로부터 압류동산 회복 처리됨, 1945~1947(이하 애트우드 문서), 보관함 3.

41 돌리보이스는 본 검사 세션 당시 켈리의 통역사로 참여했다.

42 Zillmer, Harrower, Ritzler, and Archer, *Quest for the Nazi Personality*, 164, 169.

43 애트우드 문서, 보관함 8.

44 Leon Goldensohn, *The Nuremberg Interviews*, ed. Robert Gellately (New York: Alfred A. Knopf, 2004), 253~254.

45 Streicher, autobiography, Kelley personal papers.

46 Julius Streicher to Douglas Kelley, October 9, 1945, 켈리의 개인기록. 번역은 프랭크 비에스 교수.

47 Cicero, *Tusculan Disputations* 3.1, 3.3, 3.2.

48 Andrus, *Infamous of Nuremberg*, 197.

49 Werner Maser, *Nuremberg: A Nation on Trial* (New York: Scribner's, 1979), 13.

## 8장

1 G. M. Gilbert, *The Psychology of Dictatorship* (New York: Ronald Press, 1950), 122.

2 Seaghan Maynes, quoted in Hilary Gaskin, *Eyewitnesses at Nuremberg* (London: Arms and Armour, 1990), 77.

3 Editorial comment, "The Case of Rudolf Hess," *Lancet* 246 (1946): 750.

4 J. R. Rees, quoted in Eugene Davidson, *The Trial of the Germans: An Account of the Twenty-Two Defendants before the International Military Tribunal at Nuremberg* (New York: Macmillan, 1966; reprint ed., Columbia: University of Missouri Press, 1977), 119.

5 여러 시대 및 문화권에 걸쳐 이 밖에도 예들은 수없이 많다. 로마 공화정을 수립한 세력의 일원이었던 루키우스 유니우스 브루투스는 타르퀴니우스가 자신을 처형시키는 것을 피하기 위해 우둔한 것처럼 가짜 행세를 했다. 16세기 도미니크회 수사였던 톰마소 캄파넬라는 반역죄로 재판에 회부됐으나 정신질환을 가장하고 감방에 불을 질러 사형을 면하였다. Ernst Germana, *Tommaso Campanella* (Amsterdam: Springer, 2010).

6 루돌프 헤스에 대한 심문기록, 뉘른베르크 전범재판절차 준비용 심문기록, 1945~1947, 기록분류 238: 제2차 세계대전 전범들 관련 기록, 1933~1949, 마이크로필름 컬렉션 M1270, 7호, 국립문서보관소(이하 심문기록).

7 상동.

8 상동.

9 Andrus, *Infamous of Nuremberg*, 72.

10 상동, 73.

11 상동.

12 상동.

13 Burton Andrus to Douglas Kelley, November 15, 1945, SMS 1285, series 5, folder 1, US Air Force Academy McDermott Library.

14 상동.

15 Hermann Göring, quoted in G. M. Gilbert, *Nuremberg Diary* (New York: Farrar, Straus and Giroux, 1947; reprint ed., New York: Da Capo, 1995), 36.

16 Interrogation of Hermann Göring, Interrogation Records, roll 5.

17 Leon Goldensohn, quoted in Daniel Pick, *The Pursuit of the Nazi Mind: Hitler, Hess, and the Analysts* (Oxford: Oxford University Press, 2012), 163.

18 상동.

19 상동, 161.

20 Andrus, *Infamous of Nuremberg*, 133.

21 Pick, *Pursuit of the Nazi Mind*, 159.

22 "Current Comment: Psychiatric Examination of Rudolf Hess," *JAMA* 130 (1946): 790.

23 Pick, *Pursuit of the Nazi Mind*, 158.

24 Andrus, *Infamous of Nuremberg*, 119~120.

25 상동, 121.

26 Eugene Krasnushkin, Eugene Sepp, and Nicolas Kurshakov, report of November 17, 1945, *Trial of the Major War Criminals before the International Military Tribunal, Nuremberg, 14*

*November 1945–1 October 1946*, 22 vols. (Nuremberg: International Military Tribunal, 1947), 1:163.

27 Robert Jackson, testimony of November 30, 1945, 상동, 2:304.

28 West, *Train of Powder*, 69.

29 Hess, testimony of November 30, 1945, *Trial of the Major War Criminals before the International Military Tribunal*, 2:495.

30 Douglas Kelley, quoted in Rees, *Case of Rudolf Hess*, 171.

31 Gilbert, "Report of Prison Psychologist on Mental Competence of Defendant Hess," August 17, 1946, *Trial of the Major War Criminals*, vol. 1.

32 Kelley, *22 Cells in Nuremberg*, 31~32. 켈리가 했다는 말이 그대로 정확히 인용됐는지에 대해서는 다소 의구심이 든다. 길버트는 당시 켈리와 함께 있었고, 길버트가 하는 말은 전부 헤스는 굉장히 들뜬 상태였다는 것뿐이었다.

33 Gilbert, *Nuremberg Diary*, 133.

34 Julius Streicher, quoted in Rees, *Case of Rudolf Hess*, 169.

35 Goering, quoted in John E. Dolibois, *Pattern of Circles: An mbassador's Story* (Kent, OH: Kent State University Press, 1989), 175.

36 Goering, quoted in Gilbert, *Nuremberg Diary*, 60.

37 Whitney Harris, quoted in Gaskin, *Eyewitnesses at Nuremberg*, 90.

38 헤스의 주장은 Joseph Heller's *Catch-22*에 나왔을 법한 것이었다. "자기가 멀쩡하다고 말한다면, 그는 틀림없이 미친 사람이다."

39 Kelley, cited in Jack El-Hai, *The Nazi and the Psychiatrist: Hermann Göring, Dr. Douglas M. Kelley, and a Fatal Meeting of Minds at the End of WWII* (New York: Public Affairs, 2013), 118.

40 국립문서보관소, 기록분류 238: 2차대전 전범들 관련 기록, 1933~1949, 국제군사재판 및 뉘른베르크 군사재판소 재판 피고들 관련 기록으로, 제임스 P. 애트우드로부터 압류 동산 회복 처리됨, 1945~1947 (이하 애트우드 문서), 보관함 9.

41 애트우드 문서, 보관함 2.

42 애트우드 문서, 보관함 8.

43 Quoted in Andrus, *Infamous of Nuremberg*, 166.

44 Pick, *Pursuit of the Nazi Mind*, 160.

45 Hess, quoted in Douglas Kelley personal papers.

46 Kelley, quoted in Rees, *Case of Rudolf Hess*, 135.

47 애트우드 문서, 보관함 8.

48 Kelley, quoted in Rees, *Case of Rudolf Hess*, 174.

49 애트우드 문서, 보관함 8. 켈리가 "정신병리학적 징후가 전혀 없다"고 할 때는 엄격한 법의학적 기준을 적용한 것이다. 켈리는 헤스에게 정신의학적으로 몇 가지 중요한 문제가 있다고 보았으나 법의학적으로는 관련이 없다고 믿었던 것이 분명하다.

50 Kelley, *22 Cells in Nuremberg*, 7, 34, 33.

51 Gilbert, *Psychology of Dictatorship*, 131.

52 Andrus, *Infamous of Nuremberg*, 119.

53 Gilbert, *Nuremberg Diary*, 11.

54 Report by Dr. Gilbert, in Rees, *Case of Rudolf Hess*, 176.

55 Hjalmar Schacht, 상동, 177.

56 상동.

57 Kelley, *22 Cells in Nuremberg*, 29.

58 애트우드 문서, 보관함 8.

59 Kelley, *22 Cells in Nuremberg*, 30.

60 켈리의 개인기록.

61 Gilbert, "Report by Dr. Gilbert," 187.

62 Gilbert, in Rees, *Case of Rudolf Hess*, 175.

63 D. L. Rosenhan, "On Being Sane in Insane Places," *Science* 179 (1973): 250~258.

64 Shakespeare, *Hamlet*, 4.5.78~79.

65 Lara Braff and David L. Braff, "The Neuropsychiatric Translational Revolution: Still Very Early and Still Very Challenging," *JAMA Psychiatry* 70 (2013): 777~779.

66 Charles L. Scott, "Evaluating Amnesia for Criminal Behavior: A Guide to Remember," *Psychiatric Clinics of North America* 35 (2012): 797~819.

67 Dean C. Delis and Spencer R. Wetter, "Cogniform Disorder and Cogniform Condition: Proposed Diagnoses for Excessive Cognitive Symptoms," *Archives of Clinical Neuropsychology* 22 (2007): 589~604.

68 이웬 카메론은 재판 당시 헤스를 심문했던 정신과의사 중 한 명으로, 훗날 CIA의 세뇌 프로그램인 MK울트라에 참여했다.

69 James Owen, *Nuremberg: Evil on Trial* (London: Headline Review, 2006), 306 - 307.에 인용된 루돌프 헤스, 뉘른베르크 재판기록.

70 West, *Train of Powder*, 46~47.

9장

1 Joseph E. Persico, *Nuremberg: Infamy on Trial* (New York: Penguin, 1994), 293.

2 상동, 240.

3 켈리는 어떻게든 인종적 편견에 관한 책을 출간하고 싶어 했고, 담당 출판사(그린버그)의 기록 역시 관련 자료로 가득했으나 켈리는 이 작업에 결국 착수하지 못했다.

4 하워드 휘트먼의 더글러스 켈리 인터뷰, "What Goering & Co. Talk About in Their Cells," *Sunday Express* (London), August 25, 1946.

5 Howard Whitman, "Squeal, Nazi, Squeal," *Collier's*, August 31, 1946, 21ff.

6 Burton C. Andrus, "To public relations offi cer, war department, regarding the misconduct of Dr. Douglas M Kelly, former Major, Medical Crop, US Army, 6 Sept 1946," Burton C. Andrus Collection, box 33, folder 91, US Army Military History Institute.

7 D. M. Kelley, "Preliminary Studies of the Rorschach Records of the Nazi War Criminals," *Rorschach Research Exchange and Journal of Projective Techniques* 10 (1946): 45~48.

8 "Talk of the Town," *New Yorker*, June 1, 1946, 19~20.

9 Persico, *Nuremberg*, 373.

10 February 13, 1947, Greenberg Publisher Records, series 4, box 48, Columbia University Libraries Rare Book and Manuscript Library.

11 December 23, 1946, 상동

12 Press release, January 15, 1947, 상동

13 G. M. Gilbert, *Nuremberg Diary* (New York: Farrar, Straus and Giroux, 1947; reprint ed., New York: Da Capo, 1995).

14 Kelley, *22 Cells in Nuremberg*, 7, 8.

15 Gilbert, *Nuremberg Diary* (acknowledgments).

16 February 18, 1947, Greenberg Publisher Records.

17 Kelley, *22 Cells in Nuremberg*, 171.

18 G. M. Gilbert, *The Psychology of Dictatorship* (New York: Ronald Press, 1950), 109.

19 Edmund Burke, *The Writings and Speeches of Edmund Burke*, ed. Paul Langford and William B. Todd, vol. 2 (Oxford: Oxford University Press, 1981), 282.

20 덧붙이자면, 행동 장애behavioral disturbance가 연속체에 해당하는지 아니면 행동에는 별개의 여러 범주가 있는 것인지에 관한 논쟁은 오늘날 정신의학적 진단과 관련된 논의 대부분의 바탕이다.

21 Letter from Douglas Kelley, undated, Greenberg Publisher Records.

22 Molly Harrower Papers, box M3208, folder 4, Archives of the History of American Psychology, The Center for the History of Psychology, University of Akron (hereafter cited as Harrower Papers).

23 상동.

24 길버트는 켈리의 후임 정신과의사였던 골든손 역시 무시했다.

25 Eric A. Zillmer, Molly Harrower, Bruce A. Ritzler, and Robert P. Archer, *The Quest for the Nazi Personality: A Psychological Investigation of Nazi War Criminals* (Hillsdale, NJ: Lawrence Erlbaum, 1995), 60.

26 Harrower Papers, box M3208, folder 11.

27 Molly Harrower, "Rorschach Records of the Nazi War Criminals: An Experimental Study after 30 Years," *Journal of Personality Assessment* 40 (1976): 342.

28 Molly Harrower, "Were Hitler's Henchmen Mad?," *Psychology Today*, July 1976, 76~80.

29 Zillmer, Harrower, Ritzler, and Archer, *Quest for the Nazi Personality*, 62.

30 상동, 64.

31 상동, 65.

32 Gilbert, *Psychology of Dictatorship*.

33 Zillmer, Harrower, Ritzler, and Archer, *Quest for the Nazi Personality*, 67.

34 Letter to Molly Harrower, Harrower Papers, box M3208, folder 18.

35 Ian Kershaw, *Hitler, the Germans, and the Final Solution* (Jerusalem: International Institute for Holocaust Research, Yad Vashem, 2008), 321. 커쇼는 크리스토퍼 브라우닝의 심도 있는 저작을 에둘러 공격한 것이었다. 여기서도 반복되는 주제가 눈에 띈다는 점이 흥미롭다. 훗날의 켈리와 마찬가지로 브라우닝 역시 전형적인 나치 전범들은 사실 위에서 내려오는 명령에 순응한 평범한 사람들에 불과하다고 주장했다. 집단학살 역시 결국은 문화적 레퍼토리에 속해 있다는 의미를 내포하는 셈이었다. 골드하겐은 길버트와 마찬가지로 학살

자들을 자기 일을 사랑했던 광적인 살인마로 간주했다. 브라우닝의 관점에 분개했던 그는 수차례 반박했다. 이보다 더 논쟁이 두드러졌던 학문 분야는 찾아보기가 힘들 정도다.

36 1950년대 오클랜드 경찰소식의 3분의 1은 심리학적으로 볼 때 직무에 부적합했다는 주장으로 유명세를 탔음에도 불구하고 켈리가 워낙 매력 있는 인물이다 보니 경찰 측은 '여전히' 그를 좋아했다.

37 Lewis Terman to Douglas Kelley, quoted in Jack El-Hai, *The Nazi and the Psychiatrist: Hermann Göring, Dr. Douglas M. Kelley, and a Fatal Meeting of Minds at the End of WWII* (New York: Public Affairs, 2013), 205.

38 상동, 198.

39 "UC's Dr. Kelley, Crime Expert, Commits Suicide," *San Francisco Chronicle*, January 2, 1958.

40 *New York Times*, January 2, 1958.

41 Molly Harrower, Grand Rounds Presentation at Massachusetts General Hospital, May 10, 1977, Harrower Papers, box M3208, folder 16.

42 El-Hai, *Nazi and Psychiatrist*.

43 Barbara Nemiroff, personal communication, 2013; Zillmer, Harrower, Ritzler, and Archer, *Quest for the Nazi Personality*, 89.

44 G. M. Gilbert, "The Mentality of SS Murderous Robots," *Yad Vashem Studies* 5 (1963): 35~41.

45 Florence R. Miale and Michael Selzer, *The Nuremberg Mind: The Psychology of the Nazi Leaders* (New York: Quadrangle, 1995), 14.

46 Zillmer, Harrower, Ritzler, and Archer, *Quest for the Nazi Personality*, 83~88.

47 케네디는 우연의 일치로 보스턴에서 새뮤얼 벡의 아들과 함께 일하고 있었고, 그의 중재 덕분에 르노는 벡의 자료를 볼 수 있었다.

48 제7차 로르샤흐 검사결과는 켈리의 개인기록에 포함돼 있다.


10장

1 가령, 로르샤흐 전문가들은 경험형Erlebnistypus(EB), 내향형, 외향형, 비일관형 등의 특수용어들을 흔히 사용한다. EB는 환자의 문제해결 방식을 지칭하는 것으로, 인간 운동 및 색채에 대한 반응 간 비율이다. 운동 반응이 지배적일 경우, 환자는 내향형으로 볼 수 있고 분석적 관점에서 문제를 해결하는 경향이 더 강하다. 반대로, 색채 반응이 지배적일 경우, 피험자는 외향형이며 좀 더 직감에 따라 선택을 하는 경향이 있다. 비일관형은 운동 및 색채(사고 대 감정) 간 균형 성향을 나타내지만, 이런 균형이 반드시 좋은 것은 아니다. 비일관형 응답자들은 문제해결 속도가 느린 편이기 때문이다. 더 자세한 내용은 다음을 참고할 것. Eric A. Zillmer, Molly Harrower, Bruce A. Ritzler, and Robert P. Archer, *The Quest for the Nazi Personality: A Psychological Investigation of Nazi War Criminals* (Hillsdale, NJ: Lawrence Erlbaum, 1995), 97.

2 John E. Exner, *The Rorschach: A Comprehensive System*, vols. 1 and 2 (New York: Wiley, 1974, 1978); Exner, *The Rorschach: A Comprehensive System, 2nd ed., vol. 1, Basic Foundations* (New York: Wiley, 1986).

3 Douglas Kelley, quoted in Zillmer, Harrower, Ritzler, and Archer, *Quest for the Nazi*

*Personality*, 203.

4 Gustave Gilbert, cited in Florence R. Miale and Michael Selzer, *The Nuremberg Mind: The Psychology of the Nazi Leaders* (New York: Quadrangle, 1995), 86.

5 상동, 86~87.

6 Kelley, quoted in Zillmer, Harrower, Ritzler, and Archer, *Quest for the Nazi Personality*, 205.

7 상동, 209.

8 Molly Harrower Papers, box M3199, folder 17, Archives of the History of American Psychology, The Center for the History of Psychology, University of Akron (hereafter cited as Harrower Papers).

9 Gilbert, cited in Miale and Selzer, *Nuremberg Mind*, 102.

10 상동, 102, 103.

11 상동.

12 Richard Rubinstein, review of Florence R. Miale and Michael Selzer, *The Nuremberg Mind: The Psychology of the Nazi Leaders, Psychology Today*, July 1976, 83~84.

13 Miale and Selzer, *Nuremberg Mind*, 22.

14 상동, 277, 287.

15 Harrower Papers, box M3199, folder 12.

16 Molly Harrower, "Rorschach Records of the Nazi War Criminals: An Experimental Study after Thirty Years," *Journal of Personality Assessment* 40 (1976): 341~351.

17 실제 목록은 이보다 훨씬 길었다.

18 Barry A. Ritzler, "The Nuremberg Mind Revisited: A Quantitative Approach to Nazi Rorschachs," *Journal of Personality Assessment* 47 (1978): 344~353. 뉘른베르크의 로르샤흐 검사결과는 상당히 흥미로운 것들이 많았지만, 조심스레 접근할 필요가 있다. 전범들 가운데는 비결정형[ambitent]이 평균보다 다소 많았지만, 이토록 작은 규모의 집단 내에서는 환자 한두 명의 우연한 답변도 과도하게 부각될 수 있기 때문이다. 그럼에도 불구하고, 일부 연구문헌에 따르면 비결정형들은 의사결정이 느리고 적응에 곤란을 겪는다고 한다. Exner, *Rorschach: A Comprehensive System*, vol. 1, *Basic Foundations*, 2nd ed. 참고.

19 Zillmer, Harrower, Ritzler, and Archer, *Quest for the Nazi Personality*, 95.

20 상동, 98.

21 상동, 116.

22 Gerald L. Borofsky and Don J. Brand, "Personality Organization and Psychological Functioning of the Nuremberg War Criminals: The Rorschach Data," in *Survivors, Victims, and Perpetrators: Essays on the Nazi Holocaust*, ed. Joel E. Dimsdale (Washington, DC: Hemisphere, 1980).


11장

1 Douglas Kelley, *22 Cells in Nuremberg* (New York: Greenberg, 1947; reprint ed., New York: MacFadden, 1961), 171.2. Barbara Tuchman, in Gideon Hausner, *Justice in Jerusalem* (New York: Schocken Books, 1968), xx.

2 Barbara Tuchman, in Gideon Hausner, *Justice in Jerusalem* (New York: Schocken Books,

1968), xx.

3 Valerie Hartouni, *Visualizing Atrocity: Arendt, Evil, and the Optics of Thoughtlessness* (New York: New York University Press, 2012), 135.

4 Hannah Arendt, *Eichmann in Jerusalem* (New York: Viking, 1964), 276.

5 상동, 287~288.

6 Hausner, *Justice in Jerusalem*, 8.

7 상동, 9, 11.

8 Arendt, *Eichmann in Jerusalem*, 32.

9 Hausner, *Justice in Jerusalem*, 280.

10 Arendt, *Eichmann in Jerusalem*, 48, 49.

11 어쨌든 아이히만은 몇 해 전 이런 발언을 한 적이 있었다. "나는 웃으면서 내 무덤 속으로 뛰어들 것이다. 유대인 5백만 명의 죽음이 … 내 마음에 걸린다는 그 사실 자체가 내게 엄청난 만족감을 안겨주기 때문이다." 아렌트의 『예루살렘의 아이히만』, 46 인용. Bettina Stagneth, *Eichman before Jerusalem* (New York: Alfred A. Knopf, 2014)도 참고.

12 Hartouni, *Visualizing Atrocity*, 23, 25.

13 상동, 39, 117 (quoting Arendt).

14 Stanley Milgram, "Behavioral Study of Obedience," *Journal of Abnormal and Social Psychology* 67 (1963): 371~378; Milgram, Obedience to Authority: *An Experimental View* (New York: Harper and Row, 1974).

15 Milgram, *Obedience to Authority*, 15.

16 상동, 56~57.

17 이 연구들은 논란으로 점철됐다. 이런 연구는 윤리적인가? 연구 기록은 왜곡됐는가? 연구실에서 이루어진 간단한 실험에서 실제 삶을 추론해낼 수 있을까? 그럼에도 불구하고, 밀그램의 연구는 사회심리학계를 뜨겁게 달궜고 홀로코스트 연구 분야에 파장을 일으켰다.

18 Milgram, *Obedience to Authority*, xii.

19 최근의 여러 보도에서는 초기에 묘사된 내용대로 목격자들이 정말 소극적으로 대처했는가에 관해 의문을 제기하지만, 초기 보도들은 존 M. 달리와 빕 라타네가 관심을 가지고 고민하게 만드는 계기가 됐다. 이들은 당시 보도 내용들에 영감을 얻어 방관자 무관심에 대해 연구하게 된다.

20 Ian Kershaw, *Hitler, the Germans, and the Final Solution* (Jerusalem: International Institute for Holocaust Research, Yad Vashem, 2008), 130.

21 Arendt, *Eichmann in Jerusalem*, 233.

22 Bibb Latane and John M. Darley, "Bystander 'Apathy,'" *American Scientist* 57 (1969): 244~268.

23 Bibb Latane and John M. Darley, *The Unresponsive Bystander: Why Doesn't He Help?* (Englewood Cliffs, NJ: Prentice Hall, 1970), 48.

24 상동, 58~60.

25 John M. Darley and Bibb Latane, "Bystander Intervention in Emergencies: Diffusion of Responsibility," *Journal of Personality and Social Psychology* 8(1968): 377~383, quotation at 379.

26 Latane and Darley, *Unresponsive Bystander*, 94~98.

27 흥미롭게도, 짐바르도와 밀그램은 브롱크스에서 보낸 유년 시절부터 친구 사이였다.

28 Philip Zimbardo, *The Lucifer Effect* (New York: Random House, 2007), 21.

29 해당 실험에 관련된 기타 사진 및 자세한 정보는 스탠퍼드 감옥 실험 웹사이트 참고. http://www.prisonexp.org/.

30 Craig Haney, Curtis Banks, and Philip Zimbardo, "A Study of Prisoners and Guards in a Simulated Prison," *Naval Research Review* 30 (1973): 4~17.

31 Romesh Ratnesar, "The Menace Within," *Stanford Magazine*, July-August 2011. 참고.

32 Kathleen O'Toole, The Stanford Prison Experiment: Still Powerful after All These Years," Stanford University News Service, January 8, 1997. 상황에 개입하지 않는 방관자들의 다양성을 언급한 부분—"학생들의 부모들과 친구들, ⋯ 가톨릭 사제, 국선변호인, 일선 심리학자들, 대학원생들, 그리고 심리학과 직원들"—이 흥미롭다.

## 12장

1 Herman Göring, quoted in G. M. Gilbert, *Nuremberg Diary* (New York: Farrar, Straus and Giroux, 1947; reprint ed., New York: Da Capo, 1995), 194.

2 아우구스티누스는 4세기에 마니교에서 기독교로 개종했다.

3 Albert Einstein, "The Real Problem Is in the Hearts of Men," *New York Times Magazine*, June 23, 1946.

4 인류학자들은 인간 본성은 무고하다거나("고결한 야만인": J. J. 루소) 악하다("이빨과 발톱이 붉게 물든 자연": 알프레드 테니슨)는 견해를 두고 열띤 논쟁을 벌인다. Serena Golden's article about the Marshall Sahlins versus Napoleon Chagnon controversy. Golden, "A Protest Resignation," *Inside Higher Education*, February 25, 2013. 참고.

5 Donald W. Black, *Bad Boys, Bad Men: Confronting Antisocial Personality Disorder* (Oxford: Oxford University Press, 1999), 199.

6 다른 동물들에게도 분명히 존재하는 공감을 인간이 상실할 수 있다는 것은 흥미로운 부분이다. 동물들은 다른 동물이 겪는 고통을 헤아릴 수 있다. 특히 자신이 그와 동일한 문제를 경험해 봤을 경우는 더욱 그러하다. 쥐들은 친구 쥐가 물에 빠지면 구할 것이다. 특히 이전에 자신이 그와 비슷한 물통에 빠져 곤란했던 경험이 있었을 경우 더 빨리 구해낸다. 다른 쥐를 구해주는 데 그치지 않고, 먹을 것까지 가져다주려 할 것이다. Nobuya Sato, Ling Tan, Kazushi Tate, and Maya Okada, "Rats Demonstrate Helping Behavior toward a Soaked Conspecific," *Animal Cognition*, published online May 12, 2015, DOI 10.1007/s10071-015-0872-2. 참고.

7 Black, *Bad Boys, Bad Men*.

8 Hervy M. Cleckley, *The Mask of Sanity: An Attempt to Clarify Some Issues about the So-Called Psychopathic Personality* (Saint Louis, MO: Mosby, 1941).

9 가령, 세인트루이스에서 있었던 한 연구에 따르면, 45퍼센트의 남성이 3회 이상 혼외정사를 가졌음을 인정했고 43퍼센트는 살면서 한 번쯤은 마약 거래 같은 불법적인 직업을 가진 적이 있다고 털어놓았다. N. Robins, "The Epidemiology of Antisocial Personality," in *Psychiatry*, vol. 3, ed. Robert O. Michels and Jesse O. Cavenar (Philadelphia: J. B. Lippincott, 1988). 참고. 세인트루이스가 현대판 소돔이라고 생각할 필요는 없다. 우리

는 누구나 다양한 잘못을 저지르는데, 사이코패스들의 경우 그 패턴이 좀 더 광범위한 것이다.

10 J. Reid Meloy, "Predatory Violence and Psychopathy," in *Psychopathy and Law: A Practitioner's Guide*, ed. Helina Hakkanen-Nyholm and Jan-Olof Nyholm (New York: Wiley-Blackwell, 2012), 159~175.

11 Adrian Raine et al., "Reduced Prefrontal Gray Matter Volume and Reduced Autonomic Activity in Antisocial Personality Disorder," *Archives of General Psychiatry* 57 (200): 119~127.

12 Black, *Bad Boys, Bad Men*, 19. 정신병질과 자기애적 성격장애 간의 경계는 모호하다. 자기애적 성격장애에는 좀 더 허세나 자아도취 경향이 특징으로 나타나지만, 이런 경계는 굉장히 유동적이다.

13 American Psychiatric Association, *Diagnostic and Statistical Manual: Mental Disorders* (Washington, DC: American Psychiatric Association, 1952), 38.

14 이후에 나온 *DSM*에서는 중독 및 성도착을 다른 진단 범주로 옮겨 넣었으며, 1974년에는 동성애를 정신질환 항목에서 삭제했다.

15 Robert D. Hare, *Manual for the Revised Psychopathy Checklist*, 2nd ed. (Toronto, ON: Multi-Health Systems, 2003).

16 사이코패스는 뇌가 다르다고 해서, 치료가 불가능하다는 의미는 아니다. 뇌는 치유가 가능하며, 새로운 학습을 통해 새로운 신경 경로 발달을 촉진할 수 있다.

17 J. Grafman et al., "Frontal Lobe Injuries, Violence, and Aggression: A Report of the Vietnam Head Injury Study," *Neurology* 46 (1996): 1231~1238; M. C. Brower and B. H. Price, "Neuropsychiatry of Frontal Lobe Dysfunction in Violent and Criminal Behavior: A Critical Review," *Journal of Neurology, Neurosurgery, and Psychiatry* 71 (2001): 720~726.

18 S. M. Stahl, "Deconstructing Violence as a Medical Syndrome: Mapping Psychotic, Impulsive, and Predatory Subtypes to Malfunctioning Brain Circuits," *CNS Spectrums* 19(2014): 357~365.

19 John M. Harlow, "Recovery from the Passage of an Iron Bar through the Head," *Bulletin of the Massachusetts Medical Society* 2 (1868): 327~347.

20 Hanna Damasio et al., "The Return of Phineas Gage: Clues about the Brain from the Skull of a Famous Patient," *Science*, n.s., 264 (1994): 1102~1105.

21 S. Pridmore, A. Chambers, and M. McArthur, "Neuroimaging in Psychopathology," *Australian and New Zealand Journal of Psychiatry* 38 (2005): 856~865.

22 Nathaniel E. Anderson and Kent A. Kiehl, "The Psychopath Magnetized: Insights from Brain Imaging," *Trends in Cognitive Science* 16 (2012): 52~60.

23 Martina Ly et al., "Cortical Thinning in Psychopathy," *American Journal of Psychiatry* 169 (2012): 743~749.

24 Jean Decety, Laurie R. Skelly, and Kent A. Kiehl, "Brain Response to Empathy-Eliciting Scenarios Involving Pain in Incarcerated Individuals with Psychopathy," *JAMA Psychiatry* 70 (2013): 638~645.

25 Sherrie Williamson, Timothy J. Harpur, and Robert D. Hare, "Abnormal Processing of Affective Words by Psychopaths," *Psychophysiology* 28 (1991): 260~273.

26 Yaling Yang and Adrian Raine, "Prefrontal Structural and Functional Brain Imaging

Findings in Antisocial, Violent, and Psychopathic Individuals: A Meta-Analysis," *Psychiatry Research* 174 (2009): 81~88.

27 Mairead C. Dolan, "What Imaging Tells Us about Violence in Anti-Social Men," *Criminal Behaviour and Mental Health* 20 (2010): 199~214.

28 Andrea L. Glenn and Adrian Raine, "The Neurobiology of Psychopathy," *Psychiatric Clinics of North America* 31 (2008): 463~475; Daniel R. Russell and Larry J. Siever, "The Neurobiology of Aggression and Violence," *CNS Spectrums* 20 (2015): 254~279.

29 L. Lidberg et al., "Homicide, Suicide and CSF 5-HIAA," *Acta Psychiatrica Scandinavica* 71 (1985): 230~236.

30 E. Hollander and J. Rosen, "Impulsivity," *Journal of Psychopharmacology* 14, suppl. 1 (2000): S39 - S44. 일부 연구에 따르면 환자들은 이 같은 약물치료를 받은 경우 정서 인식 기능도 향상된다는 보고가 있다. Caroline Moul, Simon Killcross, and Mark R. Dadds, "A Model of Differential Amygdala Activation in Psychopathy," *Psychological Review* 119 (2012): 789 - 806.

31 Paul J. Zak, *The Moral Molecule: The Source of Love and Prosperity* (New York: Dutton, 2012).

32 Rachel Bachner-Melman and Richard P. Ebstein, "The Role of Oxytocin and Vasopressin in Emotional and Social Behaviors," in *Clinical Neuroendocrinology*, ed. Eric Fliers, Marta Korbonits, and J. A. Romijn, vol. 124 of *Handbook of Clinical Neurology* (Amsterdam: Elsevier, 2014), 53 - 68.

33 Mark R. Dadds et al., "Polymorphisms in the Oxytocin Receptor Gene Are Associated with the Development of Psychopathy," *Development and Psychopathology* 26 (2013): 21~31.

34 Manuela Kanat, Markus Heinrichs, and Gregor Domes, "Oxytocin and the Social Brain: Neural Mechanisms and Perspectives in Human Research," *Brain Research* 1580 (2014): 160~171.

35 Zoe R. Donaldson and Larry J. Young, "Oxytocin, Vasopressin, and the Neurogenetics of Sociality," *Science* 322 (2008): 900~904.

36 Paul J. Zak, Angela A. Stanton, and Sheila Ahmadi, "Oxytocin Increases Generosity in Humans," *PLoSOne* 2 (2007): e1128.

37 Paul J. Zak, "The Neurobiology of Trust," *Scientific American*, June 2008, 88~95.

38 Katja Bertsch et al., "Oxytocin and Reduction of Social Threat Hypersensitivity in Women with Borderline Personality Disorder," *American Journal of Psychiatry* 170 (2013): 1169~1177. 염색체 이상이나 테스토스테론 과다 역시 정신병질적 행동과 연관이 있을 수 있다. 그러나 세로토닌과 옥시토신 관련 연구가 가장 최근의 관심사가 되고 있는 추세다. 한창 성장 중인 연구분야임에는 틀림없다.

39 M'Naughton's Case, 8 Eng. Rep. 718 (H.L. 1843), quoted in Matthew M. Large, "Treatment of Psychosis and Risk Assessment for Violence," *American Journal of Psychiatry* 171 (2014): 258

40 Richard Ciccone, "Daniel McNaughton and the Evolution of the Insanity Defense," American Psychiatric Association Isaac Ray Lecture, New York, May 5, 2014, 강조 표시는 원전에 따름..

41 Bernard L. Diamond, "From M'Naghton to Currens, and Beyond," *California Law Review* 50 (1962): 189~205.

42 Black, *Bad Boys, Bad Men*, 177~178.

43 Greg Miller, "In Mock Case, Biological Evidence Reduces Sentences," *Science* 337 (2012): 788.

44 Plato, *Timaeus, in The Dialogues of Plato*, trans. Benjamin Jowett (Chicago: Encyclopedia Britannica, 1952), 474.

45 Rebecca Goldstein, *Plato at the Googleplex: Why Philosophy Won't Go Away* (New York: Pantheon, 2014), 410.

## 에필로그

1 상동.

2 뉘른베르크 국제전범재판소는 나치 간부들에게 초점을 맞췄다. 나치 간부들이야말로 자신들은 기계 속의 톱니에 불과하다고 주장하기 가장 어려운 이들이었다. 나치의 평당원들에 관한 연구도 많이 있는데, 그중에는 마이클 셀처와 배리 리츨러가 찾아낸 덴마크의 나치 협력자 200명에 관한 로르샤흐 연구도 있다. Eric A. Zillmer, Molly Harrower, Bruce A. Ritzler, and Robert P. Archer, *The Quest for the Nazi Personality: A Psychological Investigation of Nazi War Criminals* (Hillsdale, NJ: Lawrence Erlbaum, 1995) 참고.

3 Jackson, testimony, November 21, 1945.

4 이 통찰은 스튜어트 보이틸라에게서 영감을 받은 것이다.

5 동기는 제각각이었을지 모르나(빅터 프랑켄슈타인은 불멸성을 창조해내려 했던 반면, 히틀러의 목표는 천년 제국이었다), 그런 동기들은 유책 여부와는 무관했다.

6 Helina Hakkanen-Nyholm and Jan-Olof Nyholm, "Psychopathy in Economical Crime, Organized Crime, and War Crimes," in *Psychopathy and Law: A Practitioner's Guide* (New York: Wiley-Blackwell, 2012), 193.

7 누가 이 파일들을 전달했는지에 관한 기록조차 남아 있지 않다. 실제로, 이 도서관에서 파일들을 맡아 관리한 그 긴 세월에도 불구하고, 손도 닿지 않은 채 잠들어 있던 이 파일들의 열람을 요청한 방문자는 내가 두 번째에 불과했다.

8 Pablo Neruda, "Oda a la cama"(침상에 바치는 송가), 1959, trans. Cary Ratcliff, Conspirare Company of Voices, Austin, TX, September 18, 2014, http://conspirare. org/wp-content/uploads/The-Poet-Sings-Pablo-Neruda-program-booklet.pdf.

# 찾아보기

게르숌 숄렘Gershom Scholem 250
게리 보로프스키Gerald L. Borofsky 239
게슈타포Gestapo 114, 129, 244
경계선 성격조직 283
경미한 편집증적 반응 192
공감 결여 249, 276
구스타브 길버트Gustave Gilbert 9, 11, 15, 58, 83, 89~92, 96, 99~103, 110, 115, 120, 128, 141, 144~150, 154, 161~163, 172, 179, 180, 183, 193~197, 205~227, 232~243, 263~266, 270, 271, 286~291
구조적 자기공명영상 274
국가사회주의 109, 111, 113, 115, 167, 169
기능적 자기공명영상fMRI 283
기드온 하우스너Gideon Hausner 247, 249
기쁨을 통한 힘strength through joy 운동 114, 118
꾀병 173, 181, 182, 184, 190, 199, 200, 201
『나의 투쟁』Mein Kampf 173
네이선 맬러머드Nathan Malamud 124~126
뇌 주사도brain scan 93
『뉘른베르크 다이어리』Nuremberg Diary 209, 210
뉘른베르크 인종법Nuremberg racial laws 58, 67
『뉘른베르크의 22개의 방』22Cells in Nuremberg 82, 171, 205, 212
《뉴요커》New Yorker 102, 138, 208, 209, 245
니슬 및 반 기슨 염색Nissl and a few Van Gieson preparations 124
다행증 121
대니얼 맥노튼Daniel McNaughton 281, 282
더글러스 켈리Douglas Kelley 11, 15, 43, 50, 51, 58, 75, 78, 82, 83, 89~92, 95~105, 110, 117, 120~126, 134, 141~154, 158, 164~167, 171, 177~197, 205~227, 232~237, 243, 262, 263, 270, 286~291
《데어 슈튀르머》Der Stürmer 9, 55, 156, 157, 161
데이비드 로젠한David Rosenhan 198
데이비드 뱅키어David Bankier 36

도널드 블랙Donald Black 266
독일노동전선German Labor Front 9, 52, 111
『독재의 심리학』Psychology of Dictatorship 221
돈 브랜드Don J. Brand 238, 239, 241
동종요법 88, 189
드와이트 D. 아이젠하워Dwight D. Eisenhower 45, 57, 158
라울 힐베르크Raul Hilberg 27, 36, 227
《랜싯》Lancet 173
레베카 웨스트Rebecca West 63, 71, 156, 171, 183, 201
레오나르도 콘티Leonardo Conti 75, 98
레온 라포포르트Leon Rappoport 35
레이븐 진행적 매트릭스Raven's Progressive Matrices 지능검사 85
로르샤흐 2번 카드 196, 228, 229, 232, 233
로르샤흐 3번 카드 147
로르샤흐 4번 카드 121
로르샤흐 8번 카드 240
로르샤흐 검사 8, 11, 17, 91~94, 100, 121, 143, 146~148, 165, 195~197, 208, 210, 215~242, 270, 287, 288
《로르샤흐 리서치 익스체인지》Rorschach Research Exchange 208
로버트 잭슨Robert Jackson 9, 31, 58, 64, 68~74, 92, 94~96, 101, 110, 138~140, 146, 158, 161, 162, 180~183, 189, 282, 285, 287, 289
로버트 제이 리프턴Robert Jay Lifton 5, 71
로베르트 레이Robert Ley 9, 15, 30, 42~45, 52~54, 57, 58, 65, 76, 82, 85, 92, 97, 109, 110~129, 154, 156, 189, 190, 208, 209, 222, 233, 274, 284, 286, 290
로즈 매컬리Rose Macauley 16
루돌프 헤스Rudolf Hess 9, 15, 58, 75, 80, 83~89, 95, 98, 99, 103, 110, 136, 146, 159, 161, 171~202, 209, 212, 222, 234, 235, 281, 284, 286, 290
마이클 셀저Michael Selzer 225, 232, 235~241
망상장애 199, 284
『멀쩡한 정신의 가면』The Mask of Sanity 267
메리 셸리Mary Shelley 271, 289
명백한 사명manifest destiny 30
몰리 해로워Molly Harrower 8, 9, 215~224, 237~240
몽도르프 레 뱅Mondorf-les-Bains 43, 45, 50,

54, 57, 82, 89
바버라 터크만Barbara Tuchman 246
반유대주의anti-Semitism 28, 52, 111, 116, 119,
    122, 130, 146, 156, 158, 163, 164, 166
반제회의Wannsee Conference 130
발레리 하르투니Valerie Hartouni 249
방관자 무관심Bystander Apathy 255~258
버나드 다이아몬드Bernard Diamond 282
버튼 C. 앤드러스Burton C. Andrus 9, 43~50,
    55~58, 74, 75, 78, 89~91, 95, 98, 101,
    103, 104, 119, 136, 150, 152, 178, 195,
    207, 208
베어볼프Werwolf 114
벤저민 러시Benjamin Rush 267
변연계 272
복종 248, 251, 254, 256
볼셰비즘 121, 160, 169
불임화 30, 158
빌헬름 카이텔Wilhelm Keitel 57, 134
빌헬름 프리크Wilhelm Frick 58
빕 라타네Bibb Latané 251, 255~262
사이코패스psychopaths 13, 145, 149, 150,
    212~215, 235, 238, 239, 263, 266~284,
    287, 289
사회 다윈주의social Darwinism 29
사회병질적 성격장애sociopathic personality
    disturbance 269, 270
『삶 속의 죽음: 히로시마의 생존자들』Death in Life:
    Survivors of Hiroshima 5
새뮤얼 벡Samuel Beck 225, 312
생각 없음thoughtlessness 249, 250, 261
〈선데이 익스프레스〉Sunday Express 104, 207
섬망 없는 조병躁病manie sans delire 267
성격장애 166~169, 214, 264, 269, 270, 280,
    282
세로토닌Serotonin 278
숫자폭digit span 검사 194, 195
스탠리 밀그램Stanley Milgram 251~255, 261
스트레스 내성 165
슬라브족Slavs 27, 30
시온주의자Zionist 159, 162
신체적 장애증상 201
심기증 85, 201
심장마비 17, 49
아돌프 아이히만Adolf Eichmann 5, 26, 224,
    244~253, 261

아돌프 히틀러Adolf Hitler 25, 26, 30, 45, 47, 52,
    58, 71, 77, 87, 88, 97, 103, 104, 111~115,
    119, 120, 140, 145, 151, 156, 172~174,
    178, 188, 201
아미탈 86, 87
아미탈 면담 95, 189
아쉬칸Ashcan 42~59
아우구스티누스Augustine 261, 265
아인자츠그루펜Einsatzgruppen(특수임무부대)
    38
안드레이 비신스키Andrey Vyshinsky 65
알베르트 괴링Albert Göring 131
알베르트 슈페어Albert Speer 53, 78, 115, 253
에드먼드 버크Edmund Burke 12, 213
에리히 폰 뎀 바흐-첼레프스키Erich von dem
    Bach-Zelewski 39, 136, 195
에리히 프롬Erich Fromm 96
에릭 질머Eric Zillmer 221, 225
여호와의 증인Jehovah's Witnesses 27
역전이逆轉移 66
『예루살렘의 아이히만』Eichmann in Jerusalem 246,
    253
『오레스테이아』Oresteia 280
오스왈드 모슬리Oswald Mosley 187, 188
오토 올렌도르프Otto Ohlendorf 38
옥시토신oxytocin 278~280
요아힘 폰 리벤트로프Joachim von Ribbentrop
    46, 58, 77, 104, 143, 150
요제프 괴벨스Joseph Goebbels 36, 45, 58, 71,
    114, 154, 187
우르술라 셔먼Ursula Sherman 80
우울증 46, 165, 215, 230, 232, 237, 286
웩슬러 벨뷰 지능척도Wechsler-Bellevue
    Intelligence Scale 102
웹 헤이메이커Webb Haymaker 122~124, 126
윈스턴 처칠Winston Churchill 64, 65, 88
윌리엄 도노번William Donovan 73, 93~97, 101,
    120, 151, 180
윌리엄 랭어William Langer 97
윌리엄 포크너William Faulkner 4
유대인 평의회Judenrat 245
율리우스 스트라이허Julius Streicher 9, 15,
    43, 54~58, 75, 77, 80~83, 99, 110, 120,
    153~172, 186, 206, 234, 280, 284, 286,
    290
이언 커쇼Ian Kershaw 31, 221, 255

이오시프 스탈린Joseph Stalin 64, 65, 74
이츠하크 카츠넬슨Yitzhak Katzsnelson 28
인종 오염race pollution 160, 162
인종과학racial science 34
인종혐오 160
임상적 개입 194
재닛 플래너Janet Flanner 138
전전두엽 피질 272, 273
전투소진증combat exhaustion 50, 100
정신병질적psychopathic 성격 166, 181, 269, 270
『정신의학의 진단 및 통계 편람』(DSM) 17, 192, 198, 201, 269, 270
정신이상 항변insanity defense 94, 186
정신질환mental illness 13, 51, 174, 184, 199, 213, 215, 230, 281, 282, 286
정신착란 88, 194, 266, 281
제1차 세계대전 28, 30, 45, 53, 112, 123
제2차 세계대전 7, 12, 25, 44, 45, 113, 180, 216, 286
제3제국Third Reich 13, 64, 65, 72, 253, 254, 260
제노사이드Genocide 12, 18, 25, 28, 29, 31, 84, 134
조지 스타이너George Steiner 294
조지 크렌George Kren 35
조지프 퓰리처Joseph Pulitzer 65
조현병 85, 173, 174, 181, 199, 201, 214, 215, 283
존 달리John Darley 251, 255, 256, 258, 260, 262
존 돌리보이스John Dolibois 56, 89, 90, 99, 100, 116, 130
존 밀레트John Millet 92~96, 227
존 에이먼John Amen 132, 133, 174, 175, 177, 179
존 엑스너John Exner 231
존 웨인 게이시John Wayne Gacy 282, 283
존 케네스 갤브레이스John Kenneth Galbraith 42, 43
죽음 공장death factory 33
지그문트 바우만Zygmunt Bauman 32
지몬 비젠탈Simon Wiesenthal 246
집시Roma 27, 30, 40
체사레 롬브로조Cesare Lombroso 267
카를 되니츠Karl Dönitz 58

카를 야스퍼스Karl Jaspers 250
《콜리어스》Collier's 208
키케로Cicero 168
키티 제노비스Kitty Genovese 255
타불라 라사tabula rasa 262
탈나치화denazification 12
토머스 도드Thomas Dodd 73, 78, 109, 128
투시족Tutsi 26
티모시 스나이더Timothy Snyder 25
파라코데인 48, 49
파르벤I. G. Farben 39, 112
파충류의 뇌reptilian brain 275
팰리스 호텔Palace Hotel 43, 44, 50, 58, 64
편집성 조현병 173, 201, 214, 283
편집증paranoia 95, 166, 167, 174, 181, 187, 192, 196, 199
표현성 실어증 126
〈프라우다〉 207
프랭클린 D. 루스벨트Franklin D. Roosevelt 64, 69, 78
프리츠 자우켈Fritz Sauckel 37, 77
플로렌스 미에일Florence Miale 225, 232, 235~241
피니어스 게이지Phineas Gage 273
『피로 물든 땅』Bloodlands 25
피해망상 85, 186
필리프 피넬Philippe Pinel 266
필립 짐바르도Philip Zimbardo 251, 259~261
하비 M. 클레클리Harvey M. Cleckley 267, 268
하워드 휘트먼Howard Whitman 207, 208
하인리히 힘러Heinrich Himmler 38, 39, 45, 53, 71, 77
하임 바이츠만Chaim Weizmann 116
학살수용소extermination camp 39
한나 아렌트Hannah Arendt 39, 244~253, 261
한스 마르크스Hans Marx 158, 161
한스 프랑크Hans Frank 46
한스 프리셰Hans Fritzsche 75
한정 능력diminished capacity 99
해리 트루먼Harry Truman 70
해리解離 190, 199~201
할마르 샤흐트Hjalmar Schacht 77, 102, 120, 139, 146
헤르만 괴링Hermann Göring 9, 15, 17, 43, 47~58, 75, 77~82, 99~103, 110, 114, 115, 120, 128~154, 161, 162, 172,

177~180, 186, 195, 207, 209, 222~224,
232, 233, 264, 270, 284, 286, 290
헤르만 로르샤흐Hermann Rorschach 93, 241
헨리 포드Henry Ford 122
현실검증reality testing 197
혈액 반응 196
혈통 범죄blood crime 29
형태질form quality 196, 230
호감형 사이코패스Amiable Psychopath 149
홀로코스트Holocaust 5, 6, 10, 16, 25~27, 41,
112, 221, 227, 238, 243, 253, 254
히스테리hysteria 85, 181, 182, 184, 190~193,
196
히스테리성 기억상실 173, 196
히틀러 유겐트Hitler Youth 77, 120, 151

IQ 86, 100, 102, 163, 269
SS(나치 친위대) 47, 244

ANATOMY
of MALICE

# 악의 해부

2017년 7월 14일 초판 1쇄 인쇄
2017년 7월 21일 초판 1쇄 발행

지은이     조엘 딤스데일
옮긴이     박경선
펴낸이     박래선
펴낸곳     에이도스출판사
출판신고   제25100-2011-000005호

주소      서울시 은평구 진관4로 17, 810-711
전화      02-355-3191
팩스      02-989-3191
이메일     eidospub.co@gmail.com

표지 디자인  공중정원 박진범
본문 디자인  김경주

ISBN   979-11-85415-15-4 03180

잘못 만들어진 책은 구입하신 서점에서 바꾸어 드립니다.

이 도서의 국립중앙도서관 출판예정도서목록(CIP)은
서지정보유통지원시스템 홈페이지(http://seoji.nl.go.kr)와
국가자료공동목록시스템(http://www.nl.go.kr/kolisnet)에서
이용하실 수 있습니다.(CIP제어번호: CIP2017014389)